中國學術思想 研究輯刊

三一編
林 慶 彰 主編

第4冊

《禮記》喪祭理論研究

劉 躍 著

花木蘭文化事業有限公司

國家圖書館出版品預行編目資料

《禮記》喪祭理論研究／劉躍 著 — 初版 — 新北市：花木蘭文化事業有限公司，2020〔民109〕
目 2+212 面；19×26 公分
（中國學術思想研究輯刊 三一編；第 4 冊）
ISBN 978-986-485-994-8（精裝）
1. 禮記 2. 研究考訂
030.8　　　　　　　　　　　　　　　　109000227

ISBN-978-986-485-994-8

中國學術思想研究輯刊
三一編　第 四 冊　　　　　ISBN：978-986-485-994-8

《禮記》喪祭理論研究

作　　者　劉躍
主　　編　林慶彰
總 編 輯　杜潔祥
副總編輯　楊嘉樂
編　　輯　許郁翎、張雅淋　美術編輯　陳逸婷
出　　版　花木蘭文化事業有限公司
發 行 人　高小娟
聯絡地址　235 新北市中和區中安街七二號十三樓
　　　　　電話：02-2923-1455／傳眞：02-2923-1452
網　　址　http://www.huamulan.tw　信箱　hml 810518@gmail.com
印　　刷　普羅文化出版廣告事業
封面設計　劉開工作室
初　　版　2020 年 3 月
全書字數　191644 字
定　　價　三一編 25 冊（精裝）新台幣 50,000 元

《禮記》喪祭理論研究

劉躍 著

作者簡介

劉躍，女，1981 年生於河北樂亭，2000 年考入北京師範大學哲學系，因對中國哲學懷有濃厚興趣，後師從李景林老師研讀儒家哲學，2010 年博士畢業，現居北京，從事教育工作。

提　要

　　本文是圍繞《禮記》中的喪祭理論做出的研究，喪祭禮關切生死，儒家對喪祭禮的解讀呈現出儒家對生命的理解。全文以曾子「慎終追遠，民德歸厚矣」之語貫穿，共四章。第一章探討《禮記》對禮文創制的理解及喪祭禮佔據的重要地位。《禮記》認爲，禮文的根源在於天道，禮是承天道以治人情的，在人間社會發揮著全面作用。第二章論述喪禮。首先闡發《禮記》中對生命的理解，《禮記》認爲死亡是和生者生命一體性的斷裂。喪禮之設乃「稱情而立文」，一方面傳達對親人的思慕，凝聚親情；另一方面則借由喪服和宗法昭孝合族。第三章論述祭禮。通過追溯商周祭祀觀念的轉變，完成了對儒家思想的溯源。繼而以天子之祭爲代表展開論述：祭祀天神是最大的「報本反始」，是向生命本原的回歸；祭祀地祇則酬報物質生養之功；祭祀人鬼則追養繼孝，教民相愛。第四章借助儒家對喪祭禮的論述確證儒家的內在超越之路。指出：儒家對喪祭禮的思考體現出人文自覺，誠敬之情凝聚方可通於神明之德，繼而即情言心性修養，以達到「內盡於己，外順於道」。由此可見，儒家將人視作生命整體，這個生命整體向內可在心性修養中涵泳德性，實現自我；向外則可誠明無礙，與天地萬物一體相通，此即儒家的內在超越之路。

目　次

緒　論

一、選題緣起與研究對象的確定

　　星河流轉，世易時移，中國的命運也隨著歷史的腳步跌宕起伏。隨著兩個世紀以來向西方的學習和探索，中國已經走出了一條獨具特色的發展道路並在國際社會展現出其大國影響力。中國的實力在不斷顯露，讓外國友人讚歎的不僅有利比亞、葉門等撤僑行動中中國政府的行動效率，還有飛速發展的高鐵技術和持續增長的經濟……但這並不意味著我們可以忽略遇到的挑戰和危機。特別是二十一世紀新一輪全球化時代的到來，不同經濟體之間有了越來越多的碰撞和交流，也帶來了更多不穩定因素，經濟發展失衡、貧富差距懸殊、全球治理困境等問題也如影隨形。世界將走向何方？人類的命運又將如何？這是當今時代拋出的難題。

　　著名歷史學家許倬雲先生在談到這一問題時不無憂心地說：「這一全球化的經濟體，其自我運作的動力極爲強大，但國家和社會都沒有辦法控制這一巨獸的衝撞。現代文明體系之中，市場經濟，尤其資本主義市場經濟，本來是一個很重要的成分，當這一個成分變成無可拘束的巨獸以後，其所寄寓的現代文明體系，已經走到崩潰的邊緣。」〔註1〕我們看到，一方面，西方的宗教信仰根基受到了強烈動搖。雖然科學和宗教之間曾在相當長的時期內交融在一起，但隨著科學技術的飛速發展，科學日益佔據了上風，宗教則需要結合科技成果做出新的詮釋。例如，繼之前教皇承認對伽利略的錯誤審判之後，2014 年羅馬天主教教宗方濟各（P. Francis）又公開肯定了宇宙大爆炸理論。

〔註1〕許倬雲：《現代文明的成壞》，杭州，浙江人民出版社，2016 年，第 161 頁。

神學根基受到動搖的宗教未來如何發展不少學者做了很多猜想,李醒民在《科學與宗教關係的未來前景》一文中做了不同進路的假設。〔註2〕但無疑,宗教面臨的這一挑戰使得西方世界產生了嚴重的信仰危機。另一方面,當我們將視角轉入東方,我們會發現,東方世界的發展近代以來一直被西方文明所裹挾,以中國為例,我們接受著西化教育的同時,也在和過去形成的價值體系逐漸剝離,進行新的價值重建卻困難重重。許倬雲先生敏銳地指出這是人類世界出現的新的混沌局面,他說:「今天,全世界的芸芸眾生在思想和靈魂兩方面都是空白。有知識的人,渴望建立超越的價值觀,一般大眾只知道自己無所歸屬,卻不知道如何重建。這精神上的巨大空虛,是近百年來人類面臨的嚴重危機。」〔註3〕我們該如何與這個世界相處,又該如何主宰自身的文化和命運一直是很多人關心的問題。

那麼,如何解決這一精神危機呢?許倬雲先生給出的觀點是:「在世界共有的文化之中,中國幾千年來累積的許多智慧,應當有其不可忽略的價值。經過創造性的轉移,人類文化之中的東方部分,庶幾能矯正和彌補西方近現代文明的缺失,彼此融合為一,變成全世界的未來文明。」〔註4〕而很多外國學者對中華文明的關注,也使我們重新審視自己曾經創造的深厚文化傳統。英國歷史學家阿諾德・湯因比為現代人類社會的危機開出了良方,他說:「我想只有普遍的愛,才是人類拯救自己的唯一希望。」〔註5〕這普遍之愛,在他看來可以從儒家文明中得到啟示。美國著名政治學家撒母耳・亨廷頓則指出:「現代化並不一定意味著西方化。非西方社會在沒有放棄它們自己的文化和全盤採用西方價值、體制和實踐的前提下,能夠實現並已經實現了現代化」〔註6〕,亨廷頓提醒非西方社會重視自身文化的獨特品格,在他看來,未來的世界秩序將是一個多級、多文明的體系。全球化帶來的衝擊,也促使各個非西方文化體認識到脫離傳統的民族是缺少根柢的,容易在全球化浪潮中迷失、萎頓,陷入失語的境地。這也激發了國人回歸自身的文化傳統,在追尋失落

〔註2〕 李醒民:《科學與宗教關係的未來前景》,《學術界》,2014年第3期,第15～25頁。

〔註3〕 許倬雲:《現代文明的成壞》,杭州,浙江人民出版社,2016年,第170頁。

〔註4〕 許倬雲:《現代文明的成壞》,杭州,浙江人民出版社,2016年,第188頁。

〔註5〕 【英】湯因比【日】池田大作:《展望二十一世紀》,北京,國際文化出版社,1985年,第424頁。

〔註6〕 【美】撒母耳・亨廷頓:《文明的衝突與世界秩序的重建》,北京,新華出版社,1999年,第70頁。

的文化傳統的同時重拾民族自信心。確實，一個國家、一個民族，不能將自己的未來全部寄託在對別的國家、別的文化的抄襲、模仿上面，而應回歸到自身的傳統中來，尋找自身文化中的內在生命力。

　　那麼，該從何入手呢？錢穆先生曾指出：「要瞭解中國文化，必須站到更高來看到中國之心，中國的核心思想就是禮」。〔註7〕中國素以禮儀之邦著稱，禮文化有著深長久遠的歷史。雖然五四運動以來，在當時國家危亡、迫切強國的形勢之下，舊的文化傳統遭到否定，禮樂文明也成為飽受攻訐的對象，但這並不能抹煞歷史的記憶。《論語・季氏》中記載了這樣一個場景：一天，孔子站在庭院裏，他的兒子孔鯉趨而過庭。〔註8〕孔子問他「學詩了嗎？」他回答：「沒有。」孔子說：「不學詩，無以言。」於是，孔鯉退而學詩。又一天，孔子又站在庭院裏，孔鯉又趨而過庭，孔子問他：「學禮了嗎？」他回答：「沒有」。孔子說：「不學禮，無以立。」於是孔鯉退而學禮。這一段對話讓我們更直觀的感受到詩和禮在兩千多年前的社會生活中扮演的重要角色。考察《左傳》，載有賦詩外交的事件多達幾十起，見於當時定盟、宴饗、聚會等場合。如果說詩在春秋的政治舞臺上寫下了濃墨重彩的一筆，那麼，禮則跨越了時間的維度，成為了至今仍歷久彌新的一項重要議題。甚至，在某些歷史時刻，那些關乎禮的細節還成為了改寫某些人物命運的節點。比如，近年來隨著考古發掘備受矚目的漢代海昏侯劉賀，當時被廢黜的口實之一就是未完成「告廟」這一祭祖儀式，而「告廟」則昭示著他繼位的合法性。明代，嘉靖皇帝就如何崇祀其父展開了一場「大禮議」，被牽連的官員人數眾多，楊廷和、徐階等皆牽涉其中，引發了當時的官場震盪。清代，英國來華的外交使節馬戛爾尼和阿美士德曾因見面禮節問題和中方官員發生分歧，在某種程度上也影響了他們對中國的瞭解、評價和態度……這樣的例子還有很多。不難看出，禮在中國文化中長期佔據著重要地位。關於這一點，古今學者亦多有議論。漢代何休稱：「中國者，禮義之國也」〔註9〕，清皮錫瑞撰《三禮通論》，亦稱：「六經之文，皆有禮在其中。六經之義，亦以禮為尤重」〔註10〕。

〔註7〕轉引自彭林《重拾中華之「禮」的當代價值》，《人民日報》2013年11月12日，第5版。
〔註8〕「趨」，即小步快走，表示對長輩的恭敬。
〔註9〕（漢）何休解詁（唐）徐彥疏：《春秋公羊傳注疏》，卷三，何休注文。北京，北京大學出版社，2000年，第68頁。
〔註10〕皮錫瑞：《經學通論》，北京，中華書局，2003年，第81頁。

蔡尚思先生也說，在中國社會，禮教起了與宗教同樣的作用，而不同於宗教的形式。〔註11〕禮在中華文明中的特殊意義已不言自明。而今，隨著我們對自身文化的關注，復興禮學的呼聲也漸次響起，祭孔大典、漢服運動、祭祖禮俗等各種和禮學相關的儀式、習俗也逐漸被重視，國人也試圖在追尋禮樂文明的過程中重新發現和認識禮文化的精神內涵。為什麼禮會在過去的社會生活中扮演這麼重要的角色？那些器物、制度、衣冠、紋飾、儀節是如何成為國家文明的重要組成部分的？禮又是如何在歷史的進程中完成了它的發展和演變，滲透到社會生活的各個方面的？禮的教化作用又是如何逐漸彰顯和發生的？……這些關乎禮的疑問，似乎每一個都承載了太多晦暗不明的細節值得我們去考證和探究，但值得期待的是，追尋這些答案的過程將是一個充滿樂趣和收穫的不同尋常的歷程，這也是我選擇禮作為研究對象的主要原因。

禮學內容博雜，《周禮・春官・大宗伯》將禮劃分為「吉、凶、賓、軍、嘉」五大類。《禮記・中庸》記曰：「禮儀三百。威儀三千。」研治禮學，不僅需要考辨名物制度，更要瞭解繁複的儀式內容，而在偌大的禮學範疇中揀擇出研究主題也讓人頗費思量。適逢我讀到當代新儒家牟宗三先生的《中國哲學的特質》一書，他說，中國哲學以生命為中心〔註12〕，讓我頗受觸動。每個人都有生命體驗和對生命的理解，禮學之中自然也滲透著古人對生命的理解。禮貫穿於人生始終，荀子嘗言：「禮者，謹於治生死者也。生，人之始也；死，人之終也。終始俱善，人道畢矣，故君子敬始而慎終。」〔註13〕《論語・為政》記孟懿子問孝，孔子答曰：「生，事之以禮，死，葬之以禮，祭之以禮」，孔荀之言均表現出儒家透過喪祭之禮投射出對生命的篤切關懷。在眾多古禮之中，喪祭之禮確實佔據著重要的地位。《禮記・昏義》對禮進行總論時也提到「夫禮，始於冠，本於昏，重於喪祭……」先秦很多文獻中也有關於喪祭活動的記載，近世出土的簡帛、器物、卜辭當中更有大量關於喪祭禮的佐證。從喪祭之禮的內容和影響來看，其融攝了禮俗、倫理、宗教、政治等諸多領域的內涵，在整個中華文化系統中保持著強大的生命力和滲透力，雖歷經幾千年，多番沿革，很多觀念和做法仍一直延續至今。鑒於此，我將研究的主題確定為喪祭之禮。在閱讀過程中我也留意了先秦儒家對於這個問

〔註11〕 蔡尚思：《中國禮教思想史》，上海，上海古籍出版社，2006年，第1頁。
〔註12〕 牟宗三：《中國哲學的特質》，上海，上海古籍出版社，2007年，第6頁。
〔註13〕 《荀子・禮論》。

題的討論。《論語》中記載了孔子對於鬼神、祭祀以及三年之喪等問題的回答，《孟子》則從不忍人之心談到了喪禮的起源，《荀子》一書對於喪祭禮論述頗多，更在《禮論》一篇談及喪祭禮的禮義。七十子及其後學對於喪祭之禮也多有繼承，流傳了大量關於禮樂思想的學說。而小戴《禮記》更是一部孔子、門人及其後學集中論述先秦禮制的合集，其中對喪祭禮的論述更是佔據了大量的篇幅。因而，最終我將研究主題確定爲《禮記》中的喪祭之禮。《禮記》作爲一部重要的儒家經典，學界已經做了很多研究，但是專門研究其中的喪祭禮的並不多見，因此這一主題還有很大探討空間。

　　禮學雖以外在的儀式、制度、禮器等爲載體，其禮義、內涵卻是不容忽視的核心內容。從某種意義上，可以說，我們只有充分地理解了這些儀式、習俗背後傳遞的禮義，才能眞正理解中華文明的特質，才能眞正去思考禮在當今社會該如何繼承和發展。

　　任何一種研究要取得進展，都需要有廣泛的閱讀和涉獵，特別是對已有的研究成果有所把握，遺憾的是，個人的閱讀和關注角度總是有限的。因此，我對已有研究的梳理也未免疏漏頗多，只能略作初步嘗試。下面，我先就《禮記》的成書和研習歷史做一下簡要回顧。

二、《禮記》成書及研習史述略

　　《禮記》究竟是部什麼書呢？首先我們需要從「經」、「傳」、「記」的關係說起，在先秦典籍中，「記」和「傳」都是相對於「經」而言的，「記」和「傳」都是闡明經義和對「經」的內容進行補充說明的文字。既然《禮記》爲「記」，那麼，說明它也是對經義進行補充的，其補充配合的經典便是《儀禮》。《儀禮》一書在漢代稱《士禮》、《禮》或《禮經》，也有稱《禮記》的，到了唐代開成年間石刻《九經》，以《儀禮》名《禮經》，《儀禮》方成定名沿襲下來。〔註 14〕《儀禮》一書因歷時久遠，書闕有間，其成書時代和作者也存在一些爭議。錢玄先生在其《三禮通論》中做了總結，他認爲主要有三種說法：一、周公所作；二、孔子或孔子的弟子所作；三、作於《荀子》之後秦漢之際。〔註 15〕很多古文學派的代表人物往往認爲是周公所作，如賈公彥、孔穎達、陸德明、胡培翬、曹元弼等皆從此說；認爲《儀禮》爲孔子或孔子

〔註14〕彭林：《怎樣讀儀禮》，《中華讀書報》2016 年 2 月 3 日，第 8 版。
〔註15〕錢玄：《三禮通論》，南京，南京師範大學出版社，1996 年，第 10～15 頁。

的弟子所作的學者佔據的比重較大，很多今文學派的代表人物如司馬遷、班固、邵懿辰、皮錫瑞、廖平、康有爲等皆從此說，當代一些著名禮學學者，如錢玄、沈文倬、彭林等亦皆從此說。但觀點上也有差異，如邵懿辰、皮錫瑞認爲是孔子從周公所制的禮中揀擇編訂而成，而廖平、康有爲則認爲《儀禮》十七篇爲孔子所作。也有一些學者認爲《儀禮》作於《荀子》之後秦漢之際，顧棟高、洪業和錢玄同從此說。對此，丁鼎在其《試論〈儀禮〉的作者與撰作時代》一文中做了詳細的分析考證，他認爲《儀禮》成書與周公和孔子均有一定的關係。就所載內容而言，應該有一部分屬於周公當年「制禮作樂」所制定和實施的遺制，到了孔子時期，他根據宗周時代流傳下來的禮儀規制加以編訂整理而纂輯成書，但現存的《儀禮》十七篇除了孔子整理過的內容外，可能還包括七十子後學所編訂和增補的內容〔註16〕。本文認爲其說大致可信。

漢初，《儀禮》的傳習有一定譜系。

《史記‧儒林傳》曰：

> 「故漢興，然後諸儒始得修其經藝，講習大射鄉飲之禮。叔孫通作漢禮儀，因爲太常……及今上即位，……言禮自高堂生。……諸學者多言《禮》，而魯高堂生最本。《禮》固自孔子時而其經不具，及至秦焚書，書散亡益多，於今獨有《士禮》，高堂生能言之。而魯徐生善爲容，孝文帝時，徐生以容爲禮官大夫。傳子至孫徐延、徐襄。襄，其天姿善爲容，不能通禮經；延頗能，未善也。襄以容爲漢禮官大夫，至廣陵內史。延及徐氏子弟公戶滿意、桓生、單次，皆嘗爲漢禮官大夫。而瑕丘蕭奮以《禮》爲淮陽太守。是後能言《禮》爲容者，由徐氏焉。」

《漢書‧儒林傳》曰：

> 「漢興，魯高堂生傳《士禮》十七篇……而瑕丘蕭奮以《禮》至淮陽太守。……孟卿，東海人也，事蕭奮，以授后倉、魯闆丘卿。倉說《禮》數萬言……授沛聞人通漢子方、梁戴德延君、戴聖次君、沛慶普孝公。孝公爲東平太傅。德號大戴，爲信都太傅；聖號小戴，以博士論石渠，至九江太守。由是《禮》有大戴、小戴、慶氏之學。」

─────────

〔註16〕丁鼎：《試論〈儀禮〉的作者與撰作時代》，《孔子研究》，2002 年第 6 期。

《漢書‧藝文志》亦有：

> 「漢興，魯高堂生傳《士禮》十七篇，訖孝宣世，后倉最明，
> 戴德、戴聖、慶普皆其弟子，三家立於學官。」

　　《史記》和《漢書》中所言儒生所傳習的《禮》、《士禮》，應該是《儀禮》的相關內容。但在《儀禮》的篇目次序和數目上則莫衷一是。如《史記》中並未言及具體篇目，而《漢書》則稱有十七篇，王充在其《論衡》卷二十《謝短》篇中則說：「今禮經十六」，東漢末年荀悅《漢紀》則說「高堂生傳《士禮》十八篇」……本文不擬就此展開討論，主要談談今本《儀禮》的內容。

　　今本《儀禮》現存十七篇，主要是鄭玄根據劉向本而確定的。目錄和內容依次為：士冠禮第一，屬於成年教育禮，包括筮日、戒賓、約期等事前準備，冠禮的過程和各種辭令以及禮意；士昏禮第二，記錄士結婚的禮儀，包括納采、問名、納吉、納徵、請期、親迎等具體儀節；士相見禮第三，記載士大夫和各級貴族之間的拜見禮儀，如士見士、士見大夫、大夫見大夫、見國君等禮儀；鄉飲酒禮第四，記述了招待賢者和年高德厚者的具體禮儀，包括主人如何和賓、介、眾賓之間進行獻、酬、酢以及奏樂娛賓、依次勸酒等禮儀；鄉射禮第五，實際上是飲酒禮當中舉行射箭比賽的禮儀；燕禮第六，記述貴族閑暇時和群臣舉行的飲酒禮；大射禮第七，記述諸侯舉行祭祀活動前進行的射箭比賽，用以選拔參加祭祀的人選；聘禮第八，記述諸侯間的訪問、慰問禮儀；公食大夫禮第九，記述國君款待聘問使者的具體禮儀；覲禮第十，記述諸侯朝見天子的禮儀；喪服第十一，記述斬衰、齊衰、大功、小功、緦麻等不同喪服及服喪對象；士喪禮第十二，記述士去世後，其子為其舉辦喪事的具體儀式，包括招魂、沐浴、飯含、襲尸、設重、小斂、大斂等具體禮儀；既夕禮第十三，接續《士喪禮》的內容，主要記述從啓殯到下葬的具體禮儀；士虞禮第十四，記述士舉行的虞禮，主要記載虞祭過程，包括饗神和祭尸；特牲饋食禮第十五，記述士在宗廟中用一頭豬來祭祀祖父、父親的具體禮儀；少牢饋食禮第十六，記述諸侯的卿大夫在宗廟中祭祀祖禰的禮儀，包括行禮前筮日、筮尸、尸入前饗神禮等具體禮儀；有司徹第十七，此篇接續《少牢饋食禮》，記述儐尸前準備、主人、主婦、上賓向尸三獻酒、主人向賓長、眾賓、兄弟、內賓和私人獻酒的禮儀，行旅酬禮、行無算爵禮等。綜上可見，《儀禮》涉及冠、婚、喪、祭、朝、聘、饗、射等各個領域，是我們研究古代社會生活、倫理思想和時代觀念等領域的重要文獻資料。但《儀禮》文義古奧，佶屈聱牙，難以卒讀，東漢末

年，著名經學大師鄭玄爲《周禮》、《儀禮》、《禮記》作注，爲三禮之學的傳佈提供了契機，之後，三部經典的命運也逐漸發生了分化。那麼，作爲《儀禮》補充文字的《禮記》又是如何成書的呢？

前文曾記述漢初禮學的傳承有其譜系，其中戴德和戴聖叔侄兩個便和《大戴禮記》《禮記》的編纂關係密切。東漢鄭玄在《六藝論》中也有補充：「今禮行於世者，戴德、戴聖之學也。又云：戴德傳《記》八十五篇，則《大戴禮》是也；戴聖傳《禮》四十九篇，則《禮記》是也。」〔註17〕按照這一說法，作爲禮學的重要傳承人，戴德傳下來《大戴禮記》八十五篇，戴聖則傳下來《禮記》四十九篇。但兩部經典的命運卻有了不同軌跡，《大戴禮記》未能在官學中佔據應有的位置，研習者少，至南宋時已亡佚大半，雖經清人考證校勘，但至今已難窺其全貌。相反，《禮記》自東漢大儒鄭玄作注之後，地位日益上升。三國魏時立爲官學，到了唐代取得「經」的地位，宋代以來，位居「三禮」之首。元代崇奉宋學，《禮記》仍是重要經典，明清以降，也一直未曾忽視對《禮記》的研究。

當然，不少學者對《禮記》的內容來源存在爭議。王鍔在其《戴聖生平和〈禮記〉的編選》一文中總結了三種觀點：

1. 《禮記》來源於《記》百三十一篇，代表人物有錢大昕、李學勤等。

2. 《禮記》來源於《記》百三十一篇等五種，代表人物有陳邵、陸德明、魏徵、杜佑、紀昀、沈欽韓、陳壽祺等。

3. 《禮記》來源於包括《記》百三十一篇等五種及其他一些文獻，代表人物有吳承仕、洪業、蔡介民、錢玄、王文錦、楊天宇等。〔註18〕

因此，可以肯定的是，《禮記》中的內容確屬來源於已有的《儀禮》的記甚至可能包括其他文獻，戴德和戴聖也確實做了整理工作。至於《禮記》如何輯錄成書也有不同觀點。洪業、王文錦、錢玄認爲《禮記》並非戴聖親自編選，而是僞託戴聖名義，實際成書則在戴聖之後，鄭玄之前。另一派則認爲確屬戴聖編選，但究竟如何輯取成書則有不同看法，陸德明認爲是戴聖刪改了戴德編選的八十五篇成爲《禮記》的四十九篇；而清人錢大昕則認爲是戴德、戴聖分別編選了《大戴禮記》和《禮記》；吳承仕則認爲，戴德和戴聖

〔註17〕孔穎達：《十三經注疏》·《禮記正義》，北京：中華書局，1980 年，第 1221 頁。

〔註18〕王鍔：《戴聖生平和〈禮記〉的編選》，《中國文化研究》，2006 年春之卷，第 52 頁。

在輯選過程中均取材甚廣，除了有的內容能考察其來源外，很多仍難以追索。就成書年代而言，應該確實不是漢人所作。沈從文先生曾結合周秦兩漢的考古發現指出：「所發墓葬，其中制度，凡漢代者，以《禮記》證之皆不合；凡春秋、戰國者，以《禮記》證之皆合；足證《禮記》一書必成於戰國，不當屬之漢人也。」〔註19〕

鑒於此，我們可以大致對《禮記》做出這樣的界定：《禮記》四十九篇，又名《小戴禮記》，傳說為漢代禮經博士戴聖編選，是一部孔子弟子、門人及後學論述先秦禮制的論文集，作者並非一人，寫作年代前後不一。全書起於《曲禮》，終於《喪服四制》。有的篇章內容有其主題，比如《冠義》、《月令》、《昏義》、《王制》等，有的篇章則內容雜亂無序，如《曲禮》、《檀弓》、《雜記》等。全書的文風也表現出了差異性，有的義理宏深，如《禮運》、《樂記》、《學記》、《大學》、《中庸》等篇；有的則類似雜記，如《曲禮》、《檀弓》、《雜記》、《禮器》等篇；有的類似序跋，如《冠義》、《昏義》、《射義》、《鄉飲酒義》等；有的則似典志文，如《郊特牲》、《祭法》等。但總的來看，全書記述了以周王朝為主的秦漢以前的典章、名物制度和自天子以下各等級所涉及的燕、享、朝、聘、冠、婚、喪、祭等涉及家庭、社會各領域的諸多儀節禮俗，為我們瞭解和把握禮在當時社會生活中的重要作用提供了豐富的資料。

自《禮記》編選成書之後，對其研習也拉開了序幕。東漢時馬融、盧植曾對《禮記》進行過整理工作，之後鄭玄依據馬融整理的定本做了《禮記注》，解讀禮制，糾正行文衍脫倒錯，成為目前所知完整保存到今天的《禮記》的最早注本。此外，高誘的《禮記注》、蔡邕的《月令章句》也有一定影響力。魏晉南北朝時，湧現了大量《禮記》研究著作。既有王肅、三國魏孫炎的《禮記注》等解經著作各三十卷等，也有研究《禮記》中的注音的，如三國吳射慈的《禮記音義隱》一卷，晉蔡謨、范宣的《禮記音》各兩卷等。特別是南北朝時期，因改朝換代較為頻繁，非常重視新禮的制作。據王鍔粗略估計，南北朝時期研究《三禮》的著作數量總計接近 180 種，遠超對其他經典的研究，其中總論《三禮》的著作有 9 種，通論禮學的有 50 種，研究《禮記》約有 32 種，《禮記》的位置已經日漸重要。〔註20〕蕭衍、何佟之，皇侃等皆有

〔註19〕顧洪（編），《顧頡剛學術文化隨筆》，北京，中國青年出版社，1998 年，第176 頁。

〔註20〕王鍔：《東漢以來〈禮記〉的流傳》（上），《井岡山大學學報》，2010 年 9 月，第 129 頁。

研究《禮記》的著作問世，范宣、雷次宗、明山賓等人對《禮記》的研習和傳授也功不可沒。至於隋唐，因重視文教，《五經》的考定和傳習也做出了很大成績，顏師古作《五經定本》，以《禮記》爲「禮經」的代表；孔穎達、賈公彥等撰寫《五經正義》，尤以《禮記正義》成就最高，引證繁複、考證詳博，加之研習者眾多，進一步奠定了《禮記》作爲《五經》之一的地位。韓愈、李翱以傳續道統爲己任，表彰《禮記》中的《大學》《中庸》兩篇。至於宋代，重用文官，重視對經書義理的闡發。《禮記》仍然是科舉考試的重要經典，其中的《大學》、《中庸》、《儒行》等篇章也得到了重視。聶崇義、王安石、李如圭、黃榦、衛湜等皆好《三禮》。適逢嶽麓書院、白鹿洞書院等興盛起來，對《三禮》的傳授起到了重要作用。朱熹作《四書章句集注》、《四書或問》等，將《禮記》中的《大學》、《中庸》兩篇的地位提高爲讀經的入門篇章，也極大地提高了《禮記》的地位。不僅如此，朱熹還撰寫《儀禮經傳通解》三十七卷，後由弟子黃榦、楊復等補續喪禮、祭禮部分成《儀禮經傳通解續》二十九卷，兩部著作對先秦禮制多有考辨。衛湜著二十餘載之力作《禮記集說》一百六十卷，卷帙浩繁，蔚爲大觀，保存了極其豐富的《禮記》研究資料，對後世的《三禮》研究多有啓益。元代建國之後尊孔崇儒，科舉取士重視儒術，因此朱熹《四書章句集注》、《禮記》的鄭玄注和孔穎達疏皆受重視，對當時的經學研究產生了重要影響。吳澄作《禮記纂言》，仿魏徵《類禮》體例，變章易節，改《禮記》爲三十六篇。朱熹四傳弟子陳澔作《雲莊禮記集說》十六卷，淺顯易學，深受人們青睞，對《禮記》的傳播起了重要作用，但也頗有爭議。明朝的科舉取士四書五經仍是重要考察內容，《禮記》的鄭玄注、孔穎達疏，陳澔的《禮記集說》都曾作爲參考用書，湧現了眾多《禮記》研習者，如黃道周、楊鼎熙、劉宗周等皆有研究著作問世。心學大儒王陽明就著有《五經臆說》，其中不乏對《禮記》的闡發。明末清初王夫之作《禮記章句》，亦多有感世變之微言。隨著明代經濟發展和商業繁榮，大量《禮記》研究著作也得以刊印流傳，明代的《十三經注疏》的集中刊印便爲學者的經學研究提供了方便之門。清代雖是滿族人的政權，但仍然尊崇儒學，表彰經學，並於乾隆年間開設「三禮館」，組織學者注釋研究《三禮》，精於三禮的學者如杭世駿、褚錦、惠士奇、吳廷華等得以齊集起來共同修纂《三禮義疏》。清代也湧現了一大批研究《三禮》的學者，如徐乾學、李光地、方苞、朱彬、胡培翬、凌廷堪、郝懿辰、黃以周、孫詒讓等，《禮記》的研究著作尤以孫希

且《禮記集解》和朱彬《禮記訓纂》最爲有名,爲《禮記》的傳佈增加了新鮮血液。清人匯刻的經學叢書如《通志堂經解》、《十三經注疏》、《四庫全書・經部》、阮元所輯《清經解》、王先謙所輯《清經解續編》當中亦收錄不少《三禮》類著作,其中也不乏對《禮記》的發明,都可作爲今人的研究資料。

近代以降,有很多學者對《禮記》的傳佈和研究做出了卓越的貢獻。如郭嵩燾、陳戍國點校的《禮記質疑》,沈嘯寰、王星賢點校的《禮記集解》,饒欽農點校的《禮記訓纂》,沈文倬、水渭松點校的《禮記訓纂》等。王文錦先生《禮記譯解》、《大戴禮記解詁》、《周禮正義》等著作對禮學的研究功不可沒;同時,我們也看到大量對《禮記》經文進行注釋普及的著作,如楊天宇的《禮記譯注》、王文錦的《禮記譯解》、呂友仁的《禮記講讀》、潛苗金《禮記譯注》、章培恒主編、林開甲譯注的《禮記選譯》等,也逐步擴大了《禮記》的受眾面和影響力。隨著科技的進步和出版業的繁榮,越來越多的「三禮」著作得以刊印,爲廣大讀者提供了方便的同時,也爲禮學思想的傳播提供了契機。

三、目前學界有關《禮記》的已有研究

學界圍繞《禮記》的研究一直未曾止步,就研究成果來看,也呈現出了百花齊放、百家爭鳴的特點。

1. 首先,和《禮記》有關的文獻梳理工作取得了很多進展。洪業等編纂《禮記引得》〔註 21〕,將《禮記》內容進行了劃分歸類,是一本不可多得的工具書,並在序言部分考論了《禮記》的傳承和流變,引證豐富,言之有據。錢玄、錢興奇等對三禮之學用力頗深,著有《三禮辭典》〔註 22〕、《三禮通論》〔註 23〕、《三禮名物通釋》〔註 24〕等,涉獵古代社會、歷史、文化等多領域,是三禮領域的集大成之作,對研究《禮記》具有重要參考價值。王鍔的《三禮研究論著提要》〔註 25〕對古今的三禮研究論著進行了整理和分類,可謂一部對三禮研究論著進行全面梳理的重要著作。此外,王鍔的《〈禮記〉成書考》〔註 26〕則對《禮記》四十九篇的成篇年代和編纂者、編纂年代進行了考辨,

---

〔註 21〕 洪業:《禮記引得》,上海,上海古籍出版社,1983 年。
〔註 22〕 錢玄、錢興奇:《三禮辭典》,南京,江蘇古籍出版社,1998 年。
〔註 23〕 錢玄:《三禮通論》,南京,南京師範大學出版社,1996 年。
〔註 24〕 錢玄:《三禮名物通釋》,南京,江蘇古籍出版社,1987 年。
〔註 25〕 王鍔:《三禮研究論著提要》,蘭州,甘肅教育出版社,2001 年。
〔註 26〕 王鍔:《〈禮記〉成書考》,北京,中華書局,2007 年。

認為四十九篇都是春秋末期和戰國時期孔子及其學生、後學的作品，不能因其是西漢人戴聖編纂的就歸為漢代著作。該書廣泛吸收了古今研究《禮記》的成果，包括近年的考古發掘成果，對前人的結論觀點等做了補充和修正工作，對於我們整體把握《禮記》文本很有啓發。劉興均等著《「三禮」名物詞研究》〔註27〕，借鑒了當代詞彙學、語義學和語言學等相關學科的研究成果，以上古音體系為依據，結合出土實物和簡帛文獻，對「三禮」的名物詞進行了詞源義的深度挖掘，建立起了「三禮」名物詞的物類、理據和詞義三大系統。勾承益在《先秦禮學》〔註28〕一書中對先秦禮學進行了分類討論，涉及《禮記》部分，主要介紹了成書過程和內容，並探討了禮的內在系統，如形態與意識；內在形態，包括原理，屬性，特徵；外在形態，諸如法規制度，儀式，習俗等。該書還對《禮記》篇目進行了新的分類，有助於對我們對該書進行新的審視。也有一些學者就《禮記》的編纂和成書進行了研究，發表了相關文章，如：吳亞文《〈禮記〉有關篇章作者及成文年代》〔註29〕一文結合上博簡和郭店簡的內容，考證出《禮記》中有些重要篇章成書於戰國中前期儒家的七十子及其後學之手。龔敏專門就《禮記·禮運》篇的作者進行了探討，認為該篇為子游氏所作。〔註30〕如徐喜辰《〈禮記〉的成書年代及其史料價值》〔註31〕一文也做了很多推論，朱正義、林開甲的《關於〈禮記〉的成書時代和編撰人》〔註32〕一文也對相關內容進行了考證。史應勇則在《兩部儒家禮典的不同命運——論大、小戴〈禮記〉的關係及〈大戴禮記〉的被冷落》〔註33〕一文中探討了《大戴禮記》和《禮記》的不同命運。也有學者就《禮記》的研究史進行了梳理，如楊天宇的《略論中國古代的〈禮記〉學》〔註34〕一文則對《禮記》學的發展做了歷史回顧和總結。王鍔《東漢以來〈禮

〔註27〕 劉興均：《「三禮」名物詞研究》，北京，商務印書館，2016 年。

〔註28〕 勾承益：《先秦禮學》，成都，巴蜀書社，2002 年。

〔註29〕 吳亞文：《〈禮記〉有關篇章作者及成文年代》，《吉林師範大學學報（人文社會科學版）》，2005 年第 4 期。

〔註30〕 龔敏：《〈禮記·禮運〉篇的作者問題》，《古籍整理研究學刊》，2005 年第 1 期。

〔註31〕 徐喜辰：《〈禮記〉的成書年代及其史料價值》，《史學史研究》，1984 年第 4 期。

〔註32〕 朱正義、林開甲：《關於〈禮記〉的成書時代和編撰人》，《渭南師專學報》，1991 年第 3～4 期。

〔註33〕 史應勇：《兩部儒家禮典的不同命運——論大、小戴〈禮記〉的關係及〈大戴禮記〉的被冷落》，《學術月刊》，2000 年第 4 期。

〔註34〕 楊天宇：《略論中國古代的〈禮記〉學》，《河南大學學報（社會科學版）》，2009 年第 5 期。

記〉的流傳》〔註35〕一文則梳理了《禮記》在東漢以後的傳佈和研究情況。吳蘊慧則在《二十年來中國大陸〈禮記〉研究述評》〔註36〕一文中對近二十年的《禮記》研究成果做了總結。

　　2. 《禮記》的思想研究也取得了一定突破。龔建平在《意義的生成與實現──〈禮記〉哲學思想》〔註37〕一書中從哲學角度對《禮記》進行了研究，對其成書年代和思想定位進行了探討。不僅涉及了對禮的起源、依據、結構、功能與形式等方面，也關注了天道觀、宇宙觀、人生哲學、政治哲學等不同角度，還著力探討了《樂記》的教化和文化意義。臺灣林素英在《「禮學」思想與應用》〔註38〕一書第四章重點討論了《禮記》中的禮和普遍倫理的關係。她認為，起於事神祈福的「禮」，隨著周代人文的覺醒與社會群體生活的需要，在儀式之外更加入了禮義的精神，遂使得禮成為維繫社會秩序、建立人倫義理的綱繩，禮儀制度遂成為實踐倫理的途徑且以實現普遍倫理為最終目的。崔大華在《儒學引論》〔註39〕一書中對《禮記》的思想特色進行了總結。他認為，首先《禮記》中禮的宇宙背景的根源與《易傳》相同，是在從人之外的更廣闊背景追尋禮的緣起。其次，《禮記》之中由「道」到「禮」的社會圖景和歷史發展路線和先前儒家不同，似乎相似於道家，特別是莊子在《繕性》和《盜跖》中所描述的景象。再次，《禮記》在心性層面對人性的觀察和修養的觀點和孟子、荀子的儒學不同，其確定的誠意、正心、修身、齊家、治國、平天下的道德實踐歷程，展現出了理性、功利、開放的特色。此外，崔大華還專門撰文《論〈禮記〉的思想》〔註40〕，從社會、個人、天命等不同層面探討了《禮記》中的儒家思想對孔孟荀的發展，這些探討有助於我們更好地理解儒家思想的演變歷程。丁鼎就《禮記》的思想價值及其在儒家經典體系中的地位進行了概述〔註41〕。

　　3. 就《禮記》中個別主題和篇章進行研究取得了進展。

〔註35〕 王鍔：《東漢以來〈禮記〉的流傳》（上、下），《井岡山大學學報（社會科學版）》，2010 年 9 月、2010 年 11 月。

〔註36〕 吳蘊慧：《二十年來中國大陸〈禮記〉研究述評》，《社科縱橫》，2013 年第 7 期，第 125～130 頁。

〔註37〕 龔建平：《意義的生成與實現》，北京，商務印書館，2005 年。

〔註38〕 林素英：《「禮學」思想與應用》，臺灣，萬卷樓圖書股份有限公司，2003 年。

〔註39〕 崔大華：《儒學引論》，甲篇《先秦儒學》第二部分《儒學在先秦的發展》當中專門論述了《禮記的思想》，北京，人民出版社，2001 年，第 96～119 頁。

〔註40〕 崔大華：《論〈禮記〉的思想》，《中國哲學史》，1996 年第 4 期。

〔註41〕 丁鼎：《〈禮〉經附庸，蔚成大國──〈禮記〉的思想價值及其在儒家經典體系中的重要地位》，《廣西大學學報（哲學社會科學版）》，2017 年第 1 期。

　　李安宅《〈儀禮〉〈禮記〉之社會學的研究》〔註 42〕一書從語言，物質文化，如衣飾、飲食、居住、遊行、什物、知識、宗教與儀式、社會組織、政治等方面進行了綜合考察，評論高妙，分類精當，開拓了我們的研究視野。方俊吉《禮記之天地鬼神觀探究》〔註 43〕一書對《禮記》成書價值進行了探討，繼而以四、五兩章分述其中的天地鬼神觀。天地觀包括天地是萬物之母，道之本，禮樂之原，政教的依據等觀點。天地有主從尊卑之分，尊事天地之道當依於禮合於樂，君子以贊天地之化育爲極致。鬼神觀則包括其中的鬼神之德，鬼神之別，鬼神與政教的關係，如何尊事鬼神等問題。賀更粹撰文就《禮記》中禮樂教化的意義的成德層面進行了探討〔註 44〕。李文武、戴海陵就《禮記》中的虞夏商周禮、禮例及分類情況作了考證工作。〔註 45〕高新民就《禮記》對古代易學發展的貢獻做了探討〔註 46〕。夏高發研究了《禮記》中的服飾制度背後的倫理意蘊，認爲「敬」是服飾制度的核心價值，目的是爲了使君子通過「齊明盛服」而修身〔註 47〕；張方玉和王林則研究了《禮記》中的家庭倫理思想〔註 48〕；李存山專門討論了《禮記・學記》所體現出的儒家傳統教育的宗旨和方法〔註 49〕；葉舒憲就《禮記・月令》篇進行了比較神話學解讀〔註 50〕；鄭韶就《禮記》和中國封建正統經濟思想進行了研究〔註 51〕；石磊就《禮記》中的天道思想進行了論述〔註 52〕；陸學凱結合《禮記・

〔註42〕 李安宅：《〈儀禮〉〈禮記〉之社會學的研究》，上海，上海人民出版社，2005年。

〔註43〕 方俊吉：《〈禮記〉之天地鬼神觀探究》，臺灣，文史哲出版社，1985年。

〔註44〕 賀更粹：《成德：〈禮記〉禮樂教化的意義生成》，《西北師大學報（社會科學版）》，2017年3月。

〔註45〕 李文武、戴海陵：《〈禮記〉中虞夏商周禮、禮例及分類考》，湖南第一師範學院學報，2014年10月。

〔註46〕 高新民：《試論〈禮記〉對古代易學發展的貢獻》，《西北民族學院學報（哲學社會科學版）》，2003年第2期。

〔註47〕 夏高發：《〈禮記〉服飾制度的倫理意蘊》，《孔子研究》，2010年第6期。

〔註48〕 張方玉、王林：《〈禮記〉的家庭倫理思想研究》，《連雲港師範高等專科學校學報》，2004年9月。

〔註49〕 李存山：《儒家傳統教育的宗旨和方法——〈禮記・學記〉述評》，《齊魯學刊》，2017年第3期。

〔註50〕 葉舒憲：《禮記・月令的比較神話學解讀——以仲春物候爲例》，《陝西師範大學學報（哲學社會科學版）》，2006年3月第2期。

〔註51〕 鄭韶：《〈禮記〉與中國封建正統經濟思想》，《上海經濟研究》，1988年第2期。

〔註52〕 石磊：《禮以順天：〈禮記〉中的天道思想述論》，《暨南學報（哲學社會科學版）》，2012年第1期。

樂記》對先秦禮樂思想做了總結〔註 53〕；賴換初就《禮記》中的「敬」、「讓」思想進行了探析〔註 54〕；陳望衡就《禮記》中的環境觀進行了討論〔註 55〕；蘇小秋就《禮記・檀弓》篇展開討論了禮制的中道原則〔註 56〕；李翔德就《禮記》中的倫理美思想體系進行了討論〔註 57〕；王雲飛就《禮記》中的生態環保意識和可持續發展意識進行了探索〔註 58〕；蔡仲德就《禮記》中的音樂美學思想進行了研究〔註 59〕；傅壽宗結合《禮記》談到了中華民族的凝聚力和孫中山的理想社會模式〔註 60〕；張踐結合《易傳》和《禮記》探討了儒家的人文精神〔註 61〕；徐寶鋒就《禮記》中儒家的身份和情感焦慮進行了探討〔註 62〕；陳義烈就《禮記》的文學價值進行了討論〔註 63〕；朱承挖掘了《禮記》中的生活政治的哲學範式〔註 64〕；郭迎春對《禮記》中禮建構的理性基礎進行了討論〔註 65〕；林中堅撰文討論了《禮記》中的禮樂和禮制〔註 66〕；王褘就《禮記・樂記》篇的「報本反始」觀念進行了分析〔註 67〕；……在此不一

〔註 53〕 陸學凱：《〈禮記・樂記〉與先秦禮樂思想》，《北方論叢》，2003 年第 2 期。

〔註 54〕 賴換初：《〈禮記〉「敬」「讓」思想探析》，《倫理學研究》，2012 年第 3 期。

〔註 55〕 陳望衡：《〈禮記〉的環境觀》，《中州學刊》，2017 年第 7 期。

〔註 56〕 蘇小秋：《禮制與人情——從〈禮記・檀弓〉看禮制的中道原則》，《東方論壇》，2018 年第 1 期。

〔註 57〕 李翔德：《儒家「和諧社會系統論」——〈禮記〉的倫理美思想體系》，《山西大學學報（哲學社會科學版）》，2005 年第 4 期。

〔註 58〕 王雲飛：《〈禮記〉的生態環保意識和可持續發展意識》，《社科縱橫》，2013 年第 4 期。

〔註 59〕 蔡仲德：《〈禮記〉中的音樂美學思想》，《黃鍾（武漢音樂學院學報）》，1992 年第 4 期。

〔註 60〕 傅壽宗：《從〈禮記〉談中華民族的凝聚力——兼論孫中山的理想社會模式》，華南師範大學學報（社會科學版），1994 年第 1 期。

〔註 61〕 張踐：《從〈易傳〉、〈禮記〉看儒家的人文精神》，《國際儒學研究》第十七輯。

〔註 62〕 徐寶鋒：《〈禮記〉儒家的身份與情感焦慮》，《黑龍江社會科學》，2010 年第 2 期。

〔註 63〕 陳義烈：《〈禮記〉的文學價值》，《九江師專學報》（哲學社會科學版），1999 年第 4 期。

〔註 64〕 朱承：《〈禮記〉：挖掘生活政治的哲學範式》，《社會科學報》，2018 年 4 月 12 日，第 5 版。

〔註 65〕 郭迎春：《從〈禮記〉看禮建構的理性基礎》，《唐都學刊》，1999 年第 2 期。

〔註 66〕 林中堅：《〈禮記〉中的禮樂赫爾禮制》，《中山大學學報論叢》，2004 年第 4 期。

〔註 67〕 王褘：《〈禮記・樂記〉「報本反始」觀念論析》，信陽師範學院學報，2018 年第 1 期。

一概述。近幾年也湧現了一些就《禮記》中個別主題進行研究的學位論文，如南京師範大學陳婷就《禮記》中的儒家禮儀符號及其文化意義進行了討論〔註68〕；杭州師範大學王瑞鳳就《禮記》中原始儒家的禮儀生活和人物傳說進行了研究〔註69〕；安徽大學朱凌就《禮記》中的君子人格和當代價值進行了探討〔註70〕；山東大學王超就《禮記‧月令》篇的天人思想進行了研究〔註71〕；鄭州大學李曉東就《禮記》中的人文精神進行了研究〔註72〕；江西師範大學蘇江燕就《禮記》中的禮學生命觀和生命教化論進行了探討〔註73〕。……因精力所限，未能一一概覽。

4. 在禮學和禮文化的大視野框架中進行的相關研究已取得一定進展。

研究《禮記》不能視野過於狹隘，所以圍繞禮樂文明的研究也是我們參考的重要依據。楊向奎先生的《宗周社會與禮樂文明》和沈文倬先生的《宗周禮樂文明考論》可謂極具代表性。楊向奎先生的《宗周社會與禮樂文明》具有宏大的歷史視角，主要結合地理環境和氏族興起談到了周代興發過程，繼而談到了禮的起源、周公和孔子對禮的加工和改造。據他考證，《儀禮》中的內容並非後人偽造，而是確實有存在的依據。他在文中提及的禮樂文明的演進過程尤其值得我們關注，他說：「周公開始，使禮、樂從原始的地位，走向人類社會；孔子開始，豐富了社會中的禮樂內容，禮不再是苦澀的行為標準，它富麗堂皇而文采斐然，它是人的文飾，也是引導人生走向理想境界的橋樑。……孟子少談禮而發展了仁的思想，荀子則使禮走向法；傳統的禮樂文明逐漸有了變化。」〔註74〕沈文倬先生的《宗周禮樂文明考論》〔註75〕更是展現出了禮學大家的功底，其中《宗周歲時祭考實》一文更是從殷周禮制的異同出發，嚴謹選用史料，從祀典上的殷周異制說到喪奠和吉祭的聯繫和

〔註68〕陳婷：《〈禮記〉所見儒家禮儀符號及其文化意義研究》，南京師範大學，2016年碩士論文。

〔註69〕王瑞鳳：《〈禮記〉中原始儒家的禮儀生活及人物傳說研究》，杭州師範大學，2013年碩士論文。

〔註70〕朱凌：《〈禮記〉中的君子人格及其當代價值》，安徽大學，2017年碩士論文。

〔註71〕王超：《〈禮記‧月令〉天人思想研究》，山東大學，2011年碩士論文。

〔註72〕李曉東：《〈禮記〉人文精神研究》，鄭州大學，2014年碩士論文。

〔註73〕蘇江燕：《〈禮記〉中的禮學生命觀和生命教化論》，江西師範大學，2012年碩士論文。

〔註74〕楊向奎：《宗周社會與禮樂文明》，北京，人民出版社，1997年，第381頁。

〔註75〕沈文倬：《宗周禮樂文明考論》，杭州，杭州大學出版社，1999年。

區別，創見迭出，對我們理解喪祭禮頗有幫助。鄒昌林在《中國禮文化》〔註76〕一書中將古禮闡述爲一個完整的表意系統，認爲早在文字產生之前，禮就承擔著文化傳承的作用。禮文化是任何民族都曾經歷過的原始階段文化，但在其他的一些民族中，這種禮文化的發展中斷了，逐漸轉向宗教或者法律，唯獨在中國卻是一脈相承的，從禮俗發展到了禮制，又從禮制發展到了禮義，與政治制度、倫理、法律、宗教、哲學思想等結合到一起，形成了廣義的禮文化。彭林的《中國古代禮儀文明》是一部綜合介紹古代禮儀文明的代表作。〔註77〕胡新生《周代的禮制》一書是集中討論周代禮制方面的專著，其中很多討論很有創見。〔註78〕

　　5. 與出土簡帛的參證研究爲進一步研究《禮記》提供了更多可能。上世紀九十年代以來，隨著大量簡帛文獻的出土，特別是郭店楚墓竹簡和上海博物館藏簡的面世，引起了學界的廣泛重視，也掀起了海內外研究簡帛的熱潮。其中不少出土文獻與《禮記》在一些篇章上存在關聯，不少學者從考古學、文字學、學術史等角度進行了有益探索。龐樸、李學勤、李零、陳來等學者都進行了參證研究，獲得了很多新的發現。

　　李零先生對這些發現極爲重視，他認爲之前對於儒家的關注大都集中在孔孟荀三家，而忽視了孔門學案中最早的七十子一段傳承歷史。郭店簡和上博簡中都與大小戴記關係密切，很可能就是七十子或者與七十子有關的作品。他在《郭店楚簡校讀記》一書中將郭店簡做了劃分，將道家和儒家文獻分別歸類，並對照今本，對其中字句加以校讀，進行了比較研究。〔註79〕陳來先生在《郭店簡可稱「荊門禮記」》一文中指出，「荊門郭店楚墓所出土的竹簡中，《緇衣》等十四篇爲戰國時儒家所傳文獻。以現存文獻與荊門竹簡十四篇相比照，最接近者爲《禮記》，這在內容、思想、文字上都是如此。」〔註80〕此外，作者還針對郭店簡中的個別篇章進行了研究。通過對郭店簡「性自命出」篇的考察，認爲該篇並非性善論，是孔子與孟、荀之間的發展形態，接近自然人性論，並對該篇的歸屬可能進行了探討，認爲可能出於《公孫尼子》。李學勤先生在《郭店簡與〈禮記〉》一文中指出，大小戴《禮記》是西漢前期彙集發現的儒家著

〔註76〕鄒昌林：《中國禮文化》，北京，社會科學文獻出版社，2000 年。
〔註77〕彭林：《中國古代禮儀文明》北京，中華書局，2004 年。
〔註78〕胡新生：《周代的禮制》，北京，商務印書館，2016 年。
〔註79〕李零：《郭店楚簡校讀記》，北京，中國人民大學出版社，2007 年。
〔註80〕陳來：《郭店簡可稱「荊門禮記」》，《人民政協報》，1998 年 8 月 3 日。

作的彙編，絕大多數是先秦古文，個別有漢初成篇的。〔註81〕當時簡帛流傳不易，書籍常以單篇行世，不管是孔壁所出，還是河間獻王所得，必有許多書的單篇，都被二戴分別編入《禮記》。由於編入內容駁雜，小戴《禮記》中雜有很多通論篇章，而郭店簡各篇，如《緇衣》也屬於這類，是先秦儒家著作的單篇。另外，他還對簡帛中的章句與《禮記》進行了對照研究，認爲，郭店簡「君子貴誠之」屬儒家子思一派，所論與《中庸》相通；「成之聞之」一章也可以與《禮記》中的《大學》《中庸》中的「天命之謂性」、「愼獨」等思想進行比較理解；帛書《五行》體例與《禮記》中的《大學》類似，經文可設爲子思之說，傳文爲世子之意，凸顯了思孟一派的儒學流傳線索。龔建平《郭店簡與〈禮記〉二題》一文從《禮記》與郭店簡的比較看，傳說中的《子思子》一書既有子思記述孔子的言論，也有子思對孔子思想的繼承和發揮，《禮記》收入七十子的著作時，作了適應時代的刪削，但仍是進一步研究孔門思想的寶貴資料。〔註82〕郭店簡與《禮記》在思想內容上的某些接近，說明它雖不必被稱爲《禮記》，但卻提醒我們重新審視關於《禮記》的質疑。

6. 圍繞《禮記》中的喪祭禮展開的研究也取得了一定進展。

目前學界已有一些人就《禮記》中的喪祭禮進行了討論，如晁福林先生就《禮記·禮運》篇中的「殽地」作了解讀〔註83〕；韓玉勝和楊明結合《禮記》中的喪祭之禮談了對儒家「追養繼孝」的看法〔註84〕；楊雅麗就《禮記》中的祭禮命名進行了解讀，認爲祭禮命名中承載著古老而生命綿長的民族文化傳統〔註85〕；吳蘊慧撰文就《禮記》中的祭禮進行了討論〔註86〕；丁鼎撰文討論了《禮記·大傳》中的制服原則〔註87〕；吉林大學劉兵飛的碩士論文專門研究了《禮記》中的喪服制度〔註88〕；沈宏格《〈禮記〉——喪禮孝道教

〔註81〕李學勤：《郭店簡與〈禮記〉》，《中國哲學史》，1998 年第 4 期，第 29～32 頁。
〔註82〕龔建平：《郭店簡與〈禮記〉二題》，《武漢大學學報》（哲學社會科學版），1999 年第 5 期，第 34～37 頁。
〔註83〕晁福林：《〈禮記·禮運〉篇「殽地」解——附論「地」觀念的起源》，《人文雜誌》，2019 年第 1 期。
〔註84〕韓玉勝、楊明：《從〈禮記〉喪祭之禮看儒家的「追養繼孝」》，《湖湘論壇》，2017 年 5 月。
〔註85〕楊雅麗：《〈禮記〉祭禮命名解讀》，《成都大學學報》（社科版），2013 年第 4 期。
〔註86〕吳蘊慧：《〈禮記〉之祭禮研究》，《語文學刊》，2015 年第 2 期。
〔註87〕丁鼎：《「服術有六」：試論〈禮記·大傳〉中的制服原則》，《齊魯學刊》，2001 年第 5 期。
〔註88〕劉兵飛：《〈禮記〉喪服制度研究》，吉林大學，2014 年碩士論文。

化的建構》〔註89〕一文，論及了儒家對喪葬儀式賦予的孝道教化意義；此外也有一些碩士論文就《禮記》中的喪祭禮展開了討論，如王彬就《禮記》中的祭禮思想進行了討論〔註90〕；高文超就《禮記》中喪祭禮的哲學意蘊進行了挖掘〔註91〕。楊雅麗《論〈禮記〉喪祭之禮的人文意蘊》一文認爲《禮記》在對喪祭之禮的闡釋中貫穿了精湛的學術思想，弘揚了儒學的人文精神。儒家認爲喪祭之禮應注重情感因素而不必過分看重禮儀形式和禮品的豐厚；強調喪祭之禮具有弘揚美善道德之作用；表現出強烈的生命意識和對生命價值的最深切關懷。〔註92〕李景林老師《儒家的喪祭理論與終極關懷》一文從終極關懷角度對喪祭禮考察非常深刻，指出，喪祭的目的是爲了愼終追遠，本於孝道的親親之情。喪祭禮正是依據「稱情而立文」的原則設立的，表現了親親的內在性與尊尊的普遍性之間的統一與連續。情文的統一規定了喪祭禮的本質，情文的連續則表現了文明創制和自然之間的動態的歷史性關聯，這種由人的生命情態的自然等差性建立起來的成德歷程恰恰體現了儒家實現其終極關懷的基本方式。〔註93〕但就目前的研究狀況來看，很多研究未能深入系統地就該主題進行討論，很多文章的內容有重複論述，因此，這一主題還有很大探討空間。

四、和本文主題相關的其他研究

考察儒家的喪祭禮論，還需要我們回歸到歷史本身，將儒家的觀念與當時的社會狀況結合起來，挖掘儒家思想產生的社會歷史淵源。因此需要對喪祭禮相關的內容有所把握。

（一）喪禮的相關研究

三禮之書中對喪禮的討論佔據了很大篇幅，如《儀禮》中的喪服、士喪禮、既夕禮、士虞禮等篇就是專門講喪禮的。關於喪禮的程序非常繁瑣，到北宋司馬光《書儀・喪禮》中仍然可以歸結爲 25 條。喪葬之禮關涉著我們更好的解讀古人對於宗法、喪服、祭祀和孝道的理解，特將對於這些問題的

〔註89〕沈宏格：《〈禮記〉——喪禮孝道教化的建構》，《社科縱橫》，2014 年第 3 期。
〔註90〕王彬：《〈禮記〉祭禮思想研究》，西北師範大學，2016 年碩士論文。
〔註91〕高文超：《〈禮記〉喪祭禮的哲學意蘊》，天津大學，2015 年碩士論文。
〔註92〕楊雅麗：《論〈禮記〉喪祭之禮的人文意蘊》，《寶雞文理學院學報》（社會科學版），2002 年 3 月。
〔註93〕李景林：《儒家喪祭理論與終極關懷》，《中國社會科學》，2004 年第 2 期。

研究做了簡要總結。

1. 喪服制度

關於喪服制度的探討，很多學者關注於其中的斬衰、齊衰、大功、小功、緦麻的五服制度，也有很多學者對其中的具體的喪葬程序做了詳細的介紹和總結，也有少數學者從歷史角度，考察了喪服制度的流變。

彭林《儒家禮樂文明講演錄》〔註94〕和《中國古代禮儀文明》〔註95〕兩書之中均對士喪禮的具體程序進行了詳細的介紹，包括士喪禮、既夕禮、士虞禮等的具體喪祭程序和斬衰、齊衰、大功、小功、緦麻五服制度以及制服原則、服術等。丁鼎的《〈儀禮·喪服〉考論》一書主要以《儀禮·喪服》為中心展開，介紹了中國古代喪服制度的形成和確立，並對其經、傳、記進行了綜述和考察，繼而詳細介紹了具體的服飾規則，五服制度以及制服的原則，對其反映的上古婚姻家庭制度和周代的社會關係倫理思想進行了社會層面的分析，與其他先秦文獻進行了比較研究。〔註96〕論述頗為精微。丁凌華《中國喪服制度史》一書也是集中筆墨探討了喪服制度的發展歷程。〔註97〕對斬衰，齊衰，大功，小功，緦麻五服制度做了介紹，並介紹了女子喪服制度的規定，喪服服飾的變除，歷代喪服服飾制度的演變，喪服服敘制度，守喪制度等進行了綜合性考察。陳公柔《〈士喪禮〉〈既夕禮〉中所記載的喪葬制度》一文把戰國墓葬發現的實物史料與《儀禮》文獻記錄結合具體討論了喪葬制度的名物、儀注等方面，很有學術價值。〔註98〕沈文倬撰文對該文提出了幾點意見，他認為出土實物有些與古籍記載不符，需要加以說明，對此，他特別舉出了實際墓葬中的葬法、奠器處理、棺槨、葬位等問題與《士喪禮》的記載進行了比較，認為應該實事求是地處理文獻材料，不能牽強附會或做折衷調和。〔註99〕文藻《中國喪禮沿革》一文，論述了從堯時開始行考妣之喪到周代行三年之喪，確立喪服制度，至漢代王莽盛倡三年之喪，歷經唐宋

〔註94〕彭林：《儒家禮樂文明講演錄》，桂林，廣西師範大學出版社，2008年2月。
〔註95〕彭林：《中國古代禮儀文明》北京，中華書局，2004年。
〔註96〕丁鼎：《〈儀禮·喪服〉考論》，北京，社會科學文獻出版社，2003年。
〔註97〕丁凌華：《中國喪服制度史》，上海，上海人民出版社，2000年。
〔註98〕陳公柔：《〈士喪禮〉〈既夕禮〉中所記載的喪葬制度》，《考古學報》，1956年第4期。
〔註99〕沈文倬：《宗周禮樂文明考論》，杭州，杭州大學出版社，1999年，第55～72頁。

元的流變，明清以降，禮俗變異尤甚，並列舉各省及少數民族喪葬之禮的相
關史料加以說明。作者對喪葬程序中的飾尸、招魂、小斂、大斂、殯葬、祭
祀也做了簡略總結，對於整個流變的論述，有助於我們更好地審視喪服制度
的變遷。〔註 100〕吳承仕在《中國古代社會研究者對於喪服應認識的幾個根
本觀念》一文中，指出喪服是宗法封建社會表現人倫分際的尺度，喪服的條
文是隨時而變的，而其表現的原理原則則終始不變。接著他對喪服歷史中涉
及的喪服單位、至親以期斷、外親之服、喪服體現的宗法和封建意味等問題
作了分別闡釋。〔註 101〕

2. 宗法制度

研究喪祭之禮則不能不提及宗法制度。周代確立起來的宗法制度是中國
社會比較有特色的制度之一，很多學者都認為宗法制度是與喪服制度互為表
裏、相輔而行的，而喪祭之禮的精神得以實現也多賴其作為依託。關於這一
制度，很多學者從產生時代、君統與宗統、嫡長子繼承制、大小宗、倫理意
義等角度進行了研究。

（1）宗法制度的歷史溯源

宗法制度的形成也是有其歷史過程的，董仲舒對於殷代和周代的王位傳
承之法的演變也有過總結，他在《春秋繁露・三代改制質文》中說殷代「親
親而多仁樸，故立嗣予子，篤母弟，妾以子貴」，周代則「尊尊而多義節，故
立嗣與孫，篤世子，妾不以子稱貴號。」我們通過考察商王的傳承譜系也可
以看出這一點，商代的傳承大多是兄終弟及和父終子繼交替進行的，可見當
時並沒有形成嚴格的傳子制度。王國維先生就明確提出，商代無宗法制。他
在《殷周制度論》中說：「商人無嫡庶之制，故不能有宗法」，認為這一制度
在周代才出現的。他說，「周人制度大異於商者，一曰立子立嫡之制。由是而
生宗法及喪服之制。」他從商代的祭祀史料出發，認為，「故商人祀其先王，
兄弟同禮，即先王兄弟之未立者，其禮亦同，是未嘗有嫡庶之別也。此不獨
王朝之制，諸侯以下亦然。」〔註 102〕

〔註 100〕陳其泰等編：《二十世紀禮學研究論集》，北京，學苑出版社，1998 年，第 330
　　　　～372 頁。
〔註 101〕陳其泰等編：《二十世紀禮學研究論集》，北京，學苑出版社，1998 年，第 316
　　　　～329 頁。
〔註 102〕王國維：《定本觀堂集林》卷十，臺北，世界書局，2010 年，第 451～480 頁。

晁福林《先秦社會形態研究》一書在討論宗法制度之時，也同樣認為商代無宗法。他舉了以下原因：一是卜辭之中無嫡庶之分；二是商先王配偶是否如祀只在於其自是否為王而不在於其是嫡妻或是庶妾；第三商王繼位制度也無嫡庶之分；第四，殷人祭祖來看，晚商前期和中期對遠祖比對近祖有更多的重視，但並不厚今薄古，與周人在宗法制下對祖廟、禰廟特別重視的情況相異。商代祭祖是為了將子姓族人網羅到商王周圍，而周人祭祖除此之外還有親疏遠近上的區別意義，重點從宗法制度中的嫡庶之分、宗統君統以及宗法制度的歷史演變進行了闡釋。〔註103〕

就宗法制度的起源來說，有些學者主張宗法源于氏族制度。錢宗範《中國古代原始宗法制度的起源和特點——兼論宗族奴隸制和宗法封建制》一文指出原始宗法制起源於父系氏族家長制，而不是起源於宗廟之制。祭祀和祖先崇拜早在不存在宗法的母系氏族公社時期就已存在，更和宗法的起源無關，商周時期宗廟祭祀制度特別發達，只是宗法制發展到一定階段後的產物。〔註104〕陳來也認為，「宗法文化一方面注重宗族的傳衍，另一方面注重宗族結構中以男權為主的上下關係。因此就社會功能而言，《儀禮》在本質上乃是一套父系宗族的文化規範體系。」〔註105〕

（2）宗法制度的定義

由於各學者理解的角度不同，對宗法制度的定義也呈多樣化。有的從其繼承權著眼，有的從其社會功用著眼，也有學者更注重其中的分支的意義。

謝維揚先生認為，周代的宗法制度是指在國家允許和幫助下，由血緣團體領袖憑血緣理由而對親屬進行管理並支配他們的行為乃至人身（以及這些親屬相應地服從這種管理和支配）的制度；宗法制度的本質是一種「私法」，亦即國家（同時也表現為法律）承認血緣團體領袖對其成員有代替法律（亦稱「公法」）來實施的管理和處置權〔註106〕。可見他重視從國家為主體的社會控制功能方面解釋宗法制度。楊寬先生認為，宗法制度是指西周由周王為起點的下衍的血緣分封為組織形式的各級族長領導制，亦即宗法制度的核心是

〔註103〕晁福林：《先秦社會形態研究》，北京，北京師範大學出版社，2003 年。

〔註104〕錢宗範：《中國古代原始宗法制度的起源和特點——兼論宗族奴隸制和宗法封建制》，《北京社會科學》，1987 年，第 2 期，第 117～120 頁。

〔註105〕陳來：《古代宗教與倫理——儒家思想的根源》，北京，三聯書店，1996 年，第 263 頁。

〔註106〕謝維揚：《周代家庭形態》，北京，中國社會科學出版社，1990 年，第 209～210 頁。

基於宗族血緣關係建立的政治組織結構及其法則。〔註 107〕郭寶鈞在《中國青銅器時代》一書中對宗法制度做了如下的界定：「何謂宗法制？宗法制本是由氏族社會演變下來的以血緣為基礎的族制系統，周人把它與嫡長制結合起來，使族制的縱（嫡長繼承）橫（宗法系統）兩面都生聯繫。」〔註 108〕趙伯雄《周代國家形態研究》中也對宗法制度進行了如下定義：「嚴格地說來，宗法制就是宗族的繼承制，或者換句話說，宗法制的產生，主要是為了解決宗族內部財產與權力的繼承問題的。」〔註 109〕錢宗範先生等人不同意把宗法制度視為宗族分枝制，他們認為宗法制度是一種以父權和族權為特徵的、包含有階級對抗內容的宗族、家族制度，嫡長子繼承制的確立是宗法制度發達和鞏固的標誌，而不能把它作為評判有無宗法制度的根據。〔註 110〕

（3）宗法制度內容的討論

很多學者討論了宗法制中的嫡長子繼承制、大宗小宗、君統與宗統等問題。

張崇琛《簡明中國古代文化史》一書第十章也涉及了中國古代宗法制度，結合《禮記》中的《大傳》和《喪服小記》的記載，簡要介紹了宗法制度的核心——嫡長子繼承制度，並介紹了宗法制度中的九族和三族的內容、昭穆制度、親屬、喪服制度。〔註 111〕錢玄《三禮通論》中在討論宗法制度之時也是將君統和宗統、嫡長子繼承制放在首位。他認為宗法制度本身就是為了天子、諸侯實行嫡長子繼承制而產生的。嫡長子繼承制是宗法制度的一個核心，目的是防止爭奪君位而產生內亂。經過考察，作者認為商代後期已有父子相繼制度，但是否已有嫡長子繼承制則無直接證據，但是至少可以看出這一制度的源頭。〔註 112〕金景芳先生在《論宗法制度》一文中主要討論了如下幾個問題：一是別子的概念，他認為「別」在於兩點，一是自卑別於尊，一是自尊別於卑。二是大小宗的差別。小宗五世而遷，因喪服制度是以親親之殺的理論為基礎。大宗百世不遷，因其屬於尊之統，負責收族。三是確定宗法制

〔註 107〕楊寬：《古史新探》，北京，中華書局，1965 年，第 166 頁。

〔註 108〕郭寶鈞：《中國青銅器時代》，北京，生活・讀書・新知三聯書店，1978 年，第 202 頁。

〔註 109〕趙伯雄：《周代國家形態研究》，長沙，湖南教育出版社，1990 年，第 87 頁。

〔註 110〕錢宗範：《周代宗法制度研究》，桂林，廣西師範大學出版社，1989 年，第 1～20 頁。

〔註 111〕張崇琛：《簡明中國古代文化史》，蘭州，甘肅人民出版社，1994 年。

〔註 112〕錢玄：《三禮通論》，南京，南京師範大學出版社，1996 年。

度的時間。他認爲宗法制度始於周代，因殷沒有分封制度，至秦消亡。〔註113〕童書業在《春秋史》中解釋了大小宗的含義，「凡大宗必是始祖的嫡裔，而小宗則或宗其高祖，或宗其曾祖，或宗其祖，或宗其父，而對大宗都稱爲庶。諸侯對於天子是小宗，而在本國則是大宗。」〔註114〕錢宗範《中國古代原始宗法制度的起源和特點──兼論宗族奴隸制和宗法封建制》一文還特別分析了商周宗廟祭祀的特點，特別提到了：宗統與君統的合一，宗法統治與政治統治的密切結合。〔註115〕楊英傑《周代宗法制度辨說》一文則指出宗法制有宗統與君統有嚴格的界限，大宗小宗之分，有遷宗與不遷宗之分。〔註116〕陳恩林、孫曉春《關於周代宗法制度的兩個問題》一文認爲宗法制度只存在於大夫士階層。不上達於天子諸侯。宗法制度也就不能上通於天子諸侯，君統是前者的體現，而後者只能表達爲宗統。所以，所謂「天子是天下之大宗」云云，並不具有宗法制度的意義。〔註117〕李向平則探討了西周春秋時期士階層的宗法制度。〔註118〕

（4）宗法制度的意義

很多學者在討論宗法制度之時關注了它倫理層面的意義，認爲其中蘊含著倫理秩序和道德架構。

丁鼎在談到宗法制度時認爲「宗法制度的社會意義就在於既將總體內部的血緣關係等級化，又將宗統與君統分離，從而避免了宗人對王（或諸侯）之嫡長子（世子）王位（或君位）繼承權可能發生的侵犯。」〔註119〕他還在《〈儀禮‧喪服〉所體現的周代宗法制度與倫理觀念》一文中探討了宗法制度與喪服制度的關係，他認爲：宗法制是爲了適應改造氏族社會的血緣關係以維護階級社會嫡長子繼承制的需要而產生的。而喪服制度則是爲了推行和維護宗法制而對原始喪服習俗進行加工改造的結果。具體說來，就是在本來體

〔註113〕金景芳：《論宗法制度》，《吉林大學社會科學學報》，1956年。

〔註114〕童書業：《春秋史》，北京，中華書局，2006年。

〔註115〕錢宗範：《中國古代原始宗法制度的起源和特點──兼論宗族奴隸制和宗法封建制》，《北京社會科學》，1987年第2期。

〔註116〕楊英傑：《周代宗法制度辨說》，遼寧師院學報，1982年第6期。

〔註117〕陳恩林、孫曉春：《關於周代宗法制度的兩個問題》，《社會科學戰線》，2002年第6期。

〔註118〕李向平：《西周春秋時期士階層宗法制度研究》，《歷史研究》，1986年第5期。

〔註119〕丁鼎：《〈儀禮‧喪服〉考論》，北京，社會科學文獻出版社，2003年，第262頁。

現「親親」、「長長」原則的原始喪服習俗的基礎上，增添「尊尊」、「貴貴」
的內容，將其改制爲與宗法制度互爲表裏的喪服制度。〔註 120〕朱鳳瀚：《商周
家族形態研究》一書中通過對商周宗族的考察，認爲繼承人的權力主要表現
在對宗族祖先的主祭權，對族人政治上的治理權和經濟支配權。那麼「宗法
實際上指的是宗族成員之間的等級差別的原則。其核心在於維護宗子在本宗
族內的至尊地位。廣義公族與公室只有觀念上的同宗族關係，所以即使有宗
法關係亦同樣只是觀念上的，沒有實際約束力。」〔註 121〕瞿同祖《中國封建
社會》一書中對宗法制度有所涉及，主要討論了別子的意義在於一是別於宗
子，一是別爲後世爲始祖。並且在談及祭祀之時，重點討論了祭祀和宗法的
關係，主要談到：祭祀的功用在於尊祖敬宗，昭孝報恩。在談到喪葬之時，
主要從宗法和喪葬來論述的。講到父母爲長子服喪三年，是爲了長子傳重的
繼承地位，主要也就是從尊祖敬宗的意義上講的。〔註 122〕

（5）喪服與宗法的關係

　　有些學者則將喪服制度與宗法制度聯繫起來，進行比較研究，特別關注
了喪服中體現的「親親」「尊尊」的原則。

　　錢杭在《周代宗法制度史研究》一書第九章介紹了喪服制度。〔註 123〕除
了簡單介紹五服制度之外，還將喪服制度分爲宗親喪服和政治性喪服兩種類
型。所謂宗親喪服，主要指的親屬間的喪服，宗親喪服直接顯現宗法等級關
係的親疏遠近，是宗法制度具體的表現方式之一。姻親喪服從屬於宗親喪服，
是其派生物，不可獨立存在。而按照天子諸侯大夫士的級別來服喪的等級規
則，作者稱其爲政治性喪服。特別討論了宗親喪服與政治性喪服之間契合轉
化的關係，研究非常有新意。作者主要依據《儀禮・喪服經傳》來對這一問
題進行了梳理。並指出了兩者之間的轉換規則：「在極有限的條件下，血緣身
份與政治身份重合，兩者可處於暫時的、平行的轉換關係中；而在絕大部分
場合，政治身份則制約著或改變著血緣關係對實際生活的干預程度。」〔註 124〕
如《禮記・喪服四制》：「門內之治恩揜義，門外之治義斷恩」《公羊傳》：「不

〔註 120〕丁鼎：《〈儀禮・喪服〉所體現的周代宗法制度與倫理觀念》，《民俗研究》，2002
　　　　年第 3 期。
〔註 121〕朱鳳瀚：《商周家族形態研究》，天津，天津古籍出版社，2002 年，第 553 頁。
〔註 122〕瞿同祖：《中國封建社會》，上海，上海人民出版社，2005 年。
〔註 123〕錢杭：《周代宗法制度史研究》，上海，學林出版社，1991 年。
〔註 124〕錢杭：《周代宗法制度史研究》，上海，學林出版社，1991 年，第 283 頁。

以家事辭王事，不以王事辭家事。」《穀梁傳》文公二年：「不以親親害尊尊」。五服制度經過種種變化後，化為二十三種，應用於一百三十八種場合，非常精密。錢玄《三禮通論》在講到宗法制度之時，專門探討了喪服與宗法的關係。他說：「喪服是建築在宗法制度基礎上的產物，也是從天子到庶民體現宗法觀念最廣泛、最深刻的一種制度。⋯⋯在服飾的不同中，反映親屬的宗法思想。」〔註125〕接著他從五服，服喪期限、用杖、鞋、服術等方面指出喪服制度是以宗法制度的「親親、尊尊」為核心的。

（二）祭祀禮的相關研究

1. 祭禮通論

傅亞庶的《中國上古祭祀文化》〔註126〕一書從文化角度系統地研究了中國上古的祭祀禮制，包括商周以前的早期祭祀，商周時代的祀典與祭祀禮儀，以及祭祀中的主祭人員和操作流程，旁涉其他社會文化形態，全書內容非常豐富，體系也很完整，其中也包括了喪祭禮儀部分，但是作為通論性的著作，有些地方還需要我們深入挖掘。

王啓發《禮學思想體系探源》〔註127〕一書對於郊社禮、宗廟廟制、四時之祭以及喪祭禮做了簡略的介紹，喪祭禮中涉及復，虞祭，卒哭，祔祭，祥祭和禫祭。祭禮則從哀、敬之情，祭祀器物，語言，文字，圖紋，樂舞幾個方面結合《禮記》和《儀禮》的文本進行了簡要的介紹，很有歸納性。

劉豐《先秦禮學思想與社會的整合》〔註128〕一書緒論部分涉及了禮學研究的綜述，其中也包括喪祭部分，但是內容涉及不多。

詹鄞鑫《神靈與祭祀——中國傳統宗教綜論》〔註129〕一書中與祭祀相關的主要是中編的宗廟郊社制度和下編的天神地祇的祭祀、宗廟祭祀幾個部分。宗廟郊社制度，主要是從外在形制的角度論述的，包括：祭壇形式、宗廟制度、神主制度及昭穆制度、主號與廟號幾個相關方面。天神地祇的祭祀則主要介紹了郊祭和社祭。他認為廣義的郊祀是指在郊舉行的各種祭祀，包括天地、日月、四望、山川諸祭，而狹義的郊祀僅指的是夏曆正月在南郊舉

〔註125〕錢玄：《三禮通論》，南京，南京師範大學出版社，1996年，第451頁。
〔註126〕傅亞庶：《中國上古祭祀文化》，北京，高等教育出版社，2007年。
〔註127〕王啓發：《禮學思想體系探源》，鄭州，中州古籍出版社，2006年。
〔註128〕劉豐：《先秦禮學思想與社會的整合》，北京，中國人民大學出版社，2003年。
〔註129〕詹鄞鑫：《神靈與祭祀——中國傳統宗教綜論》，南京，江蘇古籍出版社，
　　　　1992年。

行的祭天禮。祭地，則主要是祭祀社神。宗廟祭祀中則主要對殷代的周祀，周代的祫祭做了介紹。包括周祀的原則和週期，周祀祭名的意義，性質是對群祖的大合祭，同周代的祫祭。特別對禘祭進行了研究。作者經過對出土卜辭的分析認爲：殷代的禘祭是止息災氣的祭祀。周代的禘禮，則是指的冬至祭天於圜丘。經過對《禮記》相關篇章的分析，作者認爲，禘不是祭天，而是王者把「祖之所自出」的黃帝、舜、嚳等傳說人物尊爲帝（帝之言始）的祭禮。這種祭禮乃是宗法社會確認大宗資格的儀禮，無關乎天。作者認可王肅將禘與祫看做同一種祭禮的看法。作者認爲四時祭原來只有祠、礿、嘗、烝，《王制》誤將原始材料中屬於殷祭的夏禘當作四時祭，由此才產生了禘爲四時祭的說法。

2. 祭禮具體問題的研究

有些學者則重點研究了具體的祭禮，包括祭天、祭地、祭祖、周祭等，並分析了在這種祭禮背後蘊藏的深刻含義。

通觀商周的祭禮，主要以祭祀天地和祭祀祖先爲主，祭祀天地之禮，多爲郊、社之祭，祭祀祖先之禮則可歸爲宗廟之祭，宗廟之祭之中仍有很多的類別，如日祭、月祭、薦新、四時祭等等。

張鶴泉《周代祭祀研究》是這一方面的專著，對周代的祭天、祭社和祭祀宗廟等祭祀活動和祭祀意義進步了比較系統的論述。〔註130〕書中著重從周代天的神性、郊天之祭的禮儀特點和社會作用三方面，對這一問題作了初步的探討，並認爲周代之天人格化特徵明顯突出和神性社會化加強。周代的郊天之祭具有明確的地點、日期和規範化的儀式並且具有超出其他祭祀禮儀的至上性。郊天之祭的主要社會作用在於維護統治，增強神秘感和控制諸侯。除了通論性著作之外，也有學者專注於其中的專門祭祀。常玉芝《商代周祭制度》從分析卜辭入手，系統總結了很多學者的研究成果，詳細考證了五種祀典的祭祀週期，特別是對周祭制度進行了系統的研究。〔註131〕沈文倬在《宗周歲時祭考實》一文中重點討論了從祀典上的殷周異制說到喪奠（祭）與吉祭的聯繫和區分，以及吉祭之中的立尸、齋戒，結合「特牲饋食禮」和「少牢饋食禮」研究了士大夫、乃至天子諸侯在行歲時祭之時的不同儀節、器物、服飾，引證頗爲豐富。〔註132〕吉林大學張雁勇的博士論文《〈周禮〉天子宗廟

〔註130〕張鶴泉：《周代祭祀研究》，北京，文津出版社，1993年。
〔註131〕常玉芝：《商代周祭制度》，北京，中國社會科學出版社，1987年。
〔註132〕沈文倬：《宗周禮樂文明考論》，杭州大學出版社，1999年，第73頁～114頁。

祭祀研究》，全面考察了周禮天子宗廟祭祀，特別是對儀式、器物皆有考辨，並論述了祭祀的意義。〔註133〕也有學者就祭祖禮進行了研究。劉雨《西周金文中的祭祖禮》一文對周代的祭祖禮進行了分類，分別作了考證，闡明周代祭祖禮對於商代的繼承，指出周代對於自然神的崇拜觀念比較淡化，而對祖先崇拜則比較重視，並說明與周代的宗法制度實行密切相關。〔註134〕劉源的《商周祭祖禮研究》一書對商代後期，西周春秋時代貴族階層祭祖儀式的類型，內容及其反映的祖先崇拜與社會組織關係等問題進行了討論。〔註135〕論述了商後期與周代祭祖儀式的內容與程序，由卜辭中祭祀動詞入手，考察了商人祭祖儀式及其內涵。商周祭祀類型的時代變遷，商周在祭祖禮上的文化傳承與演化。並指出周人崇敬的祖先之德，主要指政治上的作為和品行，體現了強烈的理性精神和現實態度。商代祭祖禮當中表現出很強的畏懼心情，主要目的在於禳祓災禍。周代的祭祖禮裏面則投射出現實和理性的態度，主要目的在於對祖先功績德性的崇拜和對家族個人的保祐主要側重家庭的延續和個人家族權力的維持。

董喜寧的《孔廟祭祀研究》一書則是集中對孔廟祭祀展開討論的專著，很多內容很有參考意義。〔註136〕也有很多學者從歷史流變的角度，對商周的祭祀進行了比較研究，作了很多有益探索，這樣的探索有益於我們在將《禮記》作為研究對象時，更好地去考察《禮記》成書前的文明轉向。

晁福林《先秦社會形態研究》一書在分析殷代神權之時涉及到了殷代的祭祀狀況。〔註137〕殷代神權三足鼎立，包括，以列祖列宗、先妣先母為主的祖先神，以社、河、嶽為主的自然神，以帝為代表的天神。帝只是殷代諸神之一，整個殷代並無一個至高無上的神靈。殷代祖先崇拜的特點：其尊崇的主要對象是祖先神；極力追溯傳說中的祖先；且女性祖先也頗受重視；殷人祭祖用牲數量多，祭典很隆重；殷人祭祀先祖多分組祭祀；不僅尊崇王室的子姓先祖，也尊崇非王室的子姓先祖。從殷墟卜辭記載的情況和發掘情況都可以看出殷代神權崇拜的特點在於祖先崇拜。自然崇拜，主要表現為對日月星辰山川和土（社）、河、嶽的祭祀。天神崇拜，主要表現為對帝、東母、西

〔註133〕張雁勇：《〈周禮〉天子宗廟祭祀研究》，吉林大學博士論文，2016年。
〔註134〕劉雨：《西周金文中的祭祖禮》，《考古學報》，1989年第4期。
〔註135〕劉源：《商周祭祖禮研究》，北京，商務印書館，2004年。
〔註136〕董喜寧：《孔廟祭祀研究》，北京，中國社會科學出版社，2014年。
〔註137〕晁福林：《先秦社會形態研究》，北京，北京師範大學出版社，2003年。

母等的祭祀，帝有干預某些社會生活的能力，但對於帝的祭品和獻祭次數遠比不上祖先神。王暉在《商周文化比較研究》一書中稱，殷代神權巫術與王權結合在一起，巫祝貞人通過甲骨占卜來溝通商王和鬼神的關係，祭祀權力高度掌握在商王室貴族手中。周代則民神並重，以民爲本。商王以爲自己「有命在天」(《尚書‧西伯戡黎》)，周人則認爲天命可以變化，且以民眾的願望、感情來決定，敬德保民，周代祭祀權則按照金字塔式的等級階層分配到上至王公下至士手中，祭祀的品類、祭祀的時間、祭祀的數量多少都有明顯的區別和嚴格的規定。〔註138〕

3. 有關祭司階層的研究

除了對祭祀的禮制和祭祀流變關注之外，也有學者將眼光投射到祭司的職守上面，發現了祭司階層也經歷了一個演變和分化的過程。

張光直的《中國青銅時代》一書主要從考古學和人類學的角度對三代歷史，主要涉及商代的廟號，以及商代的巫與巫術。〔註139〕在談到商周兩代的巫師地位之時，他說：「商代重視巫師，而到了周代已較不重視，在《周禮》裏面，司巫列爲中士，屬於太祝。西周銅器銘文中講巫的很少。」對於這一現象他將其歸結爲儒家人文主義的興起。

陳來在《古代宗教與倫理》一書中也提到了祝宗卜史的職官的分化，他說：「三皇五帝時代的巫覡與一般蒙昧社會的巫術和巫師不同，比較接近於溝通天地人神的薩滿。但商周的古巫雖帶有上古巫覡的餘跡，卻已轉變成祭祀文化體系中的祭司階層，其職能也主要爲祝禱祠祭神靈。」〔註140〕指出了巫脫離巫術而轉向祭司的變化。

楊向奎《宗周社會與禮樂文明》〔註141〕通過對《儀禮》中的具體篇章考證其非後人僞造，爲這些具體儀節找到了歷史上的存在軌跡。並將神、巫、史的歷史內容概括爲，神述歷史，天人不分；巫述歷史，天人漸分；史述歷史，天人已分。他認爲，原來歷史掌握在神巫手裏面，他們在樂舞祭祀之時，以史詩作舞曲。巫以後是史，所以司馬遷能夠自敘上及重黎，孟子所說「詩

〔註138〕王暉：《商周文化比較研究》，北京，人民出版社，2000年。
〔註139〕張光直：《中國青銅時代》，三聯出版社，1999年，第407頁。
〔註140〕陳來：《古代宗教與倫理》，北京，生活‧讀書‧新知三聯書店，1996年，第54頁。
〔註141〕楊向奎：《宗周社會與禮樂文明》，北京，人民出版社，1997年。

亡然後春秋作」也正好說明這一演變過程。孔子對於禮樂的繼承則不是簡單
地與玉帛結合的對等交換，而是與「德」「仁」等德性結合，仁與禮一質一文。
禮樂文明也由西周初年的以「德」爲核心，到春秋末年，孔子提出以仁爲核
心。

4. 祭祀與宗教的研究

很多研究宗教的著作當中都會提及祭祀，而同樣很多學者在研究祭祀之
時也必然提及宗教觀念。李澤厚認爲，周禮是「原始巫術禮儀基礎上的晚期
氏族統治體系的規範化和系統化。」〔註 142〕也可以看出古代的祭祀行爲的確
與蒙昧之時的信仰觀念有著不可分隔的聯繫。關於這一點很多學者作了探討。

陳夢家《殷虛卜辭綜述》第十七章對商代的宗教信仰和祭祀儀式有很詳
細的論述。〔註 143〕

許兆昌《先秦史官的制度與文化》一書談到周代史官的學術思想之時提
到了神人的關係，主要有兩點，神的能力強大，能夠降禍福；人可以對神靈
的禍福施加自己的干預。談到禮學思想之時則提到德性正慢慢彰顯。這一發
現對我們更好的理解當時的歷史背景非常有幫助。〔註 144〕

陳來《古代宗教與倫理》一書將夏商周三代的文化演進過程歸爲由巫覡
文化、祭祀文化到禮樂文化的過程。通過對殷周的卜辭和祭祀的研究，指出，
殷代神靈信仰在引入中很突出，而對祖先神尤爲重視。周代的祭祀則突出先
祖先王的人世功德一面，非純粹的宗教性祭享，信仰意義淡化，倫理意義突
出。〔註 145〕

楊志剛《中國禮儀制度研究》講到殷人的信仰生活有兩個特點：一是沒
有形成統一的神靈譜系，而是祖先崇拜佔據主導地位。從商代祭祀的種類，
祭品多少，祭祀次數以及殷墟卜辭均可看到，先王先公被奉爲保護神，對維
護王朝的統治作用很大。〔註 146〕

李申《儒教的鬼神觀念和祭祀原則》一文重點討論了儒家的鬼神觀和祭
祀的原則，認爲儒家的祭祀不能僅僅視爲紀念活動，本義是祭神，並對祭祀

〔註 142〕李澤厚：《中國古代思想史論》，北京，人民出版社，1986 年，第 8 頁。
〔註 143〕陳夢家：《殷虛卜辭綜述》，北京，中華書局，2004 年。
〔註 144〕許兆昌：《先秦史官的制度與文化》，哈爾濱，黑龍江人民出版社，2006 年。
〔註 145〕陳來：《古代宗教與倫理》，北京，生活‧讀書‧新知三聯書店，1996 年。
〔註 146〕楊志剛：《中國禮儀制度研究》，上海，華東師範大學出版社，2001 年。

的對象和原則進行了梳理。〔註 147〕

5. 關於祭祀意義的研究

祭祀很多時候不僅僅關涉著外在的儀節，有時候還與教化結合起來，徐復觀在《中國人性論史》講到：周人對祖先的祭祀中已逐漸脫離原來的宗教義，而更多的具有道德義。〔註 148〕非常敏銳地關注了祭祀中的教化意義。同樣，其他學者對此亦有留意。

張岩在《從部落文明到禮樂制度》一書第十三章就講到了「神道設教」的問題。他主要從一些典章制度角度講了商周的禮制情況，繼而轉入了神道設教，如何利用祭祀儀式「崇德」「絀惡」理性地利用迷信，確立王權和推行王政，從政治角度談論的比較多一些。〔註 149〕

林素英《古代祭禮中之政教觀──以〈禮記〉成書前為論》一書，主要探討了祭祀之禮中蘊藏的政教觀，她提出祭祀之禮是在立禮設教，途徑是從最溫情的血緣親親之情開始，祭祀是其外在的依託形式。她結合《禮記》中的記載，主要將祭祀與教化結合起來，通過考察商周時代祭祀天地、祖先等儀式以及具體的昭穆制度、祭禮內容、意義等，認為古人在祭祀之中蘊藏了一套深刻的政治教化體系。〔註 150〕葛兆光在其《中國思想史》中提到殷人卜辭數量眾多的祭祀內容中有三個值得注意的現象：天地自然之神與祖宗先妣之靈的逐漸結合；祭祀程序的逐漸秩序化；與上天主宰者的關係逐漸集中到了王一人身上。他認為把禮品分出種種用途，把參與者分出種種等級，把祭祀場所安排出象徵不同以為的方向和位置，「以正君臣，以篤父子，以睦兄弟，以齊上下，夫婦有所，是謂承天之祜」，其中就包含了對秩序的追求，對價值的肯認，對象徵性的儀式與實質性的社會之間的關係的思考。〔註 151〕

（三）名物研究

研究喪祭理論就不得不關注其中提及的名物，瞭解了名物的具體所指才能夠更好的理解禮儀的程序和承載的禮意。

〔註 147〕李申：《儒教的鬼神觀念和祭祀原則》，《復旦學報》（社會科學版），2007 年第 4 期。

〔註 148〕徐復觀：《中國人性論史》，上海，華東師範大學出版社，2005 年，第 34 頁。

〔註 149〕張岩：《從部落文明到禮樂制度》，上海，三聯書店，2004 年。

〔註 150〕林素英：《古代祭禮中之政教觀──以〈禮記〉成書前為論》，臺北：文津出版社，1997 年。

〔註 151〕葛兆光：《中國思想史》第一卷，上海，復旦大學出版社，2001 年。

　　宋代聶崇義纂輯《新定三禮圖》一書中對各項禮儀中涉及的用具加以說明，並附圖片幫助理解，對喪服五服中的用衣，布料，器具，服飾，喪器，襲斂都進行了詳細的介紹，輔以插圖，可見作者對喪祭之禮的名物有深入的研究。〔註152〕

　　清代黃以周作《禮書通故》102卷，詮釋古禮古制，但並不侷限於古禮。書中涉及的名物、宗法、喪服、郊禮、喪禮、喪祭、以及禮節圖表等均可作爲研究材料，能夠幫助我們更全面地理解喪祭之禮。〔註153〕

　　錢玄著有《三禮名物通釋》該書主要對三禮中涉及名物部分進行了分類考釋。〔註154〕依次分爲如下諸篇：衣服篇、飲食篇、宮室篇、車馬篇，可以視爲瞭解禮學名物的綱領性著作。而其後來的大部頭著作《三禮通論》可以算是現代學者研究三禮名物制度較爲完備的一部。該書包括禮書著作的介紹，禮中的具體名物，如衣服，飲食，宮室，車馬，武備，旗幟，樂舞，喪葬器具以及禮制中涉及的宗法制度，具體禮儀的介紹，並輔以插圖，內容非常完備，可以作爲對三禮的分類考察，對瞭解這些禮制的外在儀節非常有幫助。另，他與錢興奇還編著有《三禮辭典》〔註155〕，收入了《周禮》、《儀禮》、《禮記》和《大戴禮記》四書中關於典章制度、禮器名物等詞目五千餘條，解釋非常詳細，是禮學領域非常有價值的一部工具書。

　　集中探討禮器的著作要數吳十洲的《兩周禮器制度研究》。〔註156〕他認爲禮器從縱的關係來看，它產生於自發的祭祀用器與權利象徵物，到了一定時期，轉化爲人爲的成組的表示不同等級的「禮」用之器；從橫的關係來看，禮器是崇神祭祖，表徵政治權利的媒介之物。該書第五章中對周以前以及兩周的墓葬隨葬品進行了考察，包括隨葬玉器、青銅器、車馬、樂器、兵器以及棺槨制度進行了考察，從中發現了很多等級相關的組合方式以及變遷情況。另外俞偉超、高明發表《周代用鼎制度研究》上中下三篇，認爲完整的用鼎制度已經在周初形成，後經過三次破壞，到戰國末期趨於崩潰。〔註157〕

〔註152〕（宋）聶崇義纂輯，丁鼎點校解說：《新定三禮圖》，北京，清華大學出版社，2006年。
〔註153〕（清）黃以周撰，王文錦點校：《禮書通故》，北京，中華書局，2007年。
〔註154〕錢玄：《三禮名物通釋》，南京，江蘇古籍出版社，1987年。
〔註155〕錢玄、錢興奇：《三禮辭典》，南京，江蘇古籍出版社，1998年。
〔註156〕吳十洲：《兩周禮器制度研究》，臺北，五南圖書出版股份有限公司，2004年。
〔註157〕余偉超、高明：《周代用鼎制度研究》上中下三篇，分別見於《北京大學學報》（哲學社會科學版）1978年第1、2期和1979年第1期。

張聞捷《周代用鼎制度疏證》一文則對周代的用鼎情況做了更多補充。〔註158〕

五、本文研究思路與篇章結構

正如前文體現的，研究《禮記》中的喪祭理論需要關注的範圍非常博雜，《禮記》諸篇之間漫無統系，既有禮義的詮解，又有制度的記載，更有散落的儀式。因此在具體的研究過程中不僅需要全面、完整、深刻地認識先秦喪祭涉及的方方面面，還需兼顧歷史學、社會學、人類學、宗教學、民俗學等多領域的研究成果。一方面，需要認眞研讀和吸納前人的研究成果，盡力做到參證研究，博觀約取；另一方面，也要形成自己關注的視角，回歸文本本身，深入挖掘。這不僅需要做大量的整理工作，還需要尋找儒家論禮在精神上的關聯，考察先秦儒家的思考路徑，關注儒家將道德追求融於具體儀節的方式將會是本文力圖實現的突破。

本文的結構及內容如下：

第一章主要闡述《禮記》當中對於禮文創制的理解以及喪祭禮佔據的重要地位。《禮記》認爲天是萬物的本原，禮文的根源也在於天，不僅創制合於天道，其在人事上的應用，也是承天道以治人情的。因此，禮制的推行具有普泛的意義，在人間社會發揮著全面的作用。綜觀整個禮文系統，喪祭禮佔據著重要的地位，不僅古文獻當中涉及喪祭禮的很多，在《禮記》當中涉及喪祭禮的篇幅更是佔據了大半，由此引入對喪祭禮的討論。

第二章主要論述喪禮。喪禮是由死亡開始的一種社會文化現象。《禮記》認爲，人死後則化爲幽隱的鬼神，魂氣上陞於天，爲神；魄則歸於大地，爲鬼。形體的消亡，打斷了生者與親人生命一體性的聯結，是與生者生命一體性的斷裂，所以喪禮當中以哀情爲主，處處凸顯對親死的思慕和懷念之情。儒家認爲喪禮之設也是依據哀情，是「稱情而立文」，一方面爲了傳達個體對親人的思慕懷念，另一方面，也爲了使情感的傳達有所節制，使其無過無不及。由於死者與生者之間有親疏遠近尊卑等關係，因此，喪禮的設置也承載著秩序和等級的意義。喪禮和喪服制度縱向而言，承擔著家族內部和睦親族、凝聚親情的作用；橫向而言，則起著維持社會秩序的作用。

第三章主要討論祭禮。祭禮是接續喪禮的又一重要禮儀，葬事之後，便對死者的魂魄進行饗祭，進入祭祀的環節。古代的祭祀之禮又不侷限於祭祀

〔註158〕張聞捷：《周代用鼎制度疏證》，《考古學報》，2012 年第 2 期。

人鬼，還包括天地、山川、日月、星辰等諸多祭祀對象，在《禮記》當中，祭禮的神譜包括天神、地祇和人鬼祖先三個方面。祭祀的觀念也經歷了由尊神到尊禮的轉變。祭禮之設，是為了反本復始，追思生命的本原。在祭祀系統當中，天子處於祭祀層級的最頂端，因此天子之祭是最具代表性的，也最能傳遞出祭祀的最高意義。天子祭祀天神是「報本反始」最充分、最完滿的展現，是天人之間相互溝通的直觀傳達；祭祀地祇則出於報懷物質生養之功；祭祀祖考則是藉由對人類血緣親祖的緬懷，昭孝教化，教民相愛。祭祀天地往往以祖考相配，便是通過祭祀的形式實現向天地本原、族類本原的追思，是借助敬天法祖傳遞對生命的終極關懷，為人類生命價值尋求本原處的支撐，所以，可以說，祭祀在某種程度上承擔著原始宗教信仰的角色。

　　第四章就喪祭禮的意義進行總論。指出，儒家對喪祭禮的思考並未執著於對鬼神世界的想像，而是貫注了人文的自覺。對鬼神的饗祭，是與鬼神之德進行感格溝通，鬼神之德便是祖先之德，天地之德。感格起於內心本真的情感，因此，喪祭之中皆重親親孝道，由此實現「內盡於己，外順於道」。「內盡於己」，是反身內求，是在人的自然親親之情中尋求著力之處，因此儒家強調情感之真實；「外順於道」，則是向外推擴，推擴之中則使己與人、內與外、人與天各個視域之間實現一體的、動態的、連續的貫通，這也是儒家所獨有的即內在而超越的打通路徑。希望借由這些討論，還原儒家進行終極關懷的方式，提出自己對生命問題的一些看法。

第一章　禮文創制與喪祭禮的地位

　　作爲西漢時期整理的儒家著作彙編，禮自然是《禮記》探討的主要話題。依據《禮記》四十九篇的內容，劉向將其劃分爲通論、制度、喪服、明堂陰陽、祭祀、世子法、子法、吉事、吉禮、樂記十類。考察《禮記》諸篇，從中也可以發現：該書之中既有對古禮的通論，如《曲禮》、《表記》、《中庸》、《大學》、《儒行》等篇；又有對具體禮義的闡發，如《冠義》、《昏義》、《射義》、《鄉飲酒義》、《祭義》、《郊特牲》諸篇；更不乏與禮相關的生活記錄，如《三年問》、《孔子閒居》、《問喪》、《仲尼燕居》等篇。禮貫穿在古代社會生活的方方面面。大而言之，則有吉、凶、賓、軍、嘉五禮之別；小而言之，則五禮之中又各自分門別類，冠、婚、喪、祭、朝、聘、射、鄉等具體禮儀在古人的日用常行中俯拾即是，且每一種禮儀又有其各自的服飾、器物、等級、用度等規制，所以素有「經禮三百，曲禮三千」之說。〔註1〕那麼，在《禮記》中，儒家又是如何看待禮的呢？

　　在儒家看來，禮是一種本於天道而達於人道的規制，就其生發而言，其本原落實處在天，就其顯現而言，則在人間社會隨處流行，所以，《禮記·禮運》說：「夫禮，先王以承天之道，以治人之情。」孫希旦闡發爲：「承天之道者，本其自然之秩序，禮之體所以立也。治人之情者，示以一定之儀則，禮之用所以行也。」〔註2〕可能有人會有這樣的疑問：禮爲什麼是「承天道」的？又爲什麼要「治人情」呢？爲什麼要構築這種天和人之間的關聯呢？這恐怕要從人類對人和世界關係的思考說起。

〔註1〕《禮記·禮器》，依據朱彬《禮記訓纂》，北京，中華書局，1996年。以下引文凡出自《禮記》者，皆據此版本，不再行文說明，特記於此。

〔註2〕孫希旦：《禮記集解》，北京，中華書局，1989年，第585頁。

　　我們是誰？我們從哪裏來、要到哪裏去？此生的意義是什麼？如何打破這肉體生命的侷限性？世間無物常駐，那什麼是永恆的呢？……對這些問題的追問和思考一直充斥著人類的精神生活，卻沒有確切的答案。我們彷彿是希臘神話中的西西弗斯，不斷地從生活瑣事中停下來重複思考這些問題，這些思考也構成了每個人生命中的重要主題。人人在現實生活中都會感覺到人生的束縛，生老病死，喜怒哀懼，侷限無處不在，爲尋求超越和解放，不同文明的人做出了不同的思考。在無法形成確切認知的時候，很多文明都找到了神作爲答案。按照英國著名宗教學家凱倫‧阿姆斯壯的說法，世界上很多地域的人們在開始崇拜多神之前，都經歷過一個創造「天神」或者「至上神」的時期，這個至高之神創造了世界，在遙遠的天上統治著人類的生活。人類學家發現，在卑格米人、澳大利亞人和南美火地人這樣的部落民族中，也存在天神。天神被視作是萬物的第一原因，是天地的統治者，甚至因爲他的地位過於崇高，非凡人之崇奉可及，所以從來不被表現爲形象，也沒有神壇和祭司。〔註3〕隨著人類的認識漸趨理性，答案也越發多元。如果我們將視角轉到德國著名思想家卡爾‧雅思貝爾斯在他的代表作《歷史的起源與目標》中提及的「軸心時代」〔註4〕，則會看到這樣的答卷：古希臘的先哲們開創了西方文明的理性和思辨；印度的釋迦牟尼則在四門遊觀之後證悟了佛性；巴勒斯坦湧現出了以利亞、以賽亞等先知，在宗教之路上漸行漸遠；中國的先秦諸子們則在百家爭鳴中奠定了不同的思想流派。可以肯定的是，各個文明都在對人和世界關係的思考和解答之中，形成了不同文明的特有氣質。

　　當然，東方和西方的思維模式存在著很大差異，季羨林先生將其概括爲東方的綜合思維模式和西方的分析的思維模式可謂高度凝練。〔註5〕縱觀中國文化，可以說「天人合一」思想就是這種綜合思維模式的典型代表。錢穆先生曾說過中國文化對人類最大的貢獻就是「天人合一」的思想，並稱「此一觀念實是整個中國傳統文化思想之歸宿處」〔註6〕。關於「天人合一」思想，蔡尚思、張岱年、任繼愈、錢遜等著名學者都專門撰文做過論述。雖然「天」

〔註3〕【英】凱倫‧阿姆斯壯（著）葉舒憲（譯）：《敘事的神聖發生：爲神話正名》，《中國神話學研究前沿》，西安，陝西師範大學出版社，2018年，第26頁。

〔註4〕【德】卡爾‧雅思貝爾斯著，魏楚雄、俞新天譯：《歷史的起源與目標》，北京，華夏出版社，1989年，參見該書第一章的內容，第7頁～第30頁。

〔註5〕季羨林：《關於「天人合一」思想的再思考》，《中國文化》第9期。

〔註6〕錢穆：《中國文化對人類未來可有的貢獻》，《中國文化》，第4期。

在不同思想家稱引的過程中會有不同的含義〔註7〕，但是正如錢遜先生說的「天人關係問題是中國人認識世界自覺提出的第一個問題，是以後中國文化思想發展的起點」〔註8〕。對於這一問題的回答，以最典型的儒家和道家為例，我們會發現他們採用了不同的思考路徑。道家進行天人溝通的方式比較直接，老子說「域中有四大，而人居其一焉。人法地，地法天，天法道，道法自然。」〔註9〕莊子說「道通為一」〔註10〕，又說「通天下一氣耳」〔註11〕，可以看出，在道家看來，人和天之間並無界限，可以直接進行溝通。但是儒家採用的方式則不同。我們讀《論語》會發現孔子對天道的看法比較模糊，他的學生也說「夫子之言性與天道，不可得而聞也。」〔註12〕但是，我們又看到一方面他強調「為仁由己」〔註13〕，一方面又說「天生德於予」〔註14〕，「不怨天，不尤人。下學而上達，知我者其天乎」〔註15〕。和天道相比，孔子似乎更關注的是人事，換句話說，孔子是在通過盡人事、知天命來協調天人之間的關係。到了孟子處，則將仁義禮智等道德規約認為是「天之所與我者」〔註16〕，稱為「天爵」〔註17〕，又說，「盡其心者，知其性也。知其性，則知天矣。存其心，養其性，所以事天也。」〔註18〕可以看出，孟子則將天道和心性聯繫在一起，他認為在追尋心性修養的過程中，便可達到和天道的契合相通。到《禮記》的《中庸》篇，則說「唯天下至誠，為能盡其性；能盡其性，則能盡人之性；能盡人之性，則能盡物之性；能盡物之性，則可以贊天地之化育；可以贊天地之化育，則可以與天地參矣」。可見，在《禮記》

〔註7〕如任繼愈：《中國哲學中「天人合一」思想的剖析》一文中便認為有最高主宰、廣大自然、最高原理三種涵義。該文刊載於北京大學學報（哲學社會科學版），1985年第1期，第1頁。

〔註8〕錢遜：《也談對「天人合一」的認識》，《傳統文化與現代化》，1994年第3期，第7頁。

〔註9〕《老子・第二十五章》。

〔註10〕《莊子・齊物論》。

〔註11〕《莊子・知北遊》。

〔註12〕《論語・公冶長》。

〔註13〕《論語・顏淵》。

〔註14〕《論語・述而》。

〔註15〕《論語・憲問》。

〔註16〕《孟子・告子上》。

〔註17〕《孟子・盡心上》。

〔註18〕《孟子・盡心上》。

中，儒家對天人關係的思考沿襲了孟子心性修養的思路。儒家對天道的思考和追求超越有關，儒家借助道德修養實現超越，構築了修身、齊家、治國、平天下的由內向外推擴開來的思路，道家則借助宇宙大道消解了個體生命的有限性，「天地與我並生，萬物與我為一」〔註19〕，實現了個人和宇宙大道的直接相通，由此實現超越。所以《中庸》所言「天命之謂性，率性之謂道，修道之謂教」恰是在告訴我們，在儒家看來，天道為生生之本，重在其本原義；天道落實於人間世界，則表現為現實世界中的人性，現實的人性也是天道與人道得以打通的紐帶；而「修道之謂教」一句，則為人性提供了塑造的空間，儒家試圖通過教化達到和天道的契合，用什麼去教化呢？「承天道」、「治人情」的禮自然必不可少。這樣看來，孫希旦的解讀是深諳儒家思考路徑的。儒家論禮正是在天人合一這一大的文化背景下展開的。

下面，我們就系統地探討一下《禮記》當中對禮的理解，我們首先從對禮文創制的理解開始。

第一節　禮文的終極座標在於天道

禮文的起源是什麼？這是一個至今謎團頗多的話題，在學界也頗有爭議。很多學者都較為關注禮文的起源問題，並做了很多推斷，但由於材料所限、歷史久遠，並未形成一致的看法。下面我們介紹幾種比較有代表性的觀點。

第一種比較有代表性的觀點是認為禮起源於祀神活動。東漢許慎以「事神致福」釋禮，對很多學者產生了影響，如王國維、郭沫若、杜國庠等皆認為禮起源於祭祀活動。郭沫若先生在考察禮字的字形、字源之後，便主張禮起於祀神。他說：「大概禮之起，起於祀神，故其字後來從示，其後擴展而為對人，更其後擴展而為吉、凶、賓、軍、嘉的各種禮制。」〔註20〕

第二種觀點則認為「禮起於俗」，劉師培、黃遵憲、柳詒徵等皆持此觀點。如劉師培說「上古之時，禮源於俗」〔註21〕，黃遵憲則貫通人情和習

〔註19〕《莊子·齊物論》。
〔註20〕郭沫若：《十批判書》，北京，東方出版社，1996年，第96頁。
〔註21〕劉師培：《劉師培全集》（第2冊），北京，中共中央黨校出版社，1997年，第54頁。

俗，做了這樣的論述：「禮也者，非從天降，非從地出，因人情而爲之者也。人情者何？習慣也。川嶽風區，風氣間阻，此因其所習，日增月益，各行其道，至於一成而不可易，而禮與俗皆出於其中。」〔註22〕。柳詒徵則說：「究其實，則禮之所由起，皆邃古之遺俗。」〔註23〕現代學者楊寬、彭林也贊同此說。

　　第三種觀點則認爲禮起源於原始巫術。如李澤厚則說，禮「是原始巫術禮儀基礎上的晚期氏族統治體系的規範化和系統化」〔註24〕，吳予敏則說「中國禮樂文化的淵源是古代酋邦時期盛行的巫教文化。」〔註25〕

　　第四種觀點則認爲禮起於人情。這一說法在先秦典籍中便已出現。如荀子的《禮論》中便有「稱情立文」的說法，郭店簡《語叢二》中也有「情生於性，禮生於情」之語，這一觀點也被後來很多研禮學者借鑒。如鄒昌林則借用《禮記》中「反本修古」的觀點，認爲反本即是「禮本於人情說」，修古則是「禮本於歷史說」，認爲禮的根源在於人情和歷史的結合。〔註26〕

　　第五種觀點則認爲禮起源於社會生活，如楊向奎先生則認爲禮起源於原始社會時代以物易物的活動〔註27〕，羅通秀則認爲禮起源於經濟活動，如生產、生活和原始交換〔註28〕等等。

　　此外，還有禮起源於父權制、禮起於階級壓迫、禮起於分別等多種說法〔註29〕，不難看出，各說皆有各自立論視角和所據，但難以達成共識，這也和禮本身內涵豐富、具有多維度、多層面的特點有關。因此，本文不擬對禮的起源進行再度討論，而著力探討儒家在《禮記》中對禮的根源的理解。《禮記》之中對於禮的論述很多，下面我們就選取其中比較有代表性的說法進行分析。

〔註22〕黃遵憲：《日本國志》卷34，天津，天津人民出版社，2005年，第819頁。
〔註23〕柳詒徵：《中國禮俗史發凡》，載於《柳詒徵史學論文續集》，上海，上海古籍出版社，1991年，第615頁。
〔註24〕李澤厚：《中國古代思想史論》，北京，人民出版社，1985年，第8頁。
〔註25〕吳予敏：《巫教、酋邦與禮樂淵藪》，《北京大學學報》(哲學社會科學版)，1998年第4期，第117～121頁。
〔註26〕鄒昌林：《中國禮文化》，北京，社會科學文獻出版社，2000年，第61～78頁。
〔註27〕楊向奎先生在《禮的起源》一文中引用楊堃《民族學概論》中禮品交換的說法，參見《孔子研究》1986年第1期，第30～36頁。
〔註28〕羅通秀：《論禮的意義及緣起》，《江漢論壇》，1994年第9期，第38頁。
〔註29〕曹建墩在其《禮制起源諸說綜述》一文對禮制起源諸說做了詳細綜述，參見曹建墩《先秦古禮探研》，北京，社會科學文獻出版社，2018年，第1～33頁。

一、禮的本原在天道

《禮記・禮運》篇對禮文本原有這樣的理解，值得我們關注。

是故夫禮，必本於大一，分而爲天地，轉而爲陰陽，變而爲四
時，列而爲鬼神，其降曰命，其官於天也。

「大一」即「太一」。按照孔穎達的說法：「大一者，謂天地未分，混沌之
元氣也。極大曰太，未分曰一。元氣既分，輕清爲天在上，重濁爲地在下。制
禮者法之，以立尊卑之位也。」〔註30〕「太一」這一概念可能很多人會覺得是
道家的概念。確實，在道家著作中，「太一」經常出現，比如，《莊子》的《天
下》、《列禦寇》兩篇；《鶡冠子》中的《泰鴻》、《太錄》兩篇；《文子》當中的
《自然》、《下德》兩篇均有涉及。儒家著作對於「太一」雖然著墨不如道家典
籍多，但除了《禮記》，《荀子》的《禮論》篇，《大戴禮記》的《禮三本》篇
也有涉及。其實不止儒家和道家會用到「太一」，雜採眾家之說的《呂氏春秋》
中的《仲夏紀・大樂》、《審分覽・勿躬》兩篇和漢初成書的《淮南子》中的《天
文訓》、《精神訓》、《主術訓》等篇亦有關於「太一」的記載。近世出土的「郭
店楚簡」學派屬性爭議頗多，其中的「太一生水」更是在學界引起了熱議。可
見，「太一」並非道家專屬概念。其實，在先秦時期各家著作中概念共用的現
象並不鮮見，換言之，既然先秦諸子處於同一歷史境遇，起源於同一文化源頭，
那麼各派在概念的運用上有所融通也很容易理解〔註31〕。

那麼，究竟如何理解「太一」，就成了關鍵問題。其實，「太一」的含義
不止一種，除了剛剛提及的「宇宙原初的狀態」之外，還有這樣兩種說法，
其一，星名，即北極星，如《春秋緯・元命苞》有「北者極也，極者藏也，
言太一之星高居深藏，故名北極」，這一用法在古代天文學中較爲常見。其實，
在長江流域上古文明中，很早就形成了對北極的崇拜，按照郭靜雲的說法，
北極崇拜的形成年代應該不晚於西元前 3000 年〔註32〕；其二，主氣之神，如

〔註30〕 朱彬：《禮記訓纂》，北京，中華書局，1996 年，第 352 頁。

〔註31〕 關於這一問題，劉緒義便提出要消解掉先秦諸子的學派劃分，將先秦諸子看
成一個整體的觀念，研究其整體的思想承繼和學術流變過程。所以，他認爲
先秦諸子「是不可分割的，那種把他們分裂爲儒家、道家、墨家等的做法，
對於尋索中國古代文化、民族精神史的本原是一種誤導，只能是爲了分述的
方便才有意義。」見於劉緒義：《天人視界——先秦諸子發生學研究》，北京，
人民出版社，2009 年，第 22 頁。

〔註32〕 郭靜雲：《先秦自然哲學中「天恒」觀念：竹簡《太一》與《恒先》論及宇宙
源頭》，《儒家文化研究》第一輯，北京，三聯書店，2007 年，第 357～375 頁。

《漢書・郊祀志》云：「天神，貴者太一，太一佐曰五帝」。《呂氏春秋・仲夏紀・大樂》有「萬物所出，造於太一」，這不禁讓我們想到《老子》當中大家耳熟能詳的「道生一，一生二，二生三，三生萬物」〔註33〕。這樣看來，「太一」和「道」似乎可以通用。蕭漢明先生的文章中也提及過，《呂氏春秋・仲夏紀・大樂》和《禮記・禮運》中的「太一」、郭店楚簡「太一生水」中的「太一」，在宇宙論邏輯層次上看和《老子》中的「常道」、《易・繫辭》中的「太極」，都在相同的層次。〔註34〕按照孔穎達的說法，「太一」是天地未分之時混沌狀的元氣，即宇宙原初的狀態，在此處具有形上本體意味。這樣看來，由太一到天地、陰陽、四時、鬼神，本是一個創生的序列，但由於其後接續了「其降曰命，其官於天也」一句，卻為我們提供了很大的思考空間。「其降曰命」，一個「降」字，意味深長。我們在郭店簡《性自命出》篇和上博簡《性情論》篇也能看到「性自命出，命自天降」這樣類似之說，「降」字生動地傳達出了天人之間的溝通。「其官於天」，「官」如何理解呢？鄭玄的解讀很具有參考價值，他說：「官，猶法也。此聖人所以法於天也」〔註35〕，「官」則是聖人對天道的效法，在鄭玄看來，禮的制定是聖人通過對天的效法而對人間百姓進行教化。孫希旦則從天理流行的角度進行了解讀，他說，「其降曰命者，言天理之流行而賦於物者，則謂之命，所謂『天命之謂性』也。官，主也。其官於天者，言此所降之命，莫非天之所主，所謂『道之大原出於天』也。」〔註36〕可見，按照孫希旦的理解，「其降曰命，其官於天也」含具了兩條思路：順而言之，天理流行而達於萬事萬物，恰如《中庸》篇所說的「天命之謂性」；逆而言之，則萬事萬物皆以天道為主，是天道的具體體現，便是「道之大原出於天」。孔穎達結合對天道的理解對禮的意義做了分析，他說：「天地既分，天之氣運轉為陽，地之氣運轉為陰。制禮者貴左以象陽，貴右以法陰，又因陽時而行賞，因陰時而行爵也。陽氣則變為春夏，陰氣則變為秋冬。吉禮則有四面之坐，凶時有恩理節權，是法四時也。鬼神，謂生成萬物。四時變化，生成萬物，皆是鬼神之功。聖人制禮，則陳列鬼神之功以教也。」〔註37〕暫且不論禮文究竟是不是按

〔註33〕　《老子・四十二章》。
〔註34〕　蕭漢明：《〈太一生水〉的宇宙論與學派屬性》，《學術月刊》2001 年第 12 期，第 33 頁。
〔註35〕　朱彬：《禮記訓纂》，北京，中華書局，1996 年，第 352 頁。
〔註36〕　孫希旦：《禮記集解》，北京，中華書局，1989 年，第 616 頁。
〔註37〕　朱彬：《禮記訓纂》，北京，中華書局，1996 年，第 352 頁。

照孔穎達所說的這些定制而成，不可否認的是，確實，在儒家看來，天道與禮文之間確有著密切的關聯，而且儒家非常重視的是禮文背後的教化意義。

《禮記·禮運》篇的另兩處記載也出現了「禮必本於天」的說法，對禮文與天道之間的關係進行了確認，也可作為佐證。

> 夫禮必本於天，動而之地，列而之事，變而從時，協於分藝，其居人也曰養。其行之以貨力、辭讓、飲食、冠、昏、喪、祭、射、御、朝、聘。

> 是故夫禮必本於天，殽於地，列於鬼神，達於喪、祭、射、御、冠、昏、朝、聘。故聖人以禮示之，故天下國家可得而正也。

在這兩處記載中，「禮必本於天」含義是相近的。按照鄭玄注：「聖人則天之明，因地之利，取法度於鬼神，以制禮下教令也。」〔註38〕在此處，禮便是對天道的體悟與模仿，天則既是禮之所本，又是禮取法的對象。需要澄清的是，禮既「本於天」，又「本於太一」，的確容易使人對禮的源頭產生疑惑。其實，「太一」與「天」兩者並不矛盾，「太一」是從本原處立論，含具一創生義在其中，天或者天道自然也含蘊其中。鄭玄的注解便將太一與天貫穿了起來，認為「夫禮必本於天」便是「本於大一與天之義」，消解了這一表面上的對立。綜觀《禮記》全文，出現「太一」也只此一處，所以，《禮運》篇著力之處並不在「太一」或「天」的差異，而在於為禮確立終極性的座標，這個座標便是天，或者說天道。孫希旦在《禮記集解》中也將此處的太一解釋為天道，他說：「大者，極至之名。一者，不貳之意。大一者，上天之載，純一不貳，而為理之至極也。」〔註39〕當然，也有學者認為，這兩處的天，是指的郊天的禮儀。陳來先生便指出，「本於天當指郊禮，殽於地當指社禮，列於鬼神當指五祀等。」〔註40〕其實，這樣理解也不妨礙禮與天道之間的密切關聯。在古代祀典之中，祭天之禮在諸多祭禮之中一直佔據著首要位置，由天子躬行。《禮記·王制》說「天子祭天地，諸侯祭社稷，大夫祭五祀」，天子、諸侯、大夫所祭祀的對象有明確的規定，只有天子才能祭祀天地，這也是天子尊位的象徵。由人間地位最尊的人去祭祀天，不僅傳遞出古人對於天的崇敬之情，更是對天的本原義的追認。按照《大戴禮記·

〔註38〕朱彬：《禮記訓纂》，北京，中華書局，1996年，第334頁。

〔註39〕孫希旦：《禮記集解》，北京，中華書局，1989年，第616頁。

〔註40〕陳來：《古代宗教與倫理》，北京，三聯書店，1996年，第246頁。

禮三本》所說：

> 禮有三本：天地者，性之本也；先祖者，類之本也；君師者，治之本也。無天地焉生，無先祖焉出，無君師焉治。三者偏亡，無安之人。故禮，上事天，下事地，宗事先祖而寵君師，是禮之三本也。

天地、先祖、君師，分別對應的是性之本、類之本和治之本。李景林老師的解讀可謂概括出了「禮三本」的本質義涵：「天地之爲『本』，所重在於它是萬物生存之超越性本原；先祖之爲『本』，所重在於它是血緣性的族類始源；君師之爲『本』，所重在於其是禮樂創制道德教化之根源。」〔註41〕無論天地、先祖、還是君師，都是天道的產物，所以，「禮三本」之說實際上可以看做在制禮過程中所考慮的三個維度。《禮記》之中所言的天道，其實是一種具有統合性的本，具有終極意義，實已將天地、先祖、君師各個維度涵蓋其中了。天地、陰陽、四時、鬼神，皆是天道造化的產物，聖人體察天地萬物之理，制禮作樂將其運用於人間社會，便產生了人間的各種禮儀規制，喪、祭、射、御、冠、昏、朝、聘等禮儀便是這些規制的具體顯現。

就此，我們可以將《禮記·禮運》「是故夫禮，必本於大一，分而爲天地，轉而爲陰陽，變而爲四時，列而爲鬼神，其降曰命，其官於天也。」這段文字做出如下梳理：

第一，禮的本原在於「太一」。「太一」便是宇宙未分的狀態，具有形上本原義，可以理解爲天道。

第二，禮文的創制是對天道的效法，禮文本身也是天理流行的產物。

第三，禮本身貫通天人，在人間社會發揮著教化作用，教化是如何開展的我在後文還會結合喪祭之禮詳細解讀。

既然儒家將禮的本原歸爲天道，那麼禮文的創制又是如何體現出天道的呢？下面我們就這個問題展開討論。

二、禮文的創制合於天道

《禮記》認爲，禮是聖人、聖王體察天道制定的，「故聖人作樂以應天，制禮以配地」〔註42〕，「天垂象，聖人則之」〔註43〕，「故聖王修義之柄、禮

〔註41〕李景林：《儒家的喪祭理論與終極關懷》，《中國社會科學》，2004 年第 2 期。
〔註42〕《禮記·樂記》。
〔註43〕《禮記·郊特牲》。

之序以治人情」〔註44〕，……這樣的記載在《禮記》中多次出現，聖人、聖王、先王等在《禮記》中出現的頻率也很高，聖人、聖王、先王不僅是禮的創制者，也是將禮推行於天下的人。《禮記》中如何對人進行界定的呢？

　　《禮運》指出：「故人者，其天地之德，陰陽之交，鬼神之會，五行之秀氣也。」又說：「故人者，天地之心也，五行之端也，食味，別聲，被色而生者也。」《禮運》篇肯定了人是位於萬物造化的較高層次，是匯聚了天地之德，陰陽、鬼神交會的產物，稟賦了五行的秀氣，所以是天地之心，能調和品味各種滋味，創造識別各種聲音，製作穿著各種服制。那麼，聖人、先王、君子等更是人類社會的精英，這其實沿襲了儒家對聖王推崇的一貫思路，如孔孟便多次稱頌堯、舜等聖王。正因聖人的特殊地位，方能制禮作樂，實施教化。那麼，聖人是如何體察天道的呢？

　　《禮運》指出：

> 故聖人作則，必以天地為本，以陰陽為端，以四時為柄，以日星為紀，月以為量，鬼神以為徒，五行以為質，禮義以為器，人情以為田，四靈以為畜。

天地、陰陽、四時、日星、月令皆是聖人取法的對象，這些皆是天道的體現，聖人取法於此也是基於對天道的體察。《周易・繫辭傳》提及伏羲畫八卦時也有類似的記載：

> 古者包犧氏之王天下也，仰則觀象於天，俯則觀法於地，觀鳥獸之文，與地之宜，近取諸身，遠取諸物，於是始作八卦，以通神明之德，以類萬物之情。

包犧氏即伏羲，伏羲體察了天地萬物之道後畫出了八卦，八卦本身便是對天道體察的結果。那麼，為什麼要這樣取法呢？《禮運》篇接著做了解讀：

> 以天地為本，故物可舉也。以陰陽為端，故情可睹也。以四時為柄，故事可勸也。以日星為紀，故事可列也。月以為量，故功有藝也。鬼神以為徒，故事有守也。五行以為質，故事可復也。禮義以為器，故事行有考也。人情以為田，故人以為奧（猶主也）也。四靈以為畜，故飲食有由也。何謂四靈？麟鳳龜龍謂之四靈。故龍以為畜，故魚鮪不淰；鳳以為畜，故鳥不獝；麟以為畜，故獸不狘；龜以為畜，故人情不失。

〔註44〕 《禮記・禮運》。

孫希旦《禮記集解》云：「則，法也。以天地爲本者，道之大原出於天，聖人之所效法，莫非天地之道也。端，首也。以陰陽爲端者，仁育萬物，法陽之溫，義正萬民，法陰之肅，聖人之政治，以二者爲端首也。柄者，工之所執也。以四時爲柄者，四時有生長收藏，聖人執而用之，以爲作訛成易之序也。以日星爲紀者，歲有四時，而日星運行乎其間，若網之有綱而又有紀，聖人因之以爲紀……。月以爲量者，十二月各有分限，聖人因之以爲量，孟春則有孟春之令，仲春則有仲春之令也。鬼神以爲徒者，明則有禮樂，幽則有鬼神，聖人之功用，與天地之功用並行迭運，若相爲徒侶然也。五行以爲質者，制度出於五行，聖人凡有興作，必以此爲質幹，而因而裁制之也。禮義以爲器者，聖人用禮義以治人情，猶農夫用耒耜之器以耕田也。人情以爲田者，人情爲聖人之所治，猶田爲農夫之所耕也。四靈以爲畜者，四靈並至，聖人養之，若養六畜然也。」〔註45〕孫希旦的解讀雖滲透了後世儒家的理解，但對於我們更好地理解這一段的涵義仍然很有幫助。結合注疏，我們可以就此段內容作出如下解讀：聖人作則需以天地爲根本，因天地生養萬物，以此爲政，則萬物可舉而興；以陰陽二氣的交感爲端，則人情可盡數體察；依據四時的生長收藏頒布不同政令，則民眾得以教化；以日爲準可敬授民時，則民事有次第；以月爲準可計量事功，則人才各有所成；山川鬼神各有職守，人事亦如此；五行周流運化不止，教化亦無窮；以禮義爲器，人情爲田，則人情得以治理；以四靈爲畜，則其餘萬物亦得以治。和《儀禮》著墨於具體儀節不同，《禮記》中對禮文創制的思考已經具有一定哲學高度。儒家強調人對天地萬物的尊重和敬畏，這種情感通過祀典傳遞出來。《禮運》後文又有：「故先王患禮之不達於下也，故祭帝於郊，所以定天位也；祀社於國，所以列地利也；祖廟，所以本仁也；山川，所以儐鬼神也；五祀，所以本事也。」先王在祭祀天地、祖廟、五祀中傳遞出這種宗教性情懷，藉以教化民眾。

《禮記‧郊特牲》談到所用禮器的意義時也透出此意味：

> 鼎俎奇而籩豆偶，陰陽之義也。黃目，鬱氣之上尊也。黃者，中也；目者，氣之清明者也。言酌於中而清明於外也。祭天，掃地而祭焉，於其質而已矣。醯醢之美，而煎鹽之尚，貴天產也。割刀之用，而鸞刀之貴，貴其義也，聲和而後斷也。

〔註45〕孫希旦：《禮記集解》，北京，中華書局，1989年，第613頁。

鼎俎籩豆，皆為禮器。錢玄先生參考《儀禮》、《周禮》等相關記載和注疏，認為「盛牲體之器曰鼎」，「載牲體之器曰俎，亦稱大房、房俎」，「盛濡物之器曰豆」，「盛乾物之器曰籩，以竹為之」。〔註46〕《郊特牲》認為，鼎俎籩豆之用分別採用奇偶不同的數量，是取其對應於陰陽之義。黃目，酒樽名，黃，五行對應中央土，目，身體中顯現清明的器官，黃目的命名，取其鬱鬯置於其中，清明透出外的意味。祭天則掃地可祭，取其質樸之義，以醯調製的肉醬雖味美，但仍將鹽置於前，取其物產天然之義，而割刀雖利，祭禮仍用不利之鸞刀，也取其鸞鈴之聲在切割牲肉時體現的宮商調和之義。《郊特牲》還有：「君之南鄉，答陽之義；臣之北面，答君也。」「社祭土而主陰氣也，君南鄉於北墉下，答陰之義也。」「社，所以神地之道也。」君主南向，取其對陽之義的報答。社祭本身就是對地道載物的報答，而社祭又是對陰陽之義中陰之義的酬報。當然，《禮記》中類似的記載還有不少。

　　《禮記·月令》更是禮文之制合於天道的集中體現。文中講到春夏秋冬四個季節如何依據不同的節氣推行不同的政令，每個季節又以日月星辰的不同位置具體劃分為孟、仲、季三個時期，對不同時期的活動也有規制。以孟春為例：

　　　　孟春之月，日在營室，昏參中，旦尾中，其日甲乙，其帝大皞，其神句芒，其蟲鱗，其音角，律中大蔟，其數八，其味酸，其臭羶，其祀戶，祭先脾。

　　　　東風解凍，蟄蟲始振，魚上冰，獺祭魚，鴻雁來。

　　　　天子居青陽左個，乘鸞路，駕倉龍，載青旂，衣青衣，服倉玉，食麥與羊，其器疏以達。

　　　　是月也，以立春。先立春三日，大史謁之天子，曰：「某日立春，盛德在木。」天子乃齊。立春之日，天子親帥三公、九卿、諸侯、大夫以迎春於東郊。還反，賞公卿諸侯大夫於朝。

　　　　命相布德和令，行慶施惠，下及兆民。慶賜遂行，毋有不當。

　　　　乃命大史，守典奉法，司天日月星辰之行，宿離不貸，毋失經紀，以初為常。

　　　　是月也，天子乃以元日祈穀於上帝，乃擇元辰。天子親載耒耜，

〔註46〕錢玄：《三禮名物通釋》，南京，江蘇古籍出版社，1987年，第76～80頁。

措之於參保介之御間，帥三公、九卿、諸侯、大夫躬耕帝藉。天子三推，三公五推，卿諸侯九推。反，執爵於大寢，三公、九卿、諸侯、大夫皆御，命曰勞酒。

是月也，天氣下降，地氣上騰，天地和同，草木萌動。王命布農事，命田舍東郊，皆修封疆，審端徑術，善相丘陵阪險原隰土地所宜，五穀所殖，以教道民，必躬親之。田事既飭，先定準直，農乃不惑。

是月也，命樂正入學習舞。乃修祭典，命祀山林川澤，犧牲毋用牝。

禁止伐木，毋覆巢，毋殺孩蟲胎夭飛鳥，毋麛，毋卵。毋聚大眾，毋置城郭。掩骼埋胔。

是月也，不可以稱兵，稱兵必天殃。兵戎不起，不可從我始。

孟春之月的確立也是通過觀測日月星辰的位置來界定的，鄭玄注曰：「日月之行，一歲十二會，聖王因其會而分之，以為大數焉。觀斗所建，命其四時。」〔註47〕孟春之月的活動依據氣候狀況而定，既涉及天子的居處、出行、衣著、飲食等，又涉及天子的祭祀行為和頒布政令、推行農事。立春前，天子要齋戒沐浴，立春當日，天子要親自率領三公、九卿、諸侯、大夫等人去東郊舉行迎春的典禮。鑒於當月天氣下降，地氣上升，天地之氣融合，草木開始發芽等種種季節氣候的自然變化，天子要命令開展農事活動。派督導農事的田畯居於東郊，整修耕地、封善疆界，審查修正田溝農道，認真觀測丘陵、平原、斜坡、濕地等具體的土質構造，考察各種土質結構適合播種什麼樣的五穀，事事親歷親為，用以教導農民耕作。孟春之月不殺雌性犧牲，不發動戰爭，不砍伐樹木，不興修城郭，休養生息。總的原則就是「毋變天之道，毋絕地之理，毋亂人之紀」（《禮記‧月令》），順應天地的生育時機，不紊亂人間的正常秩序。因此，孟春之際只能頒布適合春季的政令，「孟春行夏令，則雨水不時，草木蚤落，國時有恐。行秋令，則其民大疫，猋風暴雨總至，藜莠蓬蒿並興。行冬令，則水潦為敗，雪霜大摯，首種不入。」（《禮記‧月令》）不能頒布夏令、秋令或者冬令，否則就違背了天地之理，必然產生不好的影響。同樣，仲春、季春、孟夏、仲夏、季夏……等其餘月份的不同規

〔註47〕 朱彬：《禮記訓纂》，北京，中華書局，1996 年，第 214 頁。

制在《月令》篇中也有詳細的記載，按照季節對應可參見下表。

季節	五祀	祭日選取	帝	神祇	祭祀活動選錄
春	祀戶 祀先脾	甲乙	太昊	句芒	天子迎春東郊，以元日祈穀於上帝；祀山林川澤。
夏	祀灶 祭先肺	丙丁	炎帝	祝融	天子迎夏南郊，用禮樂。
季夏	祠中霤 祭先心	戊己	黃帝	后土	
秋	祀門 祭先肝	庚辛	少昊	蓐收	天子迎秋西郊；嘗新穀，先薦寢廟；天子乃難，以達秋氣。
冬	祀行 祭先腎	壬癸	顓頊	玄冥	天子迎冬北郊；祈來年於天宗。天子命有司祈祀四海、大川、名源、淵澤、井泉。

通過該表，不難看出《禮記·月令》篇將五行思想和不同的神祇、季節做了對應：春季五行屬木，祭日亦選取甲乙，因甲乙五行亦屬木，神祇亦選取了句芒木神，天子迎春於東郊，因爲東方對應木；夏季五行屬火，故祭日選取丙丁，因丙丁五行亦屬火，神祇選取祝融火神，迎夏於南郊，因南方對應火；季夏之末對應土，故祭日選取戊己土日，神祇對應后土；秋季五行屬金，故祭日選取庚辛金日，神祇對應蓐收，因其是西方神明，且秋之氣主收藏，天子迎秋於西郊，因西方五行爲金；冬季五行屬水，故祭日選取壬癸水日，神祇對應玄冥水神，天子則迎冬北郊，因北方五行對應水，並且祭祀四海、大川等和水有關的對象。這和《左傳·昭公二十九年》中的記載基本一致，其文如下：「故有五行之官，是謂五官，實列受氏姓，封爲上公，祀爲貴神。社稷五祀，是尊是奉。木正曰句芒，火正曰祝融，金正曰蓐收，水正曰玄冥，土正曰后土。」爲什麼《月令》中會將五行思想和各種社會活動對應呢？五行思想實爲時人對宇宙的一種認知，雖然五行思想起源於何時，學界仍莫衷一是，但可以肯定的是，在《禮記》成書的年代，五行思想已經作爲先秦時期思想家們普遍接受的思想在應用〔註 48〕。當然五行思想確立之後便在中國文化中發揮著重要作用，龐樸先生說：「一般都承認，『五四』以前的中國固有文化，是以陰陽五行爲骨架的。陰陽消長、五行生剋的思想，迷漫

〔註48〕龐樸：《公孫龍子研究》，北京，中華書局，1979 年，第 90 頁。

於意識的各個領域，深嵌到生活的一切方面。」〔註49〕顧頡剛先生也承認：「五行，是中國人的思想律，是中國人對於宇宙系統的信仰；二千餘年來，它有極強固的勢力。」〔註50〕春生、夏長、秋收、冬藏，四季的輪替寄寓著古人對天道的體悟。《月令》通篇就是在根據天象的運轉、物候的規律來曉諭農業生產活動，並且類推出人們行動的具體的方位、音樂、服飾、政令等各個方面的規定。可以看出，《禮記》中制定的人類社會活動，正是試圖體察、順應天道的體現。

《禮記·鄉飲酒義》中也有佐證：

> 賓主，象天地也。介僎，象陰陽也。三賓，象三光也。讓之三也，象月之三日而成魄也。四面之坐，象四時也。天地嚴凝之氣，始於西南，而盛於西北，此天地之尊嚴氣也，此天地之義氣也。天地溫厚之氣，始於東北，而盛於東南，此天地之盛德氣也，此天地之仁氣也。

《鄉飲酒義》一篇按照鄭玄的歸類屬於吉事，「記鄉大夫飲賓於庠序之禮」〔註51〕，是一種社會交際的禮儀，主要在當時的學校也就是庠序舉行，傳達尊敬長老之意。鄉飲酒禮之中，有賓有主，有揖有讓，有升有降，又輔以《鹿鳴》、《四牡》、《皇皇者華》等音樂。種種規制都被賦予了與天道相關的寓意：賓主是天地的象徵，介僎是陰陽的象徵，三賓是三光的象徵，四面之座是四時的象徵。天地嚴凝之氣是陰氣，陰氣生於西南，盛於西北，陰氣主導西北兩方，特性肅殺莊嚴，所以，又稱其為天地之尊嚴氣，天地之義氣。天地溫厚之氣則是陽氣，生於東北盛於東南，特性為溫厚寬容，因而又稱其是天地之仁氣。四面之坐象四時具體所指為：主人東南象徵夏始，賓客西北象徵冬始，僎東北象徵春始，介西南象徵秋始等等，《鄉飲酒義》後文又進行了概括性地闡說：「鄉飲酒之義：立賓以象天，立主以象地，設介僎以象日月，禮三賓以象三光。古之制禮也，經之以天地，紀之以日月，參之以三光，政教之本也。」所有這些規制都注重將取象的義理融入其中。

綜上可見，《禮記》中儒家對禮背後的涵義做了深度挖掘，認為禮是合於

〔註49〕 龐樸：《陰陽五行探源》，《中國社會科學》，1984 年第 3 期，第 75 頁。
〔註50〕 顧頡剛：《五德終始說下的政治和歷史》，《古史辨》第五冊，上海人民出版社，1982 年，第 404 頁。
〔註51〕 朱彬：《禮記訓纂》，北京，中華書局，1996 年，第 883 頁。

天道的產物，這樣的討論仍是基於儒家對天人關係的認知背景下進行的。按照張岱年先生的說法：人生論的開端問題是天人關係的問題。天人關係的開端問題是人在宇宙間的位置的問題。人在宇宙間的位置的問題，也可以說是人生的意義的問題。〔註52〕既然如此，那麼，作爲天道體現的禮，也需要在人間社會發揮其作用。下面，我們就來接著探討禮在《禮記》中是一種怎樣的定位，它又是如何在人間社會發揮作用的。

第二節　禮承天道以治人情

一、禮是一個整合的概念

《禮記‧禮器》云：

> 禮也者，合於天時，設於地財，順於鬼神，合於人心，理萬物者也。是故天時有生也，地理有宜也，人官有能也，物曲有利也。故天不生，地不養，君子不以爲禮，鬼神弗饗也。居山以魚鱉爲禮，居澤以鹿豕爲禮，君子謂之不知禮。故必舉其定國之數，以爲禮之大經、禮之大倫，以地廣狹，禮之薄厚，與年之上下。是故年雖大殺，眾不匡懼，則上之制禮也節矣。

對於天時、地財、鬼神、人心以及萬物，原文中用的動詞依次是合、設、順、合、理，王念孫說：「《廣雅》：『設，合也。』設於地財者，謂合於地理之宜也。」王引之又說：「《廣雅》：『理，順也。』《說文》：『順，理也。』理萬物者，順於萬物也」。〔註53〕這樣一來，幾句之間就形成了一種並列的關係，禮的創制更具囊括性，上涉及天時鬼神，中涉及人心，下涉及地財、萬物。可見，禮既考察了天時、地財等可形可見的有形因素，又考慮了鬼神這種幽隱無形的意想存在物，甚至將人心靈動活潑的思慮也作爲考察的對象，乃至天下萬物也全部包含其中，可以說，禮本身便是一種「極廣大、盡精微」的考量，具有全面性。從《禮記》對「禮」的概念的運用來看，也體現出了多維度的含義。

有的記載中，禮指的是社會禮儀的某一門類，如：

〔註52〕張岱年：《中國哲學大綱》，第二部分，《人生論》，第一篇《天人關係論》，北京，中國社會科學出版社，1982年，167頁。

〔註53〕朱彬：《禮記訓纂》，北京，中華書局，1996年，第358頁。

六禮：冠、昏、喪、祭、鄉、相見。（《禮記‧王制》）

凡進食之禮，左殽右胾。食居人之左，羹居人之右。膾炙處外，醯醬處內，蔥渫處末，酒漿處右。以脯修置者，左朐右末。客若降等，執食興辭，主人興，辭於客，然後客坐。主人延客祭，祭食，祭所先進，殽之序，遍祭之，三飯，主人延客食胾，然後辯殽，主人未辯，客不虛口。

居喪之禮，毀瘠不形，視聽不衰，升降不由阼階，出入不當門隧。（《禮記‧曲禮上》）

有的地方，禮則側重儀式方面的意味，如：

優優大哉，禮儀三百，威儀三千，待其人然後行。（《禮記‧中庸》）

有的地方，禮更側重制度層面的規制，如：

或問曰：「死三日而後斂者，何也？」曰：「孝子親死，悲哀志懣，故匍匐而哭之，若將復生然，安可得奪而斂之也？故曰：三日而後斂者，以俟其生也。三日而不生，亦不生矣。孝子之心，亦益衰矣。家室之計，衣服之具，亦可以成矣。親戚之遠者，亦可以至矣。是故聖人為之斷決，以三日為之禮制也。」（《禮記‧問喪》）

子云：「禮，非祭，男女不交爵。以此坊民，陽侯猶殺繆侯而竊其夫人。故大饗廢夫人之禮。」（《禮記‧坊記》）

也有的地方，禮則側重倫理層面的內涵，常禮義合稱：

凡人之所以為人者，禮義也。禮義之始，在於正容體、齊顏色、順辭令。容體正、顏色齊、辭令順而後禮義備，以正君臣、親父子、和長幼，君臣正、父子親、長幼和而後禮義立。（《禮記‧冠義》）

在很多情況下，則並未詳細區分。禮作為一個普泛的、整合的概念運用，如：

禮不下庶人，刑不上大夫。刑人不在君側。（《禮記‧曲禮上》）

先王之制禮也，過之者，俯而就之，不至焉者，跂而及之。（《禮記‧檀弓上》）

當然這種情況下，更側重禮在社會人倫方面的統合性功用，如：

夫禮者，所以定親疏、決嫌疑、別同異、明是非也。

道德仁義，非禮不成；教訓正俗，非禮不備；分爭辯訟，非禮

不決；君臣、上下、父子、兄弟，非禮不定；宦學事師，非禮不親；
班朝治軍，蒞官行法，非禮威嚴不行；禱祠、祭祀、供給鬼神，非
禮不誠不莊。(《禮記・曲禮上》)

親疏、嫌疑、同異、是非，是《曲禮》篇對人世之間各種倫常關係的概括總
結，是從禮的道德功用角度做了一個總論。對此，孔穎達疏以喪服爲例對此
加以說明，其曰：「定親疏者，五服之內大功以上服粗者爲親，小功以下服精
者爲疏。決嫌疑者，若妾爲女君期，女君爲妾，若報之則大重，降之則有舅
姑爲婦之嫌，故全不服，是決嫌也。孔子之喪，門人疑所服，子貢曰：『昔者
夫子喪顏回，若喪子而無服，喪子路亦然。請喪夫子若喪父而無服。』是決
疑也。別同異者，賀瑒云：『本同今異，姑姊妹是也。本異今同，世母叔母及
子婦是也。』明是非者，得禮爲是，失禮爲非，若主人未小斂，子游裼裘而
弔，得禮，是也。曾子襲裘而弔，失禮，非也。……」〔註 54〕孔穎達主要是
從喪禮中尋找親疏、嫌疑、是非、同異四種關係，並分別舉例加以說明。孫
希旦說「四者所該甚廣，孔氏各舉喪禮一端以言之，其餘亦可以類推矣。」〔註
55〕後文「道德仁義，非禮不成；教訓正俗，非禮不備；分爭辯訟，非禮不決……」
重點指出禮在人間事務中具有重要的影響力，上至形而上的道德層面，下至
形而下的儀節規定，可謂無所不包。

《禮記・坊記》曰：

子云：「夫禮者，所以章疑別微，以爲民坊者也。故貴賤有等，
衣服有別，朝廷有位，則民有所讓。」

按照鄭玄的說法，《坊記》是「以其記六藝之義，所以坊人之失者也。」〔註
56〕此篇的主要目的是爲了「坊人之失」，也就是說通過禮的章疑別微的功用可
以對人們的行爲進行規約，使社會秩序歸於有序。只有貴賤有等級、衣服有
差別，朝廷上有定位，這樣才能減少紛爭疑慮，才能使人們有所讓。《禮記・
喪服四制》當中將禮之大體作了如下概括，「凡禮之大體，體天地，法四時，
則陰陽，順人情，故謂之禮。」禮文的設定有其所取之法則，此法則便是體
察天地之道，取法陰陽、順應人情的結果。綜上可見，在《禮記》中，禮是
一個內涵非常豐富的概念，具有多維度的含義，可以說既是儀式、制度，又
是秩序、規定，同時也也含具著道德、倫理的訴求。當然，我們更關注的便

〔註 54〕 朱彬：《禮記訓纂》，北京，中華書局，1996 年，第 4 頁。
〔註 55〕 孫希旦：《禮記集解》，北京，中華書局，1989 年，第 6 頁。
〔註 56〕 朱彬：《禮記訓纂》，北京，中華書局，1996 年，第 757 頁。

是禮在人間社會的作用。

二、禮在人間秩序中發揮著全面的作用

在儒家看來，禮被廣泛應用於人間社會。《禮記・禮運》曰：

> 夫禮，先王以承天之道，以治人之情，故失之者死，得之者生。
> 詩曰：「相鼠有體，人而無禮。人而無禮，胡不遄死？」是故夫禮，
> 必本於天，殽於地，列於鬼神，達於喪、祭、射、御、冠、昏、朝、
> 聘。故聖人以禮示之，故天下國家可得而正也。

禮雖因依循天道所制而具有了神聖的意義，但是並未被懸置起來，禮文的制
定具有應用於人間社會的可行性，甚至構成了人之所以為人的重要道德品
質。孫希旦說：「承天之道者，本其自然之秩序，禮之所以立也。治人之情者，
示以一定之儀則，禮之用所以行也。」〔註57〕禮上承於天道，下貫通於人道。
《禮記・禮運》又曰：

> 故玄酒在室，醴醆在戶，粢醍在堂，澄酒在下。陳其犧牲，備
> 其鼎俎，列其琴、瑟、管、磬、鍾、鼓，修其祝嘏，以降上神與其
> 先祖。以正君臣，以篤父子，以睦兄弟，以齊上下，夫婦有所。是
> 謂承天之祐。

該段前部分所敘述的正是祭祀禮儀在施行過程中所用的器物，包括玄
酒、澄酒、犧牲、鼎俎、琴、瑟、鍾、鼓，乃至祝嘏之辭，均是祭祀禮儀的
外在表現形式，其最終的目的則在於通過祭祀之禮，降上神與先祖，實現與
神祖的溝通，達到正君臣、篤父子、睦兄弟、齊上下的效果。通過致其敬於
鬼神，實現維繫人倫秩序和社會秩序的效果，如此，便是「承天之祐」。孔穎
達說鄭玄注曰：「祐，福也。福之言備也。」〔註58〕將祐解釋成福，那麼這個
福該如何理解呢？按照《禮記・祭統》中的說法，「福者，備也，備者百順之
名也，無所不順者謂之備，言內盡於己，而外順於道也。」福並不是我們通
常認為的世俗功利層面的福祐概念，在這裡，儒家將其發揮成是「內盡於己，
外順於道」的表現，「內盡於己」側重人倫層面的道德修養，「外順於道」則
是經由修身達致內外相通，契於天道的流行。〔註59〕那麼，這個意義上的福，

〔註57〕孫希旦：《禮記集解》，北京，中華書局，1989年，第585頁。
〔註58〕朱彬：《禮記訓纂》，北京，中華書局，1996年，第336～337頁。
〔註59〕對於這一段將在後文第四章當中進行詳細的分解，在此，僅取其大意，約略
　　　言之。

或者祜，便是通過德性的涵泳貫通內外，順應於天道的流行。可以說，福最終所達到的便是天理流行的狀態。因此，此「福」雖形式上借助祭祀行為實現與上神、先祖的溝通，所達到的實為天人合一的境界。

　　禮降於人道，在不同的場合、次第中被賦予了不同的稱謂。《禮記‧禮運》云：

> 是故夫政必本於天，殽以降命。命降於社之謂殽地，降於祖廟之謂仁義，降於山川之謂興作，降於五祀之謂制度。此聖人所以藏身之固也。

降於社，是指的祀社之禮，降於祖廟，指的是祭祖之禮，降於山川則是祭祀名山大川之禮，降於五祀，則是指的祭祀五祀之禮。祭祀的對象不同，體現的人倫訴求也不一樣：行祀社之禮，體現的是對於天地之道的尊崇；祭祀祖先，體現的則是慎終追遠的孝道思想，為了彰顯仁義道德；祭祀山川，則是古人感於天道的興作之功；祭五祀，則凸顯了天子、諸侯、大夫、士不同階層的規制，亦即等級差異。這些雖是從祭祀禮儀角度入手，其立足之處卻在於天道流行之中貫注的人倫意味。

　　所以，《禮記‧曲禮上》將禮看成是人別於禽獸的重要特質：

> 鸚鵡能言，不離飛鳥，猩猩能言，不離禽獸，今人而無禮，雖能言，不亦禽獸之心乎？夫唯禽獸無禮，故父子聚麀，是故聖人作，為禮以教人，使人以有禮，知自別於禽獸。

而《禮記‧禮器》也說，禮是使人成其為人的「體」：

> 禮也者，猶體也，體不備，君子謂之不成人。設之不當，猶不備也。禮有大、有小、有顯、有微，大者不可損，小者不可益，顯者不可揜，微者不可大也。故經禮三百，曲禮三千，其致一也。

此處之「體」，是成人所必備的特質。成人，指向人的道德生命的成就。因此，禮也直接關乎德性修養。《詩經‧鄘風‧相鼠》云：「相鼠有皮，人而無儀。人而無儀，不死何為？……相鼠有體，人而無禮。人而無禮，胡不遄死。」在該詩中，做了形象的比喻，禮與儀，恰如人之「體」與「皮」，人無禮儀，便失去了人之為人的本質規定性。《禮記‧禮運》也說，禮義是人之大端：

> 故禮義也者，人之大端也，所以講信修睦，而固人之肌膚之會、筋骸之束也。所以養生、送死、事鬼神之大端也，所以達天道，順人情之大竇也。

　　將禮義看成是維繫人類社會關係的重要環節，看成是順應人情達於天道的樞紐所在。制禮的目的，也是爲了「教民平好惡而反人道之正也」（《禮記·樂記》）。禮的作用既表現於喪、祭、射、御、冠、昏、朝、聘等不同的禮儀之中，也體現在人類社會的方方面面，正如《禮記·曲禮上》所說，道德、倫常、制度等方面均有體現：

　　　　道德仁義，非禮不成；教訓正俗，非禮不備；分爭辨訟，非禮
　　不決；君臣、上下、父子、兄弟，非禮不定；宦學事師，非禮不親；
　　班朝治軍，涖官行法，非禮威嚴不行；禱祠、祭祀、供給鬼神，非
　　禮不誠不莊。

　　當然，禮文只有推行於人間社會，其教化意義才能顯現出來。禮文的制定是聖人或者聖王完成的，制定之後還需要一定的推行者。禮文的應用不侷限於上層社會，但上層社會的推行卻具有重要的教化之義，儒家將天子作爲這套儀禮規制的最大的推行者。《禮記·禮運》云：

　　　　故先王患禮之不達於下也。故祭帝於郊，所以定天位也；祀社
　　於國，所以列地利也；祖廟，所以本仁也；山川，所以儐鬼神也；
　　五祀，所以本事也。故宗、祝在廟，三公在朝，三老在學，王前巫
　　而後史，卜巫瞽侑皆在左右。王中心無爲也，以守至正。故禮行於
　　郊，而百神受職焉；禮行於社，而百貨可極焉；禮行於祖廟，而孝
　　慈服焉；禮行於五祀，而正法則焉。故自郊，社，祖廟，山川，五
　　祀，義之修而禮之藏也。

鄭玄注：「此所以達禮於下也。」〔註60〕禮不是束之高閣的，只有推行開來，其意義才能彰顯。天子正是儒家設定的推行禮義的典型代表。孔穎達疏曰：「天子至尊，而猶祭於郊，以行臣禮，是欲使嚴上之禮達於下。……天高在上，故云『定天位』。祭社，欲使報恩之禮達於下。自祭五祀，是欲使本事之教達於下。五祀是制度，故云『本事』。」〔註61〕天子地位至尊，因此，其施行各種禮儀，便更具備教化意義。因爲尊天，故祀之於郊；因爲親地，故祀之於國；本仁，則謂本於祖考之仁恩，故祀其於祖廟；山川、五祀之祭，則謂本於制度之所出而有所酬報。祭祀天、地、祖廟、山川、五祀皆出於報恩的原則，由天子行之，則更具說服力。孫希旦將此段之義總結爲「先王患禮之不

〔註60〕　朱彬：《禮記訓纂》，北京，中華書局，1996年，第351頁。
〔註61〕　朱彬：《禮記訓纂》，北京，中華書局，1996年，第351頁。

達於下，而行禮必自上始，故其致謹於祭祀，以報功於神祇、追孝於祖考者如此。」〔註62〕也是強調，天子謹於推行以上祭禮重在儀式背後的教化之義。這其實與儒家的聖王理想有著很大的關係。在儒家思想體系當中，聖人和聖王是儒家設定的理想人格，堯舜便充當了這樣的角色。我們在孔孟的著作中經常能看到稱頌堯舜禹的語句。《論語・泰伯》曰：「巍巍乎，舜禹之有天下也，而不與焉」，又云：「大哉，堯之爲君也。巍巍乎，唯天爲大，唯堯則之。」《孟子・滕文公上》則有：「孟子道性善，言必稱堯舜」的說法。《禮記》作爲西漢時整理的儒家禮學著作彙編，自然也沿襲了儒家的這一做法。《禮記・中庸》篇便對舜極爲稱頌：

> 子曰：「舜其大孝也與！德爲聖人，尊爲天子，富有四海之內，宗廟饗之，子孫保之。故大德必得其位，必得其祿，必得其名，必得其壽。故天之生物，必因其材而篤焉。故栽者培之，傾者覆之。詩曰：『嘉樂君子，憲憲令德。宜民宜人，受祿于天。保祐命之，自天申之。』故大德者必受命。」

對舜的推崇不是因爲他是三代傳說中聖王，也不僅僅是因爲其孝道，而是因爲他是將德性與尊位集於一身的理想人格。所謂「大德必得其位，必得其祿，必得其名」，便是強調道德佔據主導作用。

孝悌在儒家看來是通向王霸的德性始基，《禮記・祭義》曰：「至孝近乎王，至弟近乎霸。至孝近乎王，雖天子，必有父，至弟近乎霸，雖諸侯，必有兄。先王之教，因而弗改，所以領天下國家也。」做到至孝與至弟，便可王霸天下。需要提及的是，「孝」是中國倫理思想史當中較早出現的德目。《尚書・商書・太甲》中有：「奉先思孝，接下思恭，視遠惟明，聽德惟聰」的說法。《尚書・周書・康誥》當中周公也以「元惡大憝，矧惟不孝不友」來指責殷人。《詩經》當中也有很多篇章稱以孝道，如「威儀孔時，君子有孝子。孝子不匱，永錫爾類」（《大雅・生民・既醉》），「率見昭考，以孝以享」（《周頌・臣工・載見》）。西周的銘文當中也多以「孝」稱，以示對祖先的報恩。陳來先生在考察了春秋時期的德目表和德行說之後，按照出現次數的多寡做了排序，「孝」位列前八項。〔註63〕由此，也可以看出，孝是先秦時期比較重要的一個德性。稱讚舜「大孝」，其實已經將孝的概念充分倫理化。《禮記》中對

〔註62〕孫希旦：《禮記集解》，北京，中華書局，1989年，第615頁。
〔註63〕陳來：《古代思想文化的世界》，北京，三聯書店，2002年，第269頁。

「孝」的闡揚非常豐富，日用之間皆關乎孝，《禮記・祭義》說「居處不莊，非孝也；事君不忠，非孝也；涖官不敬，非孝也；朋友不信，非孝也；戰陳無勇，非孝也。」「孝」已遠非我們狹義理解的孝道，而是被泛化使用〔註64〕。《大學》、《中庸》、《祭義》等篇將孝引向政治和教化等各個領域，稱「孝者所以事君也」（《大學》），「故君子不可以不修身，思修身不可以不事親」（《中庸》），「眾之本教曰孝」（《祭義》）。可以說，孝是修身、治國、教化的德性基礎。孝與禮互為表裏，孝萌發於人心，借助具體的外在禮儀得以表達。推行禮義，體現了儒家繼承天道以立人道的思路，禮文推行的過程也是教化的過程，《禮記・祭義》曰：「故禮行於郊，而百神受職焉；禮行於社，而百貨可極焉；禮行於祖廟，而孝慈服焉；禮行於五祀，而正法則焉。」孫希旦謂：「百神，天之群神也。受職，各率其職也。極，盡也，謂可盡得而用也。孝慈服，言天下化之而服行孝慈之道也。正法則，言法則得其正也。」〔註65〕此處集中就祭祀論禮的教化之義。天子至尊，有資格郊祀祭天，天神為至上神，祭天之中則百神受其統帥；行祭社之禮，社為土地神，則地產資源可盡為所用；祭祀先祖於宗廟，則昭孝教化，誨諭子孫萬民；祭五祀，則法則可得其正。由此，人間倫理秩序被強化和遵行。

可見，在《禮記》中，禮作為人間秩序的維繫者，在社會生活各領域發揮著積極的作用。那麼，喪祭之禮在禮文系統中又佔據了什麼地位呢？

第三節　喪祭之禮在禮文系統中具有重要地位

黃侃在《禮學略說》中說：「禮學所以難治，其故可約說也。一曰古書殘缺，一曰古制茫昧，一曰古文簡奧，一曰異說紛紜。」〔註66〕但很多傳世文獻還是為我們提供了追蹤古禮的依據。要瞭解喪祭之禮在禮文系統中的定位，需要結合《周禮》、《儀禮》等經典的記載。

《周禮・春官・大宗伯》當中將禮分為吉、凶、賓、軍、嘉五大類。《周

〔註64〕對此，肖群忠先生在其《〈禮記〉的孝道思想及其泛化》一文中做了系統討論，通過考察《禮記》、《孝經》、《大戴禮記》當中的相關記載，他指出：「孝不僅在政治、道德領域泛化，而且也向教化與教育領域泛化。」《西北師大學報》，1995年3月。

〔註65〕孫希旦：《禮記集解》，北京，中華書局，1989年，第616頁。

〔註66〕黃侃：《禮學略說》，《二十世紀中國禮學研究論集》，北京，學苑出版社，1998年，第13頁。

禮》的成書年代學界至今爭議頗多，彭林先生在其《〈周禮〉主體思想與成書年代研究》一書中做了總結，主要包括作於西周、作於春秋、作於戰國、作於周秦之際等幾種有代表性的說法。〔註67〕但可以肯定的是，《周禮》中確實保存了大量先秦禮制方面的史料。

　　按照《周禮》的界定，吉禮是「以吉禮事邦國之鬼、神、示」，主要指的是人類祭祀天神、地祇、人鬼的活動。當然每類之下又有具體的細目，按照《大宗伯》篇的說法，不同的祭祀對象，採用不同的祭祀方法。「以禋祀祀昊天上帝，以實柴祀日月星辰，以槱燎祀司中、司命、風師、雨師。以血祭祭社稷、五祀、五嶽，以貍沈祭山林、川澤，以疈辜祭四方、百物。以肆、獻、裸享先王，以饋食享先王。以祠春享先王，以禴夏享先王，以嘗秋享先王，以烝冬享先王」。各種祭祀之禮構成了古人龐大的祭祀體系。可以看出，天神之類便包括昊天上帝、日月星辰、二十八宿等，而祭祀方式也包括禋祀、實柴、槱燎、雩祭等；地祇的祭祀對象包括三等，第一等為社稷、五祀、五嶽，多用血祭，也就是用犧牲的血澆灌於地，第二等為山林、川澤，用貍沈之祭，將祭品埋入土中，以示祭奠，第三類則是四方百物，《禮記・月令》中的「五祀」即戶、灶、中霤、門、行，便屬於此列，用疈辜之祭，疈就是剖祭牲之胸，辜則是分解犧牲；人鬼之類的祭祀，則主要指的對祖先的祭祀，篇中提及的肆、獻、裸、饋食等皆是宗廟四時之祭的禮儀，而禴祠嘗烝則是四時祭的祭名，《禮記》中《王制》、《明堂位》、《祭統》等篇也對四時祭有所言及。凶禮，按照《大宗伯》篇「以凶禮哀邦國之憂」的說法，主要是救助災患、分擔恤問的禮儀，喪禮包含在凶禮之中。凶禮當中也有幾大類，具體則包括「以喪禮哀死亡，以荒禮哀凶札，以弔禮哀禍災，以襘禮哀圍敗，以恤禮哀寇亂」（《周禮・春官・大宗伯》）。喪禮，眾所周知，是對死者表達哀痛追思之禮，其核心是通過對死者遺體的處理，來傳達敬愛與追思。與喪禮密切相關的是喪服制度。主要根據與死者的親疏遠近關係，分為斬衰、齊衰、大功、小功、緦麻五等，喪期也由三年到三月不等。荒禮則是遭遇荒年、疾疫之時所行恤憫之禮。弔禮是指鄰國發生水火災害，派使者弔問之禮。襘禮，是指鄰國發生禍難，發生重大物質損失，兄弟之國湊集財物救助之禮。恤禮是指鄰國發生外患內亂，派使者前往詢問安否之禮。結合《儀禮》，我們也發現很

〔註67〕彭林：《〈周禮〉主體思想與成書年代研究》，北京，中國人民大學出版社，2009年，第3～6頁。

多內容確實和《周禮》的記載相契合,《左傳》、《詩經》、《尚書》、《國語》、《論語》等其他經典當中也有相關佐證。考古發現也提供了證據,張亞初、劉雨兩位先生在考察了西周金文中出現的官制之後,與《周禮》做了比較研究。他們指出,從體例上看,「《周禮》六官的體系除司寇一官與其他五官並列與西周金文不合外,其餘五官大體與西周中晚期金文中的官制相當。」並進一步認為,「《周禮》六官的體系與西周中晚期金文中的官制體系大體是相近的,二者雖有名稱及層次的不同,但其內在的聯繫則是很鮮明的。」〔註68〕由此可推知,《周禮》當中對五大類禮制的劃分應該也確有其據。

　　本文致力於探究的《禮記》喪祭理論,主要含括在五禮當中的吉禮和凶禮之中。吉禮當中的祭禮,凶禮當中的喪禮正是本文研究的重點。實際上,在並稱「三禮」的《周禮》、《儀禮》和《禮記》中,喪祭之禮均佔據了重要地位。

　　以《周禮》為例,《周禮》分門別類詳細載錄了各種禮官設置。其中,天官六十三種,地官七十八種,加上《敘官》提及而職文未列的鄉老一職,則為七十九種,春官有職官七十種,夏官職官六十九種,秋官六十六種,冬官未完成,漢人據《考工記》補之,所列職官名稱亦達三十種。其中春官系統中的職官多是負責五禮之事,大宗伯是其長,小宗伯是大宗伯的副手。七十種職官當中包括負責各類祭祀和宗廟之事的職官占比不少,如,典祀掌外祀之兆域;守祧掌守廟祧;內宗、外宗參與宗廟祭祀;冢人掌王族及其貴族的墓葬兆域等。從《儀禮》和《禮記》中關於喪祭禮的記載來看,也佔據了總篇幅的很大比重。《儀禮》成書最早,位列唐代「九經」和宋代「十三經」之中,今存十七篇,所記述的婚、喪、射、飲等十五種禮儀,涉及上古時期士階層生活的各個方面。雖流傳過程中有所缺佚,也可以推測當時的禮儀肯定遠不止這十五種。在現存的十七篇中,有七篇是關於喪祭禮的記載。其中,專述喪禮的包括《喪服》、《士喪禮》、《既夕禮》、《士虞禮》四篇,專述祭禮的也有《特牲饋食禮》、《少牢饋食禮》、《有司徹》三篇。

　　祭祀活動是與對葬事的處理相銜接的,因此,喪祭之禮在禮文系統中也存在一定關聯。從《禮記》的篇幅來看,喪祭禮的論述佔據了很大的比重。歷代大儒對《禮記》的內容也做了一些整理分類的工作。劉向《別錄》當中

〔註68〕張亞初,劉雨:《西周金文官制研究》,北京,中華書局,1986 年,第 141～142 頁。

便將《禮記》分爲制度、通論、明堂陰陽、明堂陰陽記、喪服、世子法、子法、祭祀、吉禮、吉事、樂記十一類。鄭玄《三禮目錄》當中也對《禮記》的篇目內容做了分類，有些分類是與劉向的有所重合，主要包括通論、制度、明堂陰陽、子法、喪服、祭祀、吉事、樂記等幾大類。分類情況可參照下表：

《禮記》目錄分類	所 含 篇 目
通論	《檀弓上》、《檀弓下》、《禮運》、《玉藻》、《大傳》、《學記》、《經解》、《哀公問》、《仲尼燕居》、《孔子閒居》、《坊記》、《中庸》、《表記》、《緇衣》、《儒行》、《大學》
制度	《曲禮上》、《曲禮下》、《王制》、《禮器》、《少儀》、《深衣》
明堂陰陽	《月令》、《明堂位》
子法	《文王世子》、《內則》
喪服	《曾子問》、《喪服小記》、《雜記》上下，《喪大記》、《奔喪》、《問喪》、《服問》、《間傳》、《三年問》、《喪服四制》，
祭祀	《郊特牲》、《祭法》、《祭義》、《祭統》
吉事	《投壺》、《冠義》、《昏義》、《鄉飲酒義》、《射義》、《燕義》、《聘義》
樂記	《樂記》

以通論十六篇爲例，通論主要如下：《檀弓上》、《檀弓下》、《禮運》、《玉藻》、《大傳》、《學記》、《經解》、《哀公問》、《仲尼燕居》、《孔子閒居》、《坊記》、《中庸》、《表記》、《緇衣》、《儒行》、《大學》。可以看到，其中，有很多篇幅都涉及到了喪祭禮：《檀弓》上下篇涉及到了關於喪禮的一些問答；《禮運》篇則闡發了古人祭祀天地的意義；《玉藻》涉及了祭禮中的服飾和用器；《大傳》則喪禮和祭禮均有涉及；《學記》雖記學教之義，但也言及祭禮作喻；《經解》也涉及少數喪祭禮義；《哀公問》、《孔子閒居》、《仲尼燕居》、《坊記》對喪祭禮義有總論之語，涉及較少；《中庸》對喪祭禮義有所闡發；《表記》涉及三代祭祀觀念的演變。喪服十一篇自然都是與喪祭理論相關的，包括《曾子問》、《喪服小記》、《雜記》上下，《喪大記》、《奔喪》、《問喪》、《服問》、《間傳》、《三年問》、《喪服四制》，各篇當中記載了很多關於喪祭理論的問答。《禮記》之中專門記述祭禮的則包括《郊特牲》、《祭法》、《祭義》、《祭統》。屬制度篇的《曲禮上》、《曲禮下》、《王制》、《禮器》、《少儀》當中也有很多關於喪祭禮的記載。屬明堂陰陽的《月令》和《明堂位》也有關於喪祭禮的記載。

屬於世子法的《文王世子》當中也有一些宗廟祭祀的記載。再加上其餘散落各篇的喪祭禮記載，那麼，《禮記》當中關於喪祭禮的記載便至少達到了總篇幅的三分之一，也足見儒家對喪祭禮十分重視。《禮記》當中屢次對喪祭的意義重點著墨。《禮記‧昏義》對禮之大體進行總論之時，便說，「夫禮始於冠，本於昏，重於喪祭，尊於朝聘，和於射鄉。」將喪祭禮置於重要位置。《禮記‧祭統》也說「凡治之道，莫急於禮；禮有五經，莫重於祭」。陳來先生在考察了《禮記》中對三代或四代禮制的因襲損益的記述之後發現，「除冠制而外，幾乎都與祭祀有關，可以說就是祭祀文化的體現。」〔註69〕

其實，喪祭之禮不僅在《三禮》之書中佔據了重要篇幅，在先秦很多其他文獻之中也有大量關於喪祭活動的記載，讓我們不得不關注喪祭禮的重要性。《詩經》作爲我國第一部詩歌總集，有三百餘篇流傳至今，內容也非常廣泛，很多篇幅是古人生活狀態的寫照，其中雅、頌部分收錄了很多宗周祭祀燕享的詩篇，如《詩經‧小雅‧天保》：「吉蠲爲饎，是用孝享，禴祠嘗烝，于公先王」，所記便是後世子孫祭祀先王之事。《左傳》云「國之大事，在祀與戎」（《左傳‧成公十三年》），也有較多篇幅涉及喪祭之事，既有對祭祀活動的記載，也有子產、展禽等人關於祭祀意義的追問和討論。同樣，類似記載也見諸《國語》。《國語‧魯語上》云：「夫祀，國之大節也，而節，政之所成也，故愼制祀以爲國典」，也足見對於祭祀活動的重視。《論語》中也有直接對喪祭禮進行強調之處，《論語‧堯曰》：「所重：民、食、喪、祭。」其他傳世文獻也多有記載，在此不一一贅述。

喪祭禮關乎死亡、鬼神和神祇，均爲幽隱難測之事，儒家爲什麼如此重視呢？錢穆先生說：「重喪、祭，則由生及死，由今溯往，民生於是見悠久。」〔註70〕可見，喪祭背後蘊含了「由今溯往」、「民生於是見悠久」的超越性。《論語‧學而》借曾子「愼終追遠，民德歸厚矣」之語道出了喪祭禮背後的教化意義。那麼，儒家是如何從具體的儀式轉入了對生命的超越性的關注，又是如何實現了儀式背後的教化意義呢？下面，我們將就這個問題展開詳細討論。

〔註69〕陳來：《古代宗教與倫理》，北京，三聯書店，1996年，第246頁。
〔註70〕錢穆：《論語新解》，北京，三聯書店，2002年，第505頁。

第二章　喪禮以愼終：生命認識的構建

　　生、死是終始的兩端，無論以何種樣態存在的生命，都必然以死亡作爲最終的歸宿。當然，這也是每個人必須面對和承受的結局。中國古代的聖哲對於生死問題也多有討論。孔子以「未知生，焉知死」來回答弟子的提問，從現實生命的角度對死亡予以觀照。孟子對上古之人葬其親的做法也有所反思，對葬事的處置非常關心，他甚至說「養生者不足以當大事，惟送死可以當大事」〔註1〕，將葬送死者擺在了最切要的位置。荀子，則將生死並舉，認爲生死兩端均爲人道的重要環節，並稱「生死俱善，人道畢矣」。〔註2〕而莊子則提出「死生存亡一體」〔註3〕，「以死生爲一條」〔註4〕，恰恰表現了他將生死視作自然生命規律的達觀。

　　死亡雖是個體生命的終結，但對葬事的處理，卻是一種社會文化現象，是當時社會觀念、信仰習俗、人際關係等的外在表現。事實上，很多宗教人類學者在探討原始宗教之時，也往往會從原始人對於死亡的態度出發，探討其中蘊含的原初宗教因素。從考古資料來看，在舊石器時代中期和晚期以及新時期時代早期，已經開始出現了舉行葬式的習俗。「世界上舉行儀式的最早遺跡見於歐洲的一些穆斯特利型墓葬（距今約4萬～10萬年或更久）。」〔註5〕而在大家熟知的尼安德特人、克羅馬農人創造的不同文化中，也都有埋葬死者的習俗和在屍體上撒赭石粉的情況出現。從中國的考古資料來看，「在我國的舊石器時代中、晚期和新石器時代早期的一些古人類遺址中，對於葬式的

〔註1〕《孟子·離婁下》。

〔註2〕《荀子·禮論》。

〔註3〕《莊子·大宗師》。

〔註4〕《莊子·德充符》。

〔註5〕李智：《中國史前信仰史》，西安，陝西人民出版社，2017年，第33～34頁。

處理已經有了一定的規制，比如大量墓葬內的屍骨常有一種特定的姿勢，有的頭腳也有一定的朝向。仰韶文化中的死者頭向西或北，大溪文化中死者頭向北，大汶口文化中的死者頭向北或者東北，廟底溝類型中的死者頭向南。在更遲一些龍山文化遺址中，死者姿勢類似上述情況更多。」〔註6〕這些葬式背後或許已經萌生了一定的信仰意義。喪葬禮俗在世界不同文化中都有其特定的處理儀式和方式，對死者採用不同的方式進行哀悼、寄託哀思，其中也寄寓了不同文化對死亡和生命的不同理解。當然，這些觀念的形成並非一蹴而就，均受到不同時代條件的制約，且有其發展演變的過程。

由於受到生產生活條件的各種限制，我國古代先民對於死者的處理，處於較為樸野的狀態，葬埋並無定制可言，這從很多史料之中也可以看出來。

《易‧繫辭下》便有這樣的記載：

> 古之葬者，厚衣以薪，葬之中野，喪期無數，後世聖人易之以棺槨……

《吳越春秋》也有類似語句：

> 古者，人民樸質，死則裹以白茅，投入中野……

《孟子‧滕文公上》也說：

> 上世嘗有不葬其親者，其親死，則舉而委之於壑。

可見，我國早期祖先，對於死者的葬事處理還談不上有程式可言，因而或裹以白茅，或葬之野外，出現將去世親人丟到溝壑的情況也並不稀奇。這點，很多學者在研究喪葬習俗之時也提到過，羅開玉便指出：「其實，人類的初期，並不掩葬死者。……最初的墓葬也各不相同。」〔註7〕從考古發現來看，在世界其他民族之中也都出現過早期人類對死者隨意葬埋的階段，喪葬類型也呈現多元化趨勢，湧現了野葬、樹葬、水葬、土葬、火葬等多種葬式。喪葬用具、程式和習俗的演變必然是對整個社會某些觀念的一種直觀傳達，我們在《儀禮》和《禮記》中看到的關於喪禮的禮儀規制的繁複記載，當然也是隨著文明的發展而逐漸形成的，是受時人死亡觀念支配的。先秦時期對於喪祭禮的處理方式，是一種極富特色的社會文化現象，承載著時人獨有的生命意識，因此，它們不僅是一種儀節規制，更寄託著對感情的釋放、對家族社會的理解、對天道性命的體悟和對德性修養的追尋，讓我們先從對死亡的理解談起。

〔註 6〕李智：《中國史前信仰史》，西安，陝西人民出版社，2017 年，第 33～34 頁。
〔註 7〕羅開玉：《中國喪葬與文化》，海口，海南出版社，1988 年，第 152 頁。

第一節　喪禮唯哀爲主矣

一、《禮記》當中的死亡觀：人死則化爲鬼神

　　伊壁鳩魯以理性的態度來界定死亡，他說「我們活著時，死亡尙未來臨；死亡來臨時，我們已經不存在了。因而死亡對於生者和死者都沒有干係。對於生者來說，它是不存在的；而死者根本就是不死的。」〔註 8〕因此，「死亡與我們無關。因爲當身體分解成其構成元素時，它就沒有感覺，而對其沒有感覺的東西與我們無關。」〔註 9〕爲此，他勸慰美諾益凱，說：「你要習慣於相信死亡與我們毫不相干。一切善惡皆在感覺之中，而死亡無非是感覺的剝奪而已。正確地認識到死亡與我們不相干，將使我們對生命之有死這件事愉快起來。」〔註 10〕雖然我們無法否定伊壁鳩魯的說法，但是卻絲毫不會減退人類對死亡的思考熱情。天地之間萬事萬物皆有盛有衰，有生有死，對此中國的古人也頗有體會。《禮記》當中便將萬物與人的死亡做了區分。

　　《禮記・祭法》云「大凡生於天地之間者皆曰命，其萬物死皆曰折，人死曰鬼。」孔穎達正義曰：「總包萬物，故曰『大凡。』皆受天之賦命而生，故云『皆曰命』也。萬物無知，死皆曰折。人爲有識，故死曰鬼。」〔註 11〕可見，儒家認爲萬物的生命皆是天地所賦予的，但是人比萬物要有靈氣。這種將人和萬物的區分開來的觀念，反映到對死亡的理解上便是稱人的死亡爲「鬼」，稱萬物的死亡爲「折」。《禮記・祭義》又說「眾生必死，死必歸土，此之謂鬼」，認爲芸芸眾生皆有死亡，死亡之後，復歸於土，稱爲「鬼」。同樣，我們在《說文》中所看到的對於「鬼」字的解釋也是針對人而言的，「鬼，人所歸爲鬼」。「鬼」這一概念，後來成爲靈魂信仰體系中一個重要的組成部分，在整個中國文化系統中都是一個比較獨特的領域，而鬼文化在中國的民間文化傳統中至今仍有著很深的餘緒。

　　對於古人來說，對於鬼神的敬畏是和對魂魄概念、死亡概念的理解聯繫在一起的，而且，考察《禮記》中的幾處記載，也頗有思辨的色彩。《禮記》之中提及「鬼」字，則多是「鬼神」連用，其中「鬼神」連用在《禮記》全

〔註 8〕苗力田：《古希臘哲學》，北京，中國人民大學出版社，1989 年，第 647 頁。
〔註 9〕苗力田：《古希臘哲學》，北京，中國人民大學出版社，1989 年，第 650 頁。
〔註 10〕苗力田：《古希臘哲學》，北京，中國人民大學出版社，1989 年，第 647 頁。
〔註 11〕朱彬：《禮記訓纂》，北京，中華書局，1996 年，第 693 頁。

文中出現了四十二次，多數皆與祭祀相關。「魂」、「魄」的概念也常混雜其中，可見，要真正把握「鬼」的概念，還需要與相關聯的「魂」、「魄」、「神」等概念相參照。

我們首先看一下《禮記・祭義》中一段關於鬼神的問答：

> 宰我曰：「吾聞鬼神之名，不知其所謂。」子曰：「氣也者，神之盛也。魄也者，鬼之盛也。合鬼與神，教之至也。眾生必死，死必歸土，此之謂鬼。骨肉斃於下，陰為野土。其氣發揚於上為昭明，焄蒿悽愴，此百物之精也，神之著也。」

本段記錄的正是宰我跟孔子問鬼神的事情。對於此段，鄭玄注作「氣，謂噓吸出入者也。耳目之聰明為魄。合鬼神而祭之，聖人之教致之也。……焄，謂香臭也。蒿，謂氣烝出貌也。上言眾生，此言百物，明其與人同也，不如人貴爾。」〔註12〕孔穎達的疏則作了如下闡述：「人死，神上於天，鬼降於地，聖王合此鬼與神以祭之，是設教致合如此，故云『教之至也』。……言人生時，形體與氣合，死則形與氣分，其氣之精魂升上為神靈光明也。」〔註13〕可以看出，形氣的觀念和古人對魂魄的理解、對鬼神的信仰是相關的，這在其他文明之中也有相似的表現。比如，希臘文和拉丁文的「靈魂」一詞，最初都是用作「呼吸」的意義。而《聖經》的創世紀部分，講到耶和華上帝用地上的塵土造亞當之時，也是將生氣吹在他的鼻孔裏，他就成了有靈魂的活人。《莊子・知北遊》講到氣對人的生死起了決定作用：「人之生，氣之聚也。聚則為生，散則死。」在孔子的回答之中，氣是與神相對應的概念。那麼，綜合而言，從本段中，我們可以看出有以下幾層意思：

第一，鬼和神分別寄寓在魄和氣之中。鬼神幽隱難測，魄和氣分別是鬼和神的外在表現形式。

第二，眾生皆有死，人死之時，形和氣分離，骨肉和精氣各有所歸。骨肉將腐朽於土中，同時，精氣則會發揚於上，變為昭明，也即神靈光明。

第三，人死與鬼神有什麼關係呢？按照孔子的回答，可以理解為歸於土中的是鬼，發揚於上的是神。用孔穎達的說法，就是「人死，神上於天、鬼降於地。」

那麼，可以推出，人生之時，魄和氣是統一的，也就是形體和氣是統一

〔註12〕 朱彬：《禮記訓纂》，北京，中華書局，1996年，第709頁。
〔註13〕 朱彬：《禮記訓纂》，北京，中華書局，1996年，第709頁。

的。人死之後，氣上陞於天，爲神；魄隨骨肉歸於地，爲鬼。孔子的回答究竟是不是這個意思呢？我們參考一下《禮記》中的其他記載，《禮記・檀弓下》在記載對葬事的處理之時說：

> 骨肉歸復於土，命也。若魂氣則無不之也，無不之也。

這段是講吳國公子延陵季子在處理長子的喪事之時哭喊的話，意思是：「骨肉又回到土中，這是命啊。他的魂氣卻無所不往啊！無所不往！」這句中很明顯將人的形體與魂氣區分開來，人死之時，形體腐爛歸土，魂氣則可以四處飄遊。

《禮記・郊特牲》也有一句相類記載：

> 魂氣歸於天，形魄歸於地，故祭求諸陰陽之義也。

《禮記・禮運》曰：

> 故天望而地藏也，體魄則降，知氣在上。

這兩句很明確指出形魄和魂氣分別歸於地和天。可以看出，這三處材料與前面孔子講到的對死亡的理解是很一致的。這說明，時人對死亡一般秉持這樣的看法：認爲人死之後，身體腐朽，下歸於地，而魂氣則上陞於天，無所不之。那麼，綜合來看，在這三處，出現的「魂氣」、「知氣」的概念所指稱的都同屬「魂氣」；和「魂氣」相對應而言的「骨肉」、「形魄」、「體魄」，都同屬「形魄」。在前面孔子的回答中，說到「其氣發揚於上」，可見，他講的「氣」就是「魂氣」，「斃於下」的骨肉則是「形魄」，人死之時，魂氣上陞於天，爲神；形魄下降於地，爲鬼。那麼，人生之時魂魄是怎麼合而爲一的呢？

我們可以參考《左傳・昭公七年》之中關於魂魄的一段記載：

> 子產曰：「人生始化曰魄，既生魄，陽生魂。……匹夫匹婦強
> 死，其魂魄猶能憑依於人，以爲淫厲。」

按照這樣的理解，人始生之時，是先有了魄，也就是形體，然後形體的陽氣就是魂，魂也就是氣之神者，也就是將形體和魂魄對應起來。《大戴禮記・曾子天圓》的說法則更進一步，曰：「陽之精氣曰神，陰之精氣曰靈」，陰陽與精氣皆有對應，陽之精氣名爲神，陰之精氣名爲靈。《大戴禮記》與《禮記》出於同一時期，由此也可見儒家對於魂魄所秉持的一般理解，抑或可以說，這應該是時人對於生命的理解。對於魂魄與鬼神的關係，宋代朱熹之言甚爲精闢，他在《楚辭辯證》中曰「魂遊而爲神，魄降而爲鬼」，其在《易本義》

中亦云：「陰精陽氣，聚而成物，神之伸也。魂遊魄降，散而爲變，鬼之歸也。」
他指出，魂氣可浮動漂遊，故爲神，魄則降而爲鬼，歸於大地，可謂將魂魄
與鬼神的關係、特點概括得至精至微。

　　需要提及的是，這段記載中提到了「陽生魂」，《郊特牲》一篇中講到了
祭祀是「求諸陰陽之義」。眾所周知，陰陽的概念在中國古代經常使用，也頻
繁出現在各種古代典籍之中，可以說是古人認識世界和解釋世界的一種思維
模式，天和地在古人看來也是一種陰陽，「故天秉陽，垂日星，地秉陰，竅於
山川，播五行於四時，和而後月生也。」〔註14〕既然《左傳》這段文字提到
了「陽生魂」，那麼可推出，魄是陰所生。考察《說文》中對於魂魄的解釋，
也正是如此，「魂，陽氣也。」「魄，陰神也。」魄和魂也分別與陰陽有了一
種對應關係，這就可以理解，爲什麼說對鬼神的祭祀是「求諸陰陽之義」了。
同樣，東漢王充在《論衡‧論死》篇中，也對鬼神作出了清晰的解釋，他說：
「人死，精神昇天，骸骨歸土，故謂之鬼。鬼者，歸也；神者，荒忽無形者
也。或說：鬼神，陰陽之名也。陰氣逆物而歸，故謂之鬼；陽氣導物而生，
故謂之神。神者，伸也，申復無已，終而復始。人用神氣生，其死復歸神氣。
陰陽稱鬼神，人死亦稱鬼神。」王充認爲，人死之後精神上陞於天，骸骨下
歸於土，鬼，即指的所歸之處，神，則恍惚無形，所以，人死稱爲鬼神，對
於鬼神的解讀與《禮記》是非常接近的，只是王充關注的重點在於強調人死
之後無知，不能「爲形而害人」。

　　經過以上的梳理，關於魂魄和鬼神的對應關係，我們可以簡單作出如下
的標識：

　　　　天──陽──氣──魂（魂氣）──神（上陞於天）

　　　　地──陰──形──魄（體魄）──鬼（下降於地）

這樣，關於魂魄和鬼神的關係就比較明瞭了。通過以上分析，我們也可以看
出在《禮記》中，儒家對於生命的理解：人生時，魂魄是合二爲一的，魂爲
陽，魄爲陰，這也正符合人是「陰陽之交」的產物。人死後，則魂魄分離，
魂氣上陞於天，爲神；魄則歸於大地，爲鬼，所以，《說文》才說「人所歸爲
鬼」。這種對生命的理解似乎很有理性思辨色彩，有趣的是，其對人們生活世
界的影響卻並非一直延續了理性的路徑。馬倡儀先生便指出：「由於我國的魂

〔註14〕《禮記‧禮運》。

魄觀念與鬼神崇拜、生死觀念緊密相聯，在上層文化和下層文化中都佔有舉足輕重的地位。一方面，在上層文化中，形成了一整套以孝和道德倫理爲核心，尊卑分明、長幼有序的禮俗制度；另一方面，又以一種潛移默化的巨大勢力，進入到下層文化之中，制約著人的生老病死、婚喪嫁娶，規範著人的行爲，成爲形形色色的民間信仰、節日和風俗習慣的主要依據、中醫養生的理論支柱，也是文學作品和神話傳說的重要來源。」〔註15〕

　　人死之後化身爲幽隱的鬼神，形魄不復存在，這樣一種不可復見的存在形態，對於生者來說，是一件非常悲哀的事情，會帶來巨大的情感衝擊。儒家論禮，尤重情感，當然就喪禮而言，其情感遠不止對親人去世的哀傷之情這麼簡單，讓我們先從儒家對情感的理解入手。

二、個體的死亡是與生者生命一體性的斷裂

　　孔子說：「居上不寬，爲禮不敬，臨喪不哀。吾何以觀之哉？」（《論語‧八佾》）這種寬、敬、哀，表面看來，是爲身份、地位、角色所決定的，實際上，則是人在不同的場景中情感的眞實流露。梁漱溟先生認爲，孔子之所以強調寬與敬與哀，完全在人情，「人有情便頂好，不在許多繁文縟節。孔子所認爲不好的就是情不動」〔註16〕。所以，孔子對於「巧言令色足恭」是非常反感的。「巧言令色足恭」，是對本然之情的過度文飾，以致與眞實情感天然發動處的狀態相去甚遠。《論語》的記載也表明孔子較爲重視人情本然發動處的樸質狀態。《論語‧先進》篇便有「顏淵死，子哭之慟」的記載。得意弟子去世，這對孔子來說是非常悲傷的事情，致使孔子也有哀情過度的表現。這也正符合孔子提倡的「人之生也直」的理念。「直」，便是情感發動處的眞實狀態。《論語‧子路》當中記載了孔子講「直」的一個典故：

　　　　葉公語孔子曰：「吾黨有直躬者，其父攘羊，而子證之。」孔

　　　子曰：「吾黨之直者異於是，父爲子隱，子爲父隱，直在其中矣。」

孔子認爲，基於父子之親，兒子對父親的錯誤有所隱瞞才更符合眞情的流露。「直」並非是轉念之後的反應，而是情感眞實無妄的揮放，是尚未經過邏輯和理性沾染的。孔子所肯定的正是自發生成的樸質情感對於道德修養的積極意義。對此，孟子也有所繼承。孟子在講四端之心時，提到「人皆有不

〔註15〕馬昌儀：《中國靈魂信仰》，上海，上海文藝出版社，1998年，第2頁。
〔註16〕李淵庭、閻秉華：《梁漱溟先生講孔孟》，上海，上海三聯書店，第72頁。

忍人之心」，並舉了「今人乍見孺子將入於井，皆有怵惕惻隱之心」的例子〔註17〕，見到小孩子快要掉到井裏，人都會產生一種惻隱之心，這種惻隱之心的發端沒有摻雜任何功利的成分，「非所以內交於孺子之父母也，非所以要譽於鄉黨朋友也，非惡其聲而然也。」〔註18〕而這種情感的真實無偽，正是道德發端處，即孟子所謂「惻隱之心，仁之端也；羞惡之心，義之端也；辭讓之心，禮之端也；是非之心，智之端也。人之有是四端也，猶其有四體也。」

　　儒家強調情感之真實，也將這種情感之「直」應用於對死亡的理解之中。《禮記·三年問》曰：

> 凡生天地之間者，有血氣之屬必有知，有知之屬莫不知愛其類。今是大鳥獸則失喪其群匹，越月逾時焉，則必反巡過其故鄉，翔回焉，鳴號焉，蹢躅焉，踟躕焉，然後乃能去之。小者至於燕雀，猶有啁噍之頃焉，然後乃能去之。故有血氣之屬者莫知於人，故人於其親也，至死不窮。

這段材料，是以鳥獸同類相惜的動物本能作喻，強調親死對生者帶來的巨大震撼。鳥獸的動物本能之中尚存在著同類相惜之情，何況是作為萬物之靈的人類呢？所以，作為有血氣之屬的有知之類，人類對於其親人，也同樣存在親親相愛之情。對於親人的這種感情，正是本然真情的流露。人們至死不忘自己的親人和朋友，主要是因為，人是一種社會化的動物。每個人的存在都天然地與他人聯繫為一體，以他人的存在為自己生命的一部分。個體之人在與他人的交往接觸之中，產生各種各樣的情感、回憶和思考，所有這些因素都參與到自己的生命中來，成為自己的生活內容，轉化為自己生命的一部分。於是，這種情感關係也成為了每個人獨有的生命體驗，累積並貫穿於個體生命的終始。這樣看來，一個生命的死亡，雖表現為形體的消散，不可再生，卻對在世之人產生深刻的震撼。這種割離，恰是對生者生命的一大歷練。

　　《儀禮·喪服傳》說，「父子一體也，夫妻一體也，昆弟一體也。故父子首足也，夫妻伴合也，昆弟四體也。」在世俗社會中，家庭組織的形式使得個人天然地與自己的父母、兄弟、妻子處於一種最直接的關聯之中。父子之間、昆弟之間，皆因血緣凝聚而成一體，在整個中國封建社會，我們都能看

〔註17〕參見《孟子·公孫丑上》。
〔註18〕《孟子·公孫丑上》。

到血緣關係所具有的廣遠的影響力和滲透力，可以說，它不單純是一種親情關係，它還維繫著人與人之間的社會關係，甚至發揮著社會組織的功能。

父母，是自身生命的源起，自身的生命首先便是父母生命的接續，「身也者，父母之遺體也」〔註19〕，所以，古人對自己的身體非常愛惜，《孝經》便說，「身體髮膚，受之父母，不敢毀傷，孝之始也」，將愛惜身體視爲孝道的起點。《禮記·哀公問》道之甚詳：

> 君子無不敬也，敬身爲大。身也者，親之枝也，敢不敬與？不能敬其身，是傷其親，傷其親，是傷其本。傷其本，枝從而亡。

自己的身體是父母血脈的延續，是個人與父母之間最直接、最深刻的關聯，這種現世的關聯在古人看來是與遠祖、與宗族、與天道溝通的必要條件。爲了保持、承續這種宗族之間、天人之間的溝通，個體能做的便是愛惜身體，「不虧其體，不辱其身」〔註20〕，所以，我們看到，在喪禮當中，儒家雖然強調哀情的釋放，但更重視「毀不滅性，不以死傷生」〔註21〕。由於個體與父母親人之間存在著最直接的關聯，使得這種關聯一旦斷裂，便會給個體造成巨大的哀痛。死亡，恰是對這種關聯性的不可控的打斷。親人的死亡帶給在世之人的，首先便是情感上的巨大震撼。《禮記·三年問》說：「創巨者其日久，痛甚者其愈遲」，親人的去世給生者帶來的不僅是有情感上的震撼，更有生命一體性的斷裂所帶來的創痛。《禮記·檀弓上》將親死帶來的傷痛做了如下的描摹：「始死，充充如有窮；既殯，瞿瞿如有求而弗得；既葬，皇皇如有望而弗至。練而慨然，祥而廓然。」此段描述居喪整個過程的情感狀態，恰能體現親人去世對生者帶來的巨大震撼。孔穎達曰：「言親始死，孝子心形充屈，如急行，道極無所復去，窮急之容也。殯殮後，心形稍緩也。瞿瞿，眼目速瞻之貌。求，猶覓也。貌恒如有所失而求覓之不得也。至葬後，親歸草土，孝子心形棲棲皇皇，無所依託，如望彼人來，而彼人不至也。至小祥，但歎慨日月若馳之速也。至大祥而寥廓，情願不樂而已。」〔註22〕親死，形跡無處尋覓，帶給生者的是巨大的悲傷和憂思，這種哀痛之情是人的眞實的情感發露。所以，儒家尤其重視喪禮當中承載的情感義，《禮記·問喪》明確指出「喪禮唯哀爲主矣」，將哀情作爲喪禮的主導情感，實際上這一觀念也被儒家

〔註19〕 《禮記·祭義》。
〔註20〕 《禮記·祭義》。
〔註21〕 《禮記·喪服四制》。
〔註22〕 朱彬：《禮記訓纂》，北京，中華書局，1996年，第87頁。

多次強調，孔子便表示臨喪要有哀情〔註23〕。《論語》當中其弟子子張說「祭思敬，喪思哀」〔註24〕，子游也說「喪致乎哀而止」〔註25〕，均是孔子思想的傳達。言及喪禮，必稱哀敬。所哀者，乃親人死亡帶來巨大的創痛；所敬者，乃鬼神之德，雖生死殊途，鬼神之德仍可經由喪祭之禮而感格。在儒家看來，親親之血緣情感，在歷史和現實之中，皆有其重要意義：縱向來看，血緣親親之情，使在世之人與逝去的先祖、與天道本原之間有了溝通的可能，所以儒家尤其重視對喪事的處理和對祖先的祭祀；橫向而言，血緣親親之情又使得個人與家族、乃至國家發生了關聯，所以，儒家也重宗法制度，對其規制多有體貼。

三、喪禮唯哀為主矣

　　主導喪禮的情感主要是悲傷之情，這種哀傷之情貫穿整個喪禮的始終。死者氣絕之際，便是生命事實上的終結之時，這時候旁侍親人便再也無法抑制住悲傷之情，而有哭踴的反應。對此，儒家依舊強調情感抒發的真實狀態。曾申問曾子哭父母之亡是否有一定聲調，曾子打了個比方給曾申，他說小孩子半路上丟失了自己的母親，號哭起來，哪還能有一定的聲調呢？〔註26〕這種啼哭，所表現的是發自內心的悲傷之情，是未經修飾和揣摩的「直情」，這種情也就是「誠」與「信」。子思曰：「喪三日而殯，凡附於身者，必誠必信，勿之有悔焉而矣。三月而葬，凡附於棺者，必誠必信，勿之有悔焉而矣。喪三年以為極，亡則弗之忘矣。故君子有終身之憂，而無一朝之患，故忌日不樂。」〔註27〕朱氏軾曰：「蓋喪有盡而哀無窮，雖親死已久，而追慕之情，終身弗忘。」〔註28〕喪禮主要傳達痛失親人的悲傷之情，這種情感不僅貫穿在喪禮的始終，而且終生一直伴隨著生者。在《禮記》當中，也尤為注重喪禮傳達的這種情感義。喪禮當中設置的很多具體儀式，如「生者自飾」部分的喪服和喪期；和對死者進行的文飾，都為抒發這種情感而設。

〔註23〕《論語·八佾》記載孔子的話，「居上不寬，為禮不敬，臨喪不哀。吾何以觀之哉？」強調臨喪要有哀情。
〔註24〕《論語·子張》。
〔註25〕《論語·子張》。
〔註26〕參見《禮記·雜記下》：「曾申問於曾子曰：『哭父母有常聲乎？』曰：『中路嬰兒失其母焉，何常聲之有？』」
〔註27〕《禮記·檀弓》。
〔註28〕朱彬：《禮記訓纂》，北京，中華書局，1996年，第81頁。

《禮記・問喪》便將孝子對親人的思慕之情描寫的至精至微：

> 親始死，雞斯，徒跣，扱上衽，交手哭。惻怛之心，痛疾之意，
> 傷腎、乾肝、焦肺，水漿不入口，三日不舉火，故鄰里爲之糜粥以
> 飲食之。夫悲哀在中，故形變於外也。痛疾在心，故口不甘味，身
> 不安美也。
>
> 三日而斂。在床曰尸，在棺曰柩。動尸舉柩，哭踴無數。惻
> 怛之心，痛疾之意，悲哀志懑氣盛，故袒而踴之，所以動體、安
> 心、下氣也。婦人不宜袒，故發胸、擊心、爵踴，殷殷田田，如
> 壞牆然，悲哀痛疾之至也。故曰：「辟踴哭泣，哀以送之，送形而
> 往，迎精而反」也。其往送也，望望然，汲汲然，如有追而弗及
> 也。其反哭也，皇皇然，若有求而弗得也。故其往送也如慕，其
> 反也如疑。
>
> 求而無所得之也，入門而弗見也，上堂又弗見也，入室又弗見
> 也，亡矣喪矣，不可復見已矣！故哭泣辟踴，盡哀而止矣。心悵焉
> 愴焉，惚焉愾焉，心絕志悲而已矣。祭之宗廟，以鬼饗之，徼幸復
> 反也。成壙而歸，不敢入處室。居於倚廬，哀親之在外也；寢苫枕
> 塊，哀親之在土也。故哭泣無時，服勤三年，思慕之心，孝子之志
> 也，人情之實也。

親始死，主人心中哀傷，口不甘味，身不安美，無心致飾，故去冠、括髮，
交手拊心而哭，悲傷臟腑，情不在食，故不舉火，鄰里贈送米粥以飲食之。
三日而斂，斂，「斂藏不復見」之意〔註29〕，分小斂和大斂，據《儀禮・士喪
禮》、《禮記・喪大記》記載，小斂於死後第二天，所用衣衾，凡十有九稱。〔註
30〕大斂於死後第三日，屍體加衣衾入棺，其間主人仍懷惻怛之心，痛疾之意，
故哭踴無數。主人往送，「望望然」，鄭玄注曰：「瞻望之貌」〔註31〕，「汲汲

〔註29〕（漢）劉熙撰，（清）畢沅疏證：《釋名疏證》卷八《釋喪制》，臺北，廣文書
　　　　局，1979 年，第 67 頁。
〔註30〕張壽安：《儒家喪禮「飾死者」析義》一文中提及小斂服裝的具體安排：「因
　　　　前一日沐浴後已穿衣三稱，並用冒罩尸，故小斂的十九稱應該是『加衣』，不
　　　　是穿衣，只是將衣裹在身上」，「十九套服裝中，只有祭服不可顛倒來穿。一
　　　　般喪家都是先用完死者自己的祭服，才用賓客所贈的衣服，好湊足十九套。」
　　　　該文刊發於《學海》，2016 年第 2 期。
〔註31〕朱彬：《禮記訓纂》，北京，中華書局，1996 年，第 826 頁。

然」，孔穎達疏曰：「促急之情也。」〔註 32〕此時主人瞻望弗及，內心彷徨，悵然若失，如孺子般啼哭，四處遍尋而不得，入門不見，上堂又不見，入室仍不見，為至親的失去而內心悵焉愴焉，惚焉愾焉，心絕志悲，《問喪》將主人的哀傷之情描述的淋漓盡致，讓人心有戚戚焉。葬事之後轉入對親人的祭祀環節，孝子居倚廬，寢苫枕塊，皆因念及親人遊魂在外，魄歸於土，服喪三年，亦是孝子對親人思慕之情的傳達。李景林老師曾指出，「儒家論喪祭，對親親孝心之誠敬十分強調。尤其對行喪祭禮儀孝子悲哀志懣，俟親將復生，恍惚與其神明交，如見其容，如聞其聲，如親聽命種種心理狀態都有極親切的描狀，其義皆在於突出情感之誠愨眞實，而不僅僅限於心理的描述或者主觀情感的滿足。」〔註 33〕這種悲痛的情感在喪禮當中通過具體的儀式來傳達出來。

按照《士喪禮》的記載，人死之後有各種繁複的儀式，北宋司馬光《書儀·喪禮》中歸結為二十五條，即：初終、復、易服、訃告、沐浴、小斂、大斂、成服、卜宅兆、啓殯、朝祖、親賓奠賵贈、陳器、遣奠、在塗、及墓、下棺、祭后土、題虞主、反哭、虞祭、卒哭、小祥、大祥、禫祭。彭林先生亦曾做了一下總結，「《士喪禮》從死者新亡起，至卜擇葬日止，都是在未啓殯以前的事，主要儀節有招魂、報喪、設奠、沐浴、飯含、襲尸、小斂、大斂、朝夕哭、筮宅、卜葬日等。」〔註 34〕喪禮中的繁複禮節隨著歷史的延續，也逐漸發生演化。

喪禮當中雖禮儀繁多，但各類儀式均主要為了文飾哀情。《禮記·問喪》曰：

或問曰：「死三日而後斂者，何也？」曰：「孝子親死，悲哀志懣，故匍匐而哭之，若將復生然，安可得奪而斂之也？故曰：三日而後斂者，以俟其生也。三日而不生，亦不生矣。孝子之心，亦益衰矣；家室之計，衣服之具，亦可以成矣；親戚之遠者，亦可以至矣。是故聖人為之斷決，以三日為之禮制也。」

或問曰：「冠者不肉袒，何也？」曰：「冠至尊也，不居肉袒之體也，故為之免以代之也。然則禿者不免，傴者不袒，跛者不踊，非

〔註 32〕 朱彬：《禮記訓纂》，北京，中華書局，1996 年，第 826 頁。
〔註 33〕 李景林：《儒家的喪祭理論和終極關懷》，《中國社會科學》，2004 年第 2 期，第 118 頁。
〔註 34〕 彭林：《中國古代禮儀文明》，北京，中華書局，2004 年，第 214 頁。

不悲也，身有錮疾，不可以備禮也。故曰：『喪禮唯哀爲主矣』。女子
哭泣悲哀，擊胸傷心；男子哭泣悲哀，稽顙觸地無容，哀之至也。」

或問曰：「免者以何爲也？」曰：「不冠者之所服也。禮曰：『童
子不緦，唯當室緦。』緦者其免也，當室則免而杖矣。」

或問曰：「杖者何也？」曰：「竹桐一也，故爲父苴杖，苴杖，
竹也。爲母削杖，削杖，桐也。」

或問曰：「杖者以何爲也？」曰：「孝子喪親，哭泣無數，服
勤三年，身病體羸，以杖扶病也。則父在不敢杖矣，尊者在故也。
堂上不杖，辟尊者之處也。堂上不趨，示不遽也。此孝子之志也，
人情之實也，禮義之經也。非從天降也，非從地出也，人情而已
矣。」

《問喪》篇主要記述的是對居喪之禮種種做法的疑問和解答，主要涉及了三
日而斂、喪禮中女子的擊胸哭泣和男子稽顙、孝子的用杖等。爲什麼士死後
三日成斂？因孝子親死，內心悲傷，尚不能接受親人去世的事實，內心期待
其能死而復生，三日不能復生，便不能再復生，其間喪具也可得製備。女子
擊胸哭泣，男子稽顙觸地，皆是哀情之至的表現。孝用杖扶病，也因居喪
其間哭泣無數，身體病弱，稱情而立。總之，種種規制皆爲傳達哀情。子路
曾說：「吾聞諸夫子：喪禮，與其哀不足而禮有餘也，不若禮不足而哀有餘也。」
（《禮記・檀弓上》）喪禮所重在於傳達哀情，而非具體的器物、儀節多少，
換言之，喪禮中的服飾、器物、儀節，皆爲傳遞哀情的表徵。《禮記・間傳》
曰：

斬衰何以服苴？苴，惡貌也，所以首其內而見諸外也。斬衰貌
若苴，齊衰貌若枲，大功貌若止，小功緦麻，容貌可也。此哀之發
於容體者也。

斬衰之哭，若往而不反。齊衰之哭，若往而反。大功之哭，三
曲而偯。小功緦麻，哀容可也。此哀之發於聲音者也。

斬衰唯而不對，齊衰對而不言，大功言而不議，小功緦麻，議
而不及樂。此哀之發於言語者也。

斬衰三日不食，齊衰二日不食，大功三不食，小功緦麻再不食。

士與斂焉，則壹不食。故父母之喪，既殯食粥，朝一溢米，莫一溢米。齊衰之喪，蔬食水飲，不食菜果。大功之喪，不食醯醬，小功緦麻，不飲醴酒。此哀之發於飲食者也。

父母之喪，既虞卒哭，蔬食水飲，不食菜果。期而小祥，食菜果。又期而大祥，有醯醬。中月而禫，禫而飲醴酒。始飲酒者先飲醴酒，始食肉者先食乾肉。

父母之喪，居倚廬，寢苫枕塊，不說絰帶。齊衰之喪，居堊室，苄翦不納。大功之喪，寢有席。小功緦麻，床可也。此哀之發於居處者也。

父母之喪，既虞卒哭，柱楣翦屏，苄翦不納。期而小祥，居堊室，寢有席。又期而大祥，居復寢。中月而禫，禫而床。

斬衰三升，齊衰四升、五升、六升，大功七升、八升、九升，小功十升、十一升、十二升，緦麻十五升去其半。有事其縷，無事其布，曰緦。此哀之發於衣服者也。

居喪期間，孝子要按照喪禮規定服相應級別的喪服、據不同的服制進行哭泣、注重自己的言行、蔬食水飲、居倚廬堊室，……這些儀俗至今在民間仍有很多遺留。通過這些禮儀，孝子的哀情通過容體、聲音、飲食、居處、衣服等各個方面抒發出來。

喪禮雖為傳遞哀情而設，但這並不意味著可以忽略喪禮的器用。古人對於喪禮用器、儀節的規定，均為稱情所制，儒家所宣導的禮文，也正是基於情感基礎上確立起來的，所謂「發乎情止乎禮義」〔註35〕。《郭店楚簡·性自命出》亦有「始者近情、終者近義」的說法。儒家論喪禮並非只注重哀情的傳達，更強調喪禮精神的傳繼。《禮記·檀弓上》記孔子語：

弁人有其母死而孺子泣者，孔子曰：「哀則哀矣，而難為繼也。夫禮，為可傳也，為可繼也，故哭踊有節。」

當死亡打斷這種生命一體性的聯結之時需要我們通過一系列儀式來逐漸彌縫這種斷裂感，逐漸讓自己忍受並承受這種悲痛，而後我們才能超離悲痛，回復到正常的生活狀態。

〔註35〕《詩經·毛詩序》。

第二節 喪禮之設乃稱情而立文

一、喪禮之設乃稱情而立文

　　《禮記‧坊記》說：「禮者，因人之情而爲之節文，以爲民坊者也。」所謂「坊」，意在坊人之失〔註36〕。《禮記‧檀弓》記子思之語，曰：「先王之制禮也，過之者，俯而就之，不至焉者，跂而及之。故君子之執親之喪也，水漿不入於口者三日，杖而後能起。」儒家論喪禮，一方面是爲了傳達個人對親人的思慕懷念之情，另一方面，則是爲了使情感得以適度傳達，使其發而中節，無過無不及。

　　儒家多次強調喪禮中情感的適度揮放。孔子對於宰我三年問的批評便源於其對父母的哀情不足。《論語‧陽貨》記載了孔子與弟子宰我的這段對話：

　　　　宰我問：「三年之喪，期已久矣。君子三年不爲禮，禮必壞；三
　　　　年不爲樂，樂必崩。舊穀既沒，新穀既生，鑽燧改火，期可以已。」
　　　　子曰：「食夫稻，衣夫錦，於汝安乎？」曰：「安。」「汝安則爲之。
　　　　夫君子之居喪，食旨不甘，聞樂不樂，居處不安，故不爲也。今汝安，
　　　　則爲之。」宰我出，子曰：「予之不仁也。子生三年，然後免於父母
　　　　之懷。夫三年之喪，天下之通喪也。予也有三年之愛於其父母乎？」

同樣，哀情過度，在孔子看來也是不合適的。《禮記‧檀弓上》記載了這樣一個故事：

　　　　伯魚之母死，期而猶哭。夫子聞之，曰：「誰與哭者？」門人
　　　　曰：「鯉也。」夫子曰：「嘻，其甚也！」伯魚聞之，遂除之。

伯魚爲母服喪過後，仍露悲聲，孔子認爲兒子表現出來的過度悲傷也是不可取的。同樣，曾子對於子夏因喪子過度悲傷而失明的做法，也表現出了批判。《禮記‧檀弓上》記曰：

　　　　子夏喪其子而喪其明。曾子弔之，曰：「吾聞之也，朋友喪明
　　　　則哭之。」曾子哭，子夏亦哭，曰：「天乎！予之無罪也！」曾子
　　　　怒曰：「商，女何無罪也？吾與女事夫子於洙泗之間，退而老於西
　　　　河之上，使西河之民，疑女於夫子，爾罪一也；喪爾親，使民未

〔註36〕　《禮記‧坊記》，鄭目錄云：「名曰《坊記》者，以其記六藝之義，所以坊人之失者也。」朱彬：《禮記訓纂》，北京，中華書局，1996年，第757頁。

有聞焉，爾罪二也；喪爾子，喪爾明，爾罪三也。而曰女何無罪與！」子夏投其杖而拜曰：「吾過矣！吾過矣！吾離群而索居，亦已久矣。」

可見，儒家強調哀情的表達，要把握好度，不能傷身。《禮記·曲禮上》曰：「頭有創則沐，身有瘍則浴，有疾則飲酒食肉，疾止復初。不勝喪，乃比於不慈不孝」。孔穎達曰：「不勝喪，毀瘠滅性者也。不留身以繼世，是不慈也。又違親生時之意，是不孝也。」〔註37〕《孝經》開篇便說：「身體髮膚，受之父母，不敢毀傷」，皆是強調孝子應該珍惜自己的身體，換言之，愛惜自己的身體，便是愛惜父母的遺體，也是行孝的表現。

喪禮之設，也需尋求一個合適的中道。《禮記》中用「稱」來表達對中道的追求。《禮記·禮器》說：「是故先王之制禮也，不可多也，不可寡也，唯其稱也」，此「稱」，便是「稱情而立文」。《禮記·三年問》曰：

> 三年之喪，何也？曰：稱情而立文，因以飾群，別親疏貴賤之節，而弗可損益也。故曰：無易之道也。創鉅者其日久，痛甚者其愈遲。三年者，稱情而立文，所以為至痛極也。斬衰，苴杖，居倚廬，食粥，寢苫，枕塊，所以為至痛飾也。三年之喪，二十五月而畢，哀痛未盡，思慕未忘，然而服以是斷之者，豈不送死有已、復生有節也哉？

> 凡生天地之間者，有血氣之屬必有知，有知之屬莫不知愛其類。今是大鳥獸，則失喪其群匹，越月踰時焉，則必反巡。過其故鄉，翔回焉，鳴號焉，躑躅焉，踟躕焉，然後乃能去之。小者至於燕雀，猶有啁噍之頃焉，然後乃能去之。故有血氣之屬者莫知於人，故人於其親也，至死不窮。

> 將由夫患邪淫之人與？則彼朝死而夕忘之，然而從之，則是曾鳥獸之不若也，夫焉能相與群居而不亂乎？

> 將由夫修飾之君子與？則三年之喪二十五月而畢，若駟之過隙，然而遂之，則是無窮也。

> 故先王焉，為之立中制節，壹使足以成文理，則釋之矣。

〔註37〕 朱彬：《禮記訓纂》，北京，中華書局，1996年，第36～37頁。

　　　然則何以至期也？曰：至親以期斷。是何也？曰：天地則已易
　矣，四時則已變矣，其在天地之中者莫不更始焉，以是象之也。

　　　然則何以三年也？曰：加隆焉爾也。焉使倍之，故再期也。

　　　由九月以下，何也？曰：焉使弗及也，故三年以為隆，緦小功
　以為殺，期九月以為間。上取象於天，下取法於地，中取則於人。
　人之所以群居和壹之理盡矣！故三年之喪，人道之至文者也，夫是
　之謂至隆。是百王之所同，古今之所壹也，未有知其所由來者也。

　　孔子曰：「子生三年，然後免於父母之懷。」夫三年之喪，天下之達
　喪也。

情在儒家看來，是人的本性中天生具有的東西，是「弗學而能」的。「情」，
一為情感義，如：《禮記‧禮運》篇當中將情劃分為喜、怒、哀、懼、愛、惡、
欲七種，《禮記‧中庸》篇則有喜、怒、哀、樂四種；一為真實義，如關於「直」
的理解，前文已做過相關論述。儒家論禮，則含賅二義。儒家提倡情的合宜
而發，《禮記‧中庸》云：「喜怒哀樂之未發謂之中，發而皆中節謂之和。」
情，是人性當中本具的特質，如《中庸》首句所言「天命之謂性」，此本然之
性在接於外物之後，生出不同的情感，《樂記》所謂「人生而靜，天之性也。
感於物而動，性之欲也。」〔註38〕感受外物而心有所動，生出喜怒哀樂等情
感，如果這些情感直接抒放出來，便是「直情而徑行」〔註39〕。作為一種樸
質的情感，如果我們毫不干預，完全順應其發露，則有可能會產生負面的後
果，孔子說「毀瘠為病，君子弗為也。毀而死，君子謂之無子」（《禮記‧雜
記下》）。因此，儒家提倡情感的抒放，也要講究一定的度，所以《禮記‧樂
記》說：「以道制欲，則樂而不亂；以欲忘道，則惑而不樂。」

　　儒家還注重禮對情的疏導、節制和美化作用，《檀弓》曰：

　　　喪禮，哀戚之至也。節哀，順變也，君子念始之者也。復，
　盡愛之道也，有禱祠之心焉。望反諸幽，求諸鬼神之道也。北面，
　求諸幽之義也。拜稽顙，哀戚之至隱也。稽顙，隱之甚也。飯用
　米貝，弗忍虛也。不以食道，用美焉爾。銘，明旌也，以死者為

〔註38〕《禮記‧樂記》。
〔註39〕《禮記‧檀弓下》記子游語，曰：「禮有微情者，有以故興物者，有直情而徑
　　　　行者，戎狄之道也，禮道則不然。」「直情而徑行」便是不加修飾，將情感直
　　　　接發露出來。

不可別已，故以其旗識之，愛之斯錄之矣，敬之斯盡其道焉耳。重，主道也，殷主綴重焉，周主重徹焉，奠以素器，以生者有哀素之心也。唯祭祀之禮，主人自盡焉爾，豈知神之所饗，亦以主人有齊敬之心也。辟踊，哀之至也，有算，爲之節文也，袒括發，變也。慍，哀之變也，去飾去美也。袒括發，去飾之甚也，有所袒，有所襲，哀之節也。弁絰葛而葬，與神交之道也，有敬心焉。周人弁而葬，殷人冔而葬。歠主人主婦室老，爲其病也。君命食之也，反哭升堂，反諸其所作也。主婦入於室，反諸其所養也。反哭之弔也，哀之至也，反而亡焉，失之矣，於是爲甚。殷既封而弔，周反哭而弔，孔子曰：「殷已愨，吾從周。」葬於北方北首，三代之達禮也，之幽之故也。既封，主人贈，而祝宿虞尸。既反哭，主人與有司視虞牲，有司以几筵舍奠於墓左。反，日中而虞，葬日虞，弗忍一日離也。是月也，以虞易奠，卒哭曰成事。是日也，以吉祭易喪祭。明日祔於祖父，其變而之吉祭也。比至於祔，必於是日也接，不忍一日末有所歸也。殷練而祔，周卒哭而祔，孔子善殷。

喪禮主要以哀情爲主，哀情的傳達也要有所節文。《檀弓》此段文字對喪禮當中涉及的程式進行了梳理，下面我們選取其中比較有代表性的一些儀式，探討一下儒家對儀式灌注的人文情懷。

我們先談談喪禮儀式中對情感的傳達。

「復」，是喪禮當中爲死者招魂的環節。前文中，我們已對《禮記》中的死亡觀做了梳理，古人認爲人死之後，靈魂化爲魂魄，幽隱無形。魂氣上陞於天，爲神；魄則隨肉體歸於大地，爲鬼。始死之人，魂氣當中尚有覺知、意識，於是，在喪禮當中設置了「復」的環節，專爲死者招魂。《儀禮・士喪禮》對士階層的「復」做了記載：「復者一人，以爵弁服，簪裳於衣，左何之，扱領於帶。升自前東榮，中屋，北面招以衣，曰：『皋，某復！』三，降衣於前。受用篋。升自阼階，以衣尸。復者降自後西榮。」負責招魂的人身穿正式朝服，於屋脊中央最高處，面向靈魂所歸的北方揮舞死者的衣服，拖長音呼喚死者的名字，希望藉此呼喊能夠喚回死者的魂氣。喪禮中的招魂指的是招亡魂，招魂禮俗中還有招魂葬和招生魂，前者指如遇死不得其屍者

則招其魂並其生前穿戴衣冠而葬。〔註40〕招生魂，類似的做法在民間仍有遺存，如林河、楊進飛在《馬王堆漢墓飛衣帛畫與楚辭神話、南方神話比較研究》中談到，新中國成立前在湖南湘西與沅江湘江一帶存在著爲小孩叫魂的習俗。其具體做法是取小孩貼身汗衣一件，用竹篙穿了，插在屋頂上，巫師則到四處喊魂，把小孩的魂招回來。〔註41〕招魂葬和招生魂不在本文探討的範圍內。喪禮中的招魂，在國君則更爲繁複隆重。《禮記・檀弓上》記載：「復於小寢、大寢、小祖、大祖、庫門、四郊。」國君的招魂地點較多，且招魂人數有十二人之多，爲國君喪禮所獨有。儒家賦予了「復」一定的人文關懷。親死，人子欲求其生，故無所不至，儒家將「復」這一環節，解釋爲「盡愛之道」。這也是親人對於死者思慕不捨的一種方式，主要是注重傳達喪禮中的親親之情。

同樣，禮會賓客之時，因心中至悲，難以言表，便以稽顙表達哀情。對死者的處理還包括飯含這個重要環節，即爲死者口中塡充米貝之屬，儒家以爲飯含是不忍虛其口，表現了儒家因情之誠慤設禮的思路。當然，飯含的數量和用器也因死者身份不同而有差異。明旌之設，則因死者已逝，故以旗子記錄其名，表達生者對死者的愛、敬之情。當然，明旌的使用可能後來也發生了變化，比如長沙馬王堆一號漢墓出土的軑國夫人畫像有些學者便認爲是以畫像代替了名字，起了明旌的作用。因圖畫表達的內容更爲豐富，所以給了觀者更多想像的空間。巫鴻在其《黃泉下的美術——宏觀中國古代墓葬》一書中，便用三重宇宙來描述對於軑國夫人畫像的理解。〔註42〕但圖畫的

〔註40〕 譚思健：《招魂考——古代喪葬文化研究之三》，《江西教育學院學報》，1992年第3期，第30頁。

〔註41〕 轉引自李智《中國史前信仰簡史》，西安，陝西人民出版社，2017年，第129頁。

〔註42〕 【美】巫鴻著，施傑譯：《黃泉下的美術——宏觀中國古代墓葬》，北京，三聯書店，2016年，第134頁，提及「軑候夫人的畫像被置於一個宇宙語境之中：帛畫的頂部和底部兩部分明確地描繪了天上和地下的情景。兩個門吏和一對豹子守護者天門，把天界和其他界域隔開，我們在屈原的詩中讀到同樣的景象。天界的中央是一個身份不明的主神，其兩旁的日月暗示了陰、陽宇宙力的對立和平衡。帛畫底部對地下世界的表現也不容置疑：其中的所有圖像，包括兩條巨魚（水的象徵）、立於魚背上的中心人物（可能是土伯？）、蛇（地下生靈）和畫面下角的一對『土羊』，都表明了這部分畫面的主題。帛畫頂部和底部因而使我們想起司馬遷對秦始皇墓室的描述『上具天文，下具地理』。和秦始皇陵一樣，馬王堆帛畫也將死者描述置於宇宙的微觀世界之中。」

功能仍然是讓在世之人辨識和敬愛已逝之人。

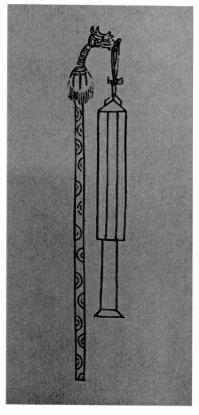 

聶崇義《新定三禮圖》中
繪製的明旌〔註43〕

長沙馬王堆漢墓出土彩繪
帛畫線描圖〔註44〕

　　喪禮本於哀情，但是對哀情也要有所節制，儒家對喪禮「辟踊」的解釋便
體現了這一點。喪禮當中，有「辟踊」的環節，為傳達喪主哀情所設，表現為
喪主的跳腳哭，孔穎達說：「撫心為辟，跳躍為踊。孝子喪親，哀慕至懣，男踊
女辟，是哀痛至極。若不節限，恐傷其性，故辟踊有算，為準節文章。」〔註45〕
關於「踊」，一方面對「踊」的次數有規定，另一方面，不同階層的人「踊」的
節次也有差異，《禮記·雜記上》記載：「公七踊，大夫五踊，婦人居間，士三
踊，婦人皆居間。」這種具體的規定，也是對情進行節文的表現。《禮記·檀弓

〔註43〕　（宋）聶崇義《新定三禮圖》中繪製的明旌，聶崇義纂輯、丁鼎點校解說：《新
　　　　定三禮圖》，北京，清華大學出版社，2006年，第554頁。
〔註44〕　湖南省博物館，中國科學院考古研究所編：《長沙馬王堆一號漢墓》上集，文
　　　　物出版社，1973年，第40頁。
〔註45〕　孫希旦：《禮記集解》，北京，中華書局，1989年，第256頁。

下》曰：「辟踊，哀之至也，有算，爲之節文也。」辟踊是表達哀情的肢體行爲，如果毫無節制，恐傷身體。故而對辟踊的次數進行了規定，是進行了文飾，使之不過於粗陋。孔疏曰：「孝子喪親，哀慕至懑。男踊女辟，是哀痛之至極也。若不裁限，恐傷其性，故辟踊有節。」〔註46〕「袒」意味著哀重，「襲」意味著哀輕，「有所袒，有所襲」，也是因哀傷之情不同而有所節制。喪禮當中五服制度的設立也是按照生者與死者感情上的親疏遠近來確立的，不同恩情、不同遠近的親人按照不同服制來服喪。這一點我們在後文會詳細討論。

　　喪禮之設乃稱情立文，但其背後的社會意義遠非如此，下面我們就繼續探討喪禮所承載的等級和親疏之義。

二、喪禮承載著等級和親疏義

　　《禮記・曲禮上》說：「夫禮者，所以定親疏、決嫌疑、別同異，明是非者也。」親疏、嫌疑、同異、是非所言皆是差別性。儒家論禮，也尤爲注意禮之「別」，《禮記・樂記》曰：

> 天高地下，萬物散殊，而禮制行矣。流而不息，合同而化，而樂興焉。春作夏長，仁也；秋斂冬藏，義也。仁近於樂，義近於禮。樂者敦和，率神而從天；禮者別宜，居鬼而從地。故聖人作樂以應天，制禮以配地。禮樂明備，天地官矣。天尊地卑，君臣定矣。卑高已陳，貴賤位矣。動靜有常，小大殊矣。方以類聚，物以群分，則性命不同矣。在天成象，在地成形。如此，則禮者天地之別也。地氣上齊，天氣下降，陰陽相摩，天地相蕩，鼓之以雷霆，奮之以風雨，動之以四時，暖之以日月，而百化興焉。如此，則樂者天地之和也。化不時則不生，男女無辨則亂升，天地之情也。及夫禮樂之極乎天而蟠乎地，行乎陰陽而通乎鬼神，窮高極遠而測深厚。樂著大始而禮居成物。著不息者，天也；著不動者，地也。一動一靜者，天地之間也。故聖人曰禮樂云。

《樂記》此處強調了禮以別宜的功能。《周易・繫辭上》曰「天尊地卑，乾坤定矣。卑高以陳，貴賤位矣」，就天地秩序言人道之貴賤。《樂記》將此推進一步，直接以君臣之位言貴賤之等。孔穎達疏曰：「天高地下不同，故人倫尊

〔註46〕朱彬：《禮記訓纂》，北京，中華書局，1996年，第129頁。

卑有異，萬物各散殊途。禮者，別尊卑，定萬物，是禮之法制行矣。」〔註47〕
天在上地在下，這是一種自然的秩序。天尊地卑，便是人為賦予天地以秩序
的象徵。方性夫曰：「物固有宜，禮則別之使辨。……宜既別，則莫不安其處
而有所歸。」〔註48〕人類社會的君尊臣卑等人倫義，便是取法於天地所設。「禮
者，天地之別也」，也是強調禮之所制便是取法天地之秩序。禮之「別」的功
能，在喪禮的具體規制當中也有所呈現。喪禮當中雖有諸多的程式，但是不
同程式、不同對象對程式的處理當中也顯示出了差異性。這種差異性便體現
了禮之別。總的來看，喪禮主要分為兩個大的階段，即對死者的處理環節和
生者的服喪之禮。前者承載著等級義，表現為天子、諸侯、大夫、士不同階
層有不同的規制，後者則承載著親疏義，表現為服五等喪服之制，即親疏遠
近不同，採用不同的服制。

　　首先，我們談談對對葬事的處理。葬事處理是對死者的身體關懷。對死
者的處理儀式繁多，主要包括，始死屬纊、復、奠、沐浴、飯含、襲與斂、
為銘和設重、停殯、啓殯朝祖等具體的儀式，其中復、飯含、襲斂、停殯、
用棺等均體現出古人在葬事處理過程中對秩序和等級的確認。

　　我們先從「復」說起。前文已經提及「復」在國君、士大夫處是有所差
異的。國君設有專門的招魂之官，名為「夏采」。《周禮・天官・夏采》記曰：
「夏采掌大喪，以冕復於大祖，以乘車建綏復於四郊。」夏采需要到始祖之
廟、四郊進行招魂。不僅如此，《周禮・夏官・祭僕》也有：「祭僕，……，
大喪，復於小廟」，《周禮・夏官・隸僕》有，「隸僕，……大喪，復於小寢、
大寢。」也就是還有祭僕到始祖之下的祠廟進行招魂，隸僕到國君的大寢、
小寢等不同宮室進行招魂。當然，招魂人所持的衣冠也有差異，《禮記・喪大
記》記載：「君以卷，夫人以屈狄；大夫以玄䞓，世婦以襢衣；士以爵弁，士
妻以稅衣。」李中華解讀為：招國君之魂有袞服，其夫人用王后之服；招諸
侯之魂用朝廷任命時上次的禮服，其夫人用世婦之命服；卿大夫招魂用玄衣
赤裳，其夫人用襢衣，也是一種禮服；士人招魂用雀形帛冠，穿黃黑色衣、
淺紅色裳，其夫人作為用黑色綢衣。〔註49〕當然招魂的人數設定也因亡者身
份等級不同而有差異。招士人之魂是一人，招大夫之魂，通常一至三人，招

〔註47〕朱彬：《禮記訓纂》，北京，中華書局，1996年，第571頁。
〔註48〕朱彬：《禮記訓纂》，北京，中華書局，1996年，第571頁。
〔註49〕李中華：《先秦招魂習俗與〈招魂〉》，《中國楚辭學第二輯》，第283～284頁。

天子國君之魂，則有十二人之多。〔註50〕

　　人死之後，還要對死者的屍體進行處理，首先就是沐浴和飯含。飯含是在死者嘴裏填充米貝等物的禮儀。生者對死者之愛，通過以米貝充盈死者之口的形式表現出來。但是由於死者的身份、地位的不同，飯含所用實物和數量也有所差異，記載當中有的以米、有的以貝、有的則以珠。《禮記・雜記下》曰：「天子飯九貝，諸侯七，大夫五，士三。」《周禮・春官・典瑞》曰：「大喪，共飯玉、含玉。」《周禮》這段則指出喪事當中，飯含用玉。《公羊傳・文公五年》曰：「含者何？口實也。」何注曰：「天子以珠、諸侯以玉、大夫以璧、士以貝，春秋之制也。」何注則指出，春秋之時，各階層的飯含所用皆不相同，或以珠、或以玉，或以貝，或以璧。飯含的實物，各階層不一，飯含數量也表現出了等級上的差異性。〔註51〕這也正是對貴賤之別所作的一種區分。

　　沐浴、飯含之後，需要對死者的屍體進行襲斂。尊卑不同，襲斂所用衣物、席子也是不同的。《禮記・喪大記》曰：

　　　　小斂於戶內，大斂於阼。君以簟席，大夫以蒲席，士以葦席。

小斂在室戶內進行，大斂在堂上南當阼階的主位進行。襲斂之前，先需鋪席於地，國君、大夫和士所鋪的席子是不同的，國君用細竹席，大夫用蒲席，士用葦席。儒家講究禮文與情實的相稱，孔子說：「禮不可不省也。禮不同，不豐，不殺」，主要也是強調「稱」。《禮記・禮器》曰：「是故先王之制禮也，不可多也，不可寡也，唯其稱也」，也是強調禮器之用要與情實相符。「君以簟席，大夫以蒲席，士以葦席」，君、大夫、士三者尊卑不同，所用席子不同，正是本於「稱」這一原則制定的。提到用席，《禮記・檀弓上》還記載了「曾子易簣」的一段典故：

　　　　曾子寢疾，病，樂正子春坐於床下，曾元、曾申坐於足，童子隅坐而執燭。童子曰：「華而睆，大夫之簣與？」子春曰：「止。」曾子聞之，瞿然曰：「呼！曰『華而睆，大夫之簣與』？」曾子曰：「然，斯季孫之賜也，我未之能易也。」元起易簣，曾元曰：「夫子

〔註50〕李中華：《先秦招魂習俗與〈招魂〉》，《中國楚辭學第二輯》，第284頁。

〔註51〕林素英綜合考古資料進行了總結，指出：「古代的『含』，包括有貝、錢、玉、石等物品。殷商時代由於以貝為通行的貨幣，所以『含』之物自然以『貝』為主。周代以後則因為泉布和銅錢的流通，所以多有含銅錢者。《周禮》則明確指出天子飯玉。」林素英：《從古代的生命禮儀透視其生死觀：以〈禮記〉為主的現代詮釋》，《中國學術思想研究輯刊》四編，第15冊，臺北，花木蘭文化出版社，第61頁。

之病革矣，不可以變，幸而至於旦，請敬易之。」曾子曰：「爾之愛
我也不如彼。君子之愛人也以德，細人之愛人也以姑息。吾何求哉？
吾得正而斃焉，斯已矣！」舉扶而易之，反席未安而沒。

曾子臥病在床，弟子樂正子春坐在床下，兒子曾元和曾申坐在腳旁，有個少年侍者坐在角落，執燭照明，少年發現席子華美光滑，便問是否是大夫用的席子。曾子聽聞，雖病重仍堅持易簀，剛換完席子，曾子便咽氣了。曾子堅持換席，只求「得正而斃」，也就是希望死之時所用儀節、器物符合自己的身份，曾子未嘗爲大夫，故不該寢用大夫之席，易簀是追求正終。曾子雖病入膏肓，仍勤於禮。可見，儒家對禮制承載的秩序義也較爲認同。

葬事之襲斂，不僅所用席子不同，所用衣物也有所區別。《禮記·喪大記》曰：

小斂布絞，縮者一，橫者三。君錦衾，大夫縞衾，士緇衾皆一。
衣十有九稱，君陳衣於序東，大夫士陳衣於房中，皆西領北上，絞
紟不在列。大斂布絞，縮者三，橫者五，布紟二衾，君大夫士一也。
君陳衣於庭，百稱，北領西上。大夫陳衣於序東，五十稱，西領南
上。士陳衣於序東，三十稱，西領南上。絞紟如朝服，絞一幅爲三，
不辟紟五幅，無紞。

小斂所用衣物因人而異。國君用錦衾，也就是彩色絲織面的被子；大夫用縞衾，也就是細白生絹面的被子；士用緇衾，也就是黑色麻布面的被子。小斂陳放衣裳的位置也不同，國君在堂上東序之東陳列；大夫士在東房中陳列，並且衣服也要按照尊卑順序陳列。大斂也是如此。死者爲國君，就在殯宮庭中陳列各種衣裳一百套，衣領在北，按衣裳尊卑次序由西向東陳列；死者是大夫就在堂上東序之東堂陳列各種衣裳五十套，衣領在西，按衣裳尊卑次序自南往北陳列，以南爲上；死者是士，則在東序之東——東堂陳列各種衣裳三十套，衣領在西，按衣裳尊卑次序自南往北陳列，以南爲上。之所以有這種區分，主要也是爲了突出國君、大夫、士所處的尊卑差異。此外，在小斂和大斂環節，國君也會根據死者身份而有不同的參與。一般來說，大夫去世，國君要參加小斂和大斂環節，如果是士去世，則只參加大斂環節。

在對死者進行襲斂之後，還有停殯這一環節，對於停殯的期限，也因階層和身份地位不同而異。《禮記·王制》曰：

天子七日而殯，七月而葬。諸侯五日而殯，五月而葬。大夫士
庶人三日而殯，三月而葬。

對此，鄭玄注曰：「尊者舒，卑者速。春秋傳曰：『天子七月而葬，同軌畢至。諸侯五月，同盟至。大夫三月，同位至。士逾月，外姻至。』」〔註52〕鄭氏以政治上的考慮作爲制定停殯期限的原則。但不可否認的是，天子、諸侯、士大夫、庶人的尊卑差別正是通過停殯時間的長短來體現出來的。孔穎達疏曰：「天子諸侯，位既尊重，送終禮物，其數既多，許其申遂，故日月緩也。大夫士禮數既卑，送終之物，其數簡少，又職惟促遽，義許奪情，故日月促也。必至三日者，冀其更生，三日不生，亦不生矣。」〔註53〕殯期由三個月到七個月不等，天子諸侯之喪，位尊禮繁，故以停殯時間長以示尊；大夫、士階層位卑禮簡，所以以停殯時間短以示位卑，別於天子諸侯。

同樣，地位的尊卑也在用棺上有所體現。

> 君大棺八寸，屬六寸，椑四寸。上大夫大棺八寸，屬六寸。下大夫大棺六寸，屬四寸。士棺六寸。君裏棺用朱綠，用雜金錯。大夫裏棺用玄綠，用牛骨錯。士不綠。君蓋用漆，三衽三束。大夫蓋用漆，二衽二束。士蓋不用漆，二衽二束。

國君的棺木有三層，外層大棺厚八寸，中層屬棺厚六寸，內層椑棺厚四寸。大夫的棺材有兩層：上大夫的大棺厚八寸，屬棺厚六寸；下大夫的大棺厚六寸，屬棺厚四寸。士只有大棺，厚六寸。不僅如此，國君、大夫、士階層內棺所用綢緞和釘子也不同，國君用紅綢，用各色金屬釘；大夫用玄色綢緞，用牛骨釘；士則不用綢緞。國君和大夫的棺材加蓋時，棺蓋與棺口交合處都刷上漆，蓋嚴後又刷漆塗縫，士則不用漆。

之所以在葬事的種種規制上有這麼細微的區分，儒家認爲主要是爲了突出尊卑秩序的差異。因尊卑有序，不同階層的喪禮，影響的範圍也是不同的。《荀子·禮論》說：

> 天子之喪，動四海，屬諸侯。諸侯之喪，動通國，屬大夫。大夫之喪，動一國，屬修士。修士之喪，動一鄉，屬朋友。庶人之喪，合族黨，動州里。

天子死曰崩，天子之喪，驚動四海，和聚諸侯；諸侯死曰薨，諸侯之喪，牽動一國，合聚大夫；大夫死曰卒，哀動在朝之人；士之死，曰不祿，士之喪

〔註52〕 朱彬：《禮記訓纂》，北京，中華書局，1996年，第182頁。鄭氏所引春秋傳，出於《左傳·隱公元年》。

〔註53〕 朱彬：《禮記訓纂》，北京，中華書局，1996年，第182頁。

牽動一鄉，合聚朋友；庶人稱死，哀動州里，合聚族黨。事實上，從考古發現來看，周代墓葬當中的確有等級秩序的顯現。許倬雲先生在《西周史》中提及「西周中期以後，亦即穆王以後，墓葬制度呈現系統化的等級位序。各種銅器出土的數量及組合，逐漸形成一定的比例。」〔註54〕吳十洲在其著作《兩周禮器制度研究》中考察兩周墓葬的隨葬品時也發現了等級的差別。該書第五章專門用了很大篇幅對周以前以及兩周的墓葬隨葬品進行了考察，包括隨葬玉器、青銅器、車馬、樂器、兵器以及棺槨制度等等，從中發現了很多與等級相關的組合方式以及變遷情況〔註55〕。等級差異在喪禮中不斷強化有其深刻的意味，許倬雲先生對禮儀的系統化和制度化背後的深意曾做過深刻的論述，他說：「一方面意味著一個統治階層的權力已由使用武力作強制性的統治，逐步演變到以合法的地位來象徵。另一方面，規整的禮儀也代表統治階層內部秩序的固定，使成員間的權力和義務有明白可知的規律可遵循，減少了內部的競爭和衝突，增加了統治階層本身的穩定性。」〔註56〕這樣的觀點也可以運用到對喪禮等級意義的描述上。

　　喪禮當中不僅有秩序和等級之義，也有親疏遠近的差別。如大斂後的「馮尸」環節便有所體現。對此，彭林先生在介紹士喪禮時曾做了總結：不同身份的人「馮尸」的方式和叫法也不同：子女對父母，抱持屍體的心口。稱為「馮尸」；父母對兒子，執持胸口的衣服，稱為「執尸」；妻子對於丈夫，是執拘屍體的衣服，稱為「拘尸」；國君對於臣下，是按撫屍體的心口，稱「撫尸」。四者之中，馮尸最重，拘尸次之，執尸又次之，撫尸最輕。〔註57〕將尊卑和恩情的遠近表現了出來。此外，喪禮中的親疏遠近還集中體現在生者的居喪之禮當中。居喪之中，生者為死者服喪服是喪禮的重要組成部分。喪服作為一種文化現象，起源甚早，《孟子·滕文公上》便說「三年之喪，齊疏之服，饘粥之食，自天子達於庶人，三代共之」，也足見喪服之制歷史久遠。不僅如此，喪服還具有很強的生命力。現在在人們的日常生活中，我們仍能看到在衣袖上戴孝布的做法，實際上便是喪服的遺留。喪服制度是社會關係和血緣關係最具體、最生動的反映，集中體現了親親、尊尊、貴貴等諸項原則，

〔註54〕 許倬雲：《西周史》（增補二版），北京，三聯書店，2018年，第180頁。

〔註55〕 吳十洲：《兩周禮器制度研究》，臺北，五南圖書出版公司，2004年，第249～387頁。

〔註56〕 許倬雲：《西周史》（增補二版），北京，三聯書店，2018年，第184頁。

〔註57〕 彭林：《侍奉逝者的魂魄──士喪禮》，《文史知識》，2003年第6期，第106頁。

儒家的論述也尤重其傳遞的禮義。

　　《禮記》當中所記喪服主要屬於五服制度。所謂五服制度，主要指根據與死者情感上的親疏關係而設定五等喪服制度，包括服制、喪期、服喪對象和服喪主體等規定。服制主要指斬衰、齊衰、大功、小功、緦麻五種規格的服飾等級。喪期則指的服喪的期限，分為三年、一年、九月、七月、五月、三月六種，比如《禮記・三年問》中的「三年之喪」便是其中最長的喪期。《儀禮》當中的《喪服》一篇，對斬衰、齊衰、大功、小功、緦麻五種服制的服飾、服喪對象、服喪主體做了詳細介紹。丁鼎先生對此做了系統的總結。〔註58〕下面簡單對五服制度的服喪對象和服喪主體做下介紹。

　　首先，斬衰服。斬衰服是喪服制度中最為隆重的一級喪服。《禮記・三年問》說：「三年之喪，人道之至文者也。夫是之謂至隆。」其服飾最為粗重，喪期也最長。《喪服傳》曰：「斬者何？不緝也」，便是說布料的裁割如刀斬般粗糙，以此表徵悲哀之至。按照《儀禮・喪服》所記，為死者服斬衰之服的主要包括如下十一種情況。即：子為父，妻為夫，父為長子，承重孫為祖，諸侯為天子，臣為君，為人後者為所後之父，妾為夫（君），未出嫁之女為父，既嫁而返夫家之女為父，公士大夫之眾臣為其君。

　　其次，齊衰服。齊衰服為五服的第二等級，其喪期包括三年、一年和三月等三種，其中一年服又分杖期和不杖期。齊，此處取其哀痛未如斬衰之甚，故衣料可較之齊整。其中，齊衰三年主要包括父卒為母，為繼母，為慈母，母為長子，妾為夫之長子幾種情況。齊衰杖期包括，父在為母，夫為妻，出妻之子為母，為改嫁之繼母幾種情況。齊衰之不杖期種類很多，包括為祖父母，為伯父母、叔父母，大夫之嫡子為妻，為昆弟，為眾子，為昆弟之子，為嫡孫等二十餘種。齊衰三月，包括寄公為所寓居國之君，為舊君及其母、妻，丈夫、婦人為宗子與宗子之母、妻，為曾祖父母等八種情況。

　　第三，大功服。包括殤大功服和成人大功服。殤大功服，比如，昆弟之子女為叔父之殤，為姑、姊妹在室未嫁者之殤，為昆弟之殤等。成人大功服，則包括為出嫁之姑、姊妹、女兒服大功，為從父昆弟，為庶孫等。

　　第四，小功五月服。包括殤小功服和成人小功服。殤小功服，主要指的為未成年而死者所服之小功服。比如為叔父之下殤，為夫之叔父之長殤，伯、

〔註58〕丁鼎：《〈儀禮・喪服〉考論》，北京，社會科學文獻出版社，2003年，第130～183頁。

叔父母爲昆弟之子女，夫之昆弟之子女下殤等。成人小功服，則包括爲從祖昆弟，爲外祖父母，公婆爲庶婦等情況。

第五，總麻三月服。也包括成人總麻服和殤總麻服，喪期均爲三月。殤總麻服，比如，爲庶孫之中下殤，爲從祖父、從祖昆弟之長殤，爲從母之長殤，爲夫之姑、姊妹之長殤等情況。成人總麻服，則包括爲族曾祖父母、族祖父母、族父母、族昆弟，祖父母爲庶孫之婦，外祖父母爲外孫、曾祖爲曾孫等情況。

通過考察《儀禮·喪服》篇五服制度涉及的服喪主體和服喪對象，不難發現，其中有的是出於血緣親情而服，有的則是外姓入族之後所服，有的則是出於政治上的關係而服。針對此點，于永玉先生做出了總結，他說：「《喪服》反映的血親關係包括四個方面：（1）本宗五屬之親，這是諸服之本；（2）名服異姓之入者，如母、妻、婦等；（3）本宗女子適人者，如姑、姊妹、女子子等；（4）外親服，出者、入者之黨，如妻之父母、舅、從母、外祖父母、甥、婿等。」〔註59〕錢杭先生則將喪服制度當中服喪對象和服喪主體之間的關係歸爲三類，即親屬間的喪服、政治等級間的喪服、一般無親、政關係成員間的喪服三大類。他說：「親屬間的喪服，又分宗親喪服與姻親喪服。宗親喪服直接顯現宗法等級關係的親、疏，遠、近，是宗法制度具體表現方式之一（最主要的表現方式是宗子祭祀權）；姻親喪服從屬於宗親喪服，它是宗親喪服的派生物，無獨立存在價值。」〔註60〕儘管服喪對象和服喪主體之間的關係有著多樣化的表現，但是儒家所重在於血緣之親親原則。隨著親親之情由近及遠逐漸減殺，喪服也隨之由重到輕。《禮記·喪服小記》曰：「親親以三爲五，以五爲九，上殺，下殺，旁殺而親畢矣。」儒家之論喪禮，尤其重視親親原則在其中的統攝性作用，五等喪服制度正是以此爲中心確立起來的。彭林先生對此做了詳備的解釋，他說：「直系向上，親情逐代減殺，喪服的等級也由重到輕地下降，稱爲『上殺』，例如，爲父親服斬衰，爲祖父母服不杖期，爲曾祖父母、高祖父母服齊衰三月。直系向下，親情也逐代減殺，喪服的等級也由重到輕地下降，稱爲『下殺』，例如，父親爲嫡長子服斬衰，爲嫡孫服不杖期，爲曾孫、玄孫服總麻。同樣，親情向旁系親屬的減殺，稱爲『旁殺』，如爲親兄弟服齊衰不杖期，爲從父兄弟服大功，爲從祖兄弟服小功，爲族兄弟服總麻。」〔註61〕爲了便於我們理解喪服制度當中的親疏遠近關係，特將錢玄先生所繪本宗範圍內的五服制度置於此處。

〔註59〕于永玉：《論〈喪服〉中的血親關係》，《史學集刊》，1986年第2期，第1頁。

〔註60〕錢杭：《論喪服制度》，《史林》，1989年，第1期，第8頁。

〔註61〕彭林：《中國古代禮儀文明》，北京，中華書局，2004年，第194頁。

			高祖父母 齊衰三月			
		族曾祖父母 緦	曾祖父母 齊衰三月			
	族祖父母 緦	從祖祖父母 小功	祖父母 不杖期	外祖父母 小功		
族父母 緦	從祖父母 小功	世叔父母 不杖期	父 斬衰三年	母 父在杖期父卒齊衰母三年	舅 緦	妻之父母 緦
族昆弟 緦	從祖昆弟 小功	從父昆弟 大功	昆弟姊妹在室 不杖期	己		妻 杖期
從祖昆弟之子 緦	從父昆弟之子 小功	昆弟之子 不杖期	嫡子眾子 三年斬衰不杖期	嫡婦大功 庶婦小功	甥 緦	
從祖昆弟之孫 緦	從父昆弟之孫 小功	昆弟之孫 小功	嫡孫不杖期 庶孫大功			
		昆弟之曾孫 緦	曾孫 緦			
			玄孫 緦			

錢玄先生《三禮通論》中的五服制度圖〔註62〕

　　上表是對家族宗親當中，按照親疏遠近關係服用不同的喪服所作的區分。

　　《禮記‧間傳》一篇還對五服制度的居處、聲音、衣服、飲食、言語、容體表現做了歸納。就容體而言，「斬衰貌若苴，齊衰貌若枲，大功貌若止，小功緦麻，容貌可也」（《禮記‧間傳》）；就聲音而言，「斬衰之哭，若往而不反。齊衰之哭，若往而反。大功之哭，三曲而偯。小功緦麻，哀容可也。此

〔註62〕錢玄：《三禮通論》，南京，南京師範大學出版社，1996年，第453頁。

哀之發於聲音者也」（同上）；就言語而言，「唯而不對，齊衰對而不言，大功言而不議，小功緦麻，議而不及樂」（同上）；就飲食而言，「斬衰三日不食，齊衰二日不食，大功三不食，小功緦麻再不食。士與斂焉，則壹不食。故父母之喪，既殯食粥，朝一溢米，莫一溢米。齊衰之喪，蔬食水飲，不食菜果。大功之喪，不食醯醬，小功緦麻，不飲醴酒」（同上）；就居處而言，「父母之喪，居倚廬，寢苫枕塊，不說絰帶。齊衰之喪，居堊室，苄翦不納。大功之喪，寢有席。小功緦麻，床可也」（同上）；就服飾而言，「斬衰三升，齊衰四升，五升，六升，大功七升，八升，九升，小功十升，十一升，十二升，緦麻十五升去其半。有事其縷，無事其布，曰緦。」（同上）可見，基於親疏遠近的不同，哀情濃淡在外在的儀節當中也有所區分。對此，林素英在其著作《從古代的生命禮儀透視其生死觀——以〈禮記〉爲主的現代詮釋》中做了如下圖表對不同情感的外在差異做了總結。

喪等 表達的程度 表現的方面	斬衰	齊衰	大功	小功	緦麻
容體	貌若苴	貌若枲	貌若止	容貌可也	同左
哭聲	往而不反	若往而反	三曲而偯	哀容可也	同左
言語	唯而不對	對而不言	言而不議	議而不及樂	同左
飲食	三日不食既殯食粥 卒哭，蔬食水飲 小祥，食菜果 大祥，有醯醬 禫飲醴酒	二日不食 蔬食水飲 不食菜果	三不食 不食醯醬	再不食 不飲醴酒	同左
居處	居倚廬 卒哭，柱楣翦屏 苄翦不納 小祥，居堊室，寢有席 大祥，居復寢，禫而床	居堊室， 苄翦不納	寢有席	床可也	同左
衣服	三升	四、五、六升	七、八、九升	十、十一、十二升	十五升去其半

《禮記・間傳》所載各類喪等的居喪生活 [註63]

〔註63〕林素英：《從古代的生命禮儀透視其生死觀：以〈禮記〉爲主的現代詮釋》，《中國學術思想研究輯刊》四編，第15冊，臺北，花木蘭文化出版社，2009年，第90頁。

綜上可見，喪禮當中既承載著等級和秩序上的尊卑之義，也承載著親疏遠近的情感之義，看似兩者之間是互不相關的。實際上，儒家通過對「親親」之情的強調，巧妙地使「親親」的情感義和「尊尊」的等級義結合起來，使兩者互融於喪禮的禮義之中。那麼，兩者又是怎樣統合起來的呢？

三、喪禮以「親親」爲統合原則

我們先從《禮記‧喪服四制》談起，按照鄭玄的說法《喪服四制》篇「以其記喪服之制，取於仁、義、禮、知也」〔註64〕，其文曰：

> 凡禮之大體，體天地，法四時，則陰陽，順人情，故謂之禮。訾之者是不知禮之所由生也。夫禮，吉凶異道，不得相干，取之陰陽也。喪有四制，變而從宜，取之四時也。有恩，有理，有節，有權，取之人情也。恩者仁也，理者義也，節者禮也，權者知也。仁義禮知，人道具矣。

首句總論禮興作的原則。「禮之大體」，是言禮文之確立之所本。鄭玄注曰：「禮之言體也，故謂之禮，言本有法則而生也」〔註65〕，言禮的制作效法於天地、四時、陰陽、人情，實是爲禮正名。孔子謂「名不正則言不順，言不順則事不成」（《論語‧子路》），此處則是爲禮之制作尋找根據，藉以批評詆毀禮制的觀點。「體天地，法四時，則陰陽，順人情」，均是禮文創制的依據，由此表明禮的存在有其合理性，既合乎天理，又順乎人情。孫希旦做了進一步發揮，他說：「愚謂體天地者，言本天地以爲體，猶『體物不遺』之體。禮儀三百，威儀三千，莫非天理之所當然。」〔註66〕將禮視爲天理之流行，這與本文第一章對「禮必本於天」的探究一致的。禮的終極依據在於天道，那麼具體的吉、凶、賓、軍、嘉五禮也皆有所本，皆爲天理流行的表現。天道，本爲一宇宙之道，人情，本是人類自發的情感，儒家卻用禮將天道與人情貫通起來。《禮記‧禮運》所謂「夫禮，先王以承天之道以治人之情」，禮對人情的調治，便是順於天道的。《喪服四制》下文接言：喪服有恩、理、節、權四制。對此，孔穎達說，「恩屬於仁，理屬於義，節屬於禮，量事度宜，非知不可也」〔註67〕，而《喪服四制》篇中也將恩、禮、節、權分別釋爲「恩者仁也，理者義也，節者禮也，權者知也」。

〔註64〕　朱彬：《禮記訓纂》，北京，中華書局，1996年，第912頁。
〔註65〕　朱彬：《禮記訓纂》，北京，中華書局，1996年，第912頁。
〔註66〕　孫希旦：《禮記集解》，北京，中華書局，1989年，第1468頁。
〔註67〕　朱彬：《禮記訓纂》，北京，中華書局，1996年，第912頁。

也就是說，喪服的定制，實秉於人道中的仁、義、禮、知四大德性原則。

《喪服四制》篇後文接著對恩、義、節、權四制進行了闡釋。

其恩厚者其服重，故爲父斬衰三年，以恩制者也。門內之治恩掩義，門外之治義斷恩。資於事父以事君，而敬同。貴貴尊尊，義之大者也。故爲君亦斬衰三年，以義制者也。三日而食，三月而沐，期而練，毀不滅性，不以死傷生也。喪不過三年，苴衰不補，墳墓不培，祥之日，鼓素琴，告民有終也，以節制者也。資於事父以事母，而愛同。天無二日，土無二主，國無二君，家無二尊，以一治之也。故父在爲母齊衰期者，見無二尊也。杖者何也？爵也。三日授子杖，五日授大夫杖，七日授士杖。或曰擔主，或曰輔病。婦人童子不杖，不能病也。百官備，百物具。不言而事行者扶而起，言而後事行者杖而起。身自執事而後行者面垢而已，禿者不髽，傴者不袒，跛者不踊，老病不止酒肉。凡此八者，以權制者也。始死，三日不怠，三月不解，期悲哀，三年憂，恩之殺也。聖人因殺以制節，此喪之所以三年。賢者不得過，不肖者不得不及，此喪之中庸也，王者之所常行也。《書》曰：「高宗諒闇，三年不言」，善之也。王者莫不行此禮，何以獨善之也？曰：高宗者武丁，武丁者，殷之賢王也，繼世即位而慈良於喪。當此之時，殷衰而復興，禮廢而復起，故善之。善之，故載之書中而高之，故謂之高宗。三年之喪，君不言。《書》云：「高宗諒闇，三年不言」，此之謂也。然而曰言不文者，謂臣下也。禮：斬衰之喪，唯而不對；齊衰之喪，對而不言；大功之喪，言而不議；緦小功之喪，議而不及樂。父母之喪，衰冠，繩纓，菅屨，三日而食粥，三月而沐，期十三月而練冠，三年而祥。比終茲三節者，仁者可以觀其愛焉，知者可以觀其理焉，強者可以觀其志焉。禮以治之，義以正之。孝子、弟弟、貞婦皆可得而察焉。

爲父服斬衰三年，是因「恩莫重於父」〔註68〕，故以爲父斬衰三年釋以恩而制；爲君斬衰三年，則是以義而制，呂大臨說：「極天下之愛，莫愛於父；極天下之敬，莫敬於君。……故門內以親爲重，爲父斬衰，親親之至也。門外以君爲重，爲君斬衰，尊尊之至也。」〔註69〕在宗族內部，以親親爲主導原

〔註68〕孫希旦：《禮記集解》，北京，中華書局，1989年，第1469頁。
〔註69〕孫希旦：《禮記集解》，北京，中華書局，1989年，第1469頁。

則，而在家族之外，至於國家當中臣與君的關係，則以尊尊爲主導原則。節，則體現在喪禮當中對人的情感的節制，不以哀情毀瘠滅性，傷及身體，喪禮當中強調哀情的釋放也有終了，所以言及喪禮，嘗言「節哀順變」，並有除服之祭宣告喪期的結束。權的原則，則體現在根據現實當中的不同情況，對居喪者的服飾、用杖、用器、禮儀、飲食、起居等進行調節，體現的恰是智的取捨和權衡。對此，孫希旦做了如下總結，他說：「有親屬而服之者謂之恩；本非親屬，因義理之宜而服之者，謂之理；立其制限謂之節；酌其變通謂之權。服之出於恩者，由性之仁爲之也。服之本於理者，由性之義爲之也。服之有節限者，由性之禮爲之也。……服之有權宜者，由性之知爲之也。知能知事理之所宜，故於其服能酌其權宜也。仁、義、禮、知，人之所以爲人者，其道不外乎此矣。」〔註70〕仁、義、禮、知是儒家所提倡的人道當中的四德，孔子言及禮樂，也尤爲強調其對人德性的塑造和提升意義。其嘗言「禮云禮云，玉帛云乎哉？樂云樂云，鐘鼓云乎哉？」〔註71〕認爲禮樂之設所重並非是外在的儀節器物，而重在背後的禮義。在孔子看來，禮文所重在內在的德性。所以，他強調仁的作用，說「人而不仁，如禮何？」（《論語・八佾》）又說，「克己復禮爲仁」（《論語・顏淵》）。在孔子看來，禮是實現仁義的現實途徑，足見儒家重視人道、關注人的德性成就的一面。至於孟子，則明確將惻隱、羞惡、是非、辭讓四端之心作爲人性當中最本己的可能性，他說：「惻隱之心，人皆有之；羞惡之心，人皆有之；恭敬之心，人皆有之；是非之心，人皆有之。惻隱之心，仁也；羞惡之心，義也；恭敬之心，禮也；是非之心，智也。仁義禮智，非由外鑠我也，我固有之也。」（《孟子・告子上》）孟子認爲人的本性當中即具備仁義禮智等德性資質，因此，德性可求而得。《禮記》當中，儒家也著力從人道層面入手，《喪服四制》篇提到的恩、理、節、權，便可歸諸於仁、義、禮、智諸項德性。

關於制服原則，《禮記》中有多處涉及，常稱親親和尊尊。《禮記・大傳》曰：

> 服術有六：一曰親親，二曰尊尊，三曰名，四曰出入，五曰長
> 幼，六曰從服。

鄭玄解釋道：「術，猶道也。親親，父母爲首。尊尊，君爲首。名，世母、叔

〔註70〕孫希旦：《禮記集解》，北京，中華書局，1989 年，第 1469 頁。
〔註71〕《論語・陽貨》。

母之屬也。出入，女子子嫁者及在室者。長幼，成人及殤也。從服，若夫爲妻之父母，妻爲夫之黨服。」〔註72〕不難看出，在這六條原則當中，親親和尊尊是居於首位的。按照鄭玄的解釋，親親，以父母爲首，尊尊以君爲首。這樣看來，似乎父母與君臣完全是兩條不同的思路。實際上，尊尊的原則是與親親密切相關的。丁鼎在論述尊尊原則時，便對鄭注引起的狹隘理解做了更正，他說「由於前引鄭注講：『尊尊，君爲首。』因而後人在談到『服術』時，往往將『尊尊』的內容說成是『指君臣關係之原則』。如果說君臣關係是『尊尊』的主要內容之一，是可以的；但如果將『尊尊』完全理解爲臣對君之尊，則是有欠全面的。實際上作爲『服術』之一，『尊尊』除了尊君這一政治內容之外，還應當包含以『尊祖敬宗』爲核心的一系列宗法內容。」〔註73〕孫希旦也從尊祖襧的角度做了闡發，他說：「蓋親親者所以下治子孫，尊尊者所以上治祖襧，名者所以爲男女之別，長幼者所以旁治昆弟也。若出入，則女子子爲親親之服，姑姊妹爲長幼之服，而特其在家與適人之不同而已。……是服雖有六，莫不出乎人道之四者而起也。」〔註74〕孫氏釋尊尊是從尊祖襧的角度入手的。實際上，尊尊這一原則，在家族內部和政治秩序之中皆有體現。《禮記》當中也有從尊祖襧的角度對尊尊進行解讀的示例。《禮記·大傳》說：

> 上治祖襧，尊尊也；下治子孫，親親也；旁治昆弟，合族以食，
> 序以昭穆，別之以禮義，人道竭矣。

孔穎達曰：「上主尊敬，故云『尊尊』。下主恩愛，故云『親親』。合族以食者，合會族人以昭穆之事，所謂『旁及昆弟』也。」祖、父、己、子、孫、乃至昆弟族屬，均處於血緣親情的聯結之中，無論是上推、下推、旁推，均不能改變血緣聯結之實。對於祖襧，不僅有血緣親親之情，還由親親之中衍生出尊尊之義。而「服術有六」中提到的名、出入、長幼、從服等皆由親親的血緣關係衍生而出。

在《禮記·喪服小記》的一處記載中，主要總論人道之則，也涉及親親和尊尊，曰：「親親、尊尊、長長、男女有別，人道之大者也。」此處將人道歸爲親親、尊尊、長長和男女有別四大原則。孔穎達以舉例方式分別進行了

〔註72〕 朱彬：《禮記訓纂》，北京，中華書局，1996 年，第 522 頁。

〔註73〕 丁鼎：《〈儀禮·喪服〉考論》，北京，社會科學文獻出版社，2003 年，第 189 頁。

〔註74〕 孫希旦：《禮記集解》，北京，中華書局，1989 年，第 912 頁。

說明，《正義》曰：「親親，謂父母也。尊尊，謂祖及曾祖高祖也。長長，謂兄弟及旁親也。不言卑幼，舉尊長則卑幼可知。男女有別者，若爲父斬，爲母齊衰；姑姊妹在室期，出嫁大功；爲夫斬，爲妻期之屬也。」〔註75〕親親主要從父母的角度而言，尊尊則從祖和曾祖、高祖的角度而言。與上面提及的尊祖禰之義相同，長長，則以兄弟爲例，男女有別，則重點體現在喪服當中爲男女所服的差別，比如爲父母所服喪服不同，對姑姊妹的喪服也有具體規定。在孔氏的例證當中，我們也看到了親親血緣聯結之中可以推擴出尊尊、敬長、男女有別等諸原則。正如李景林老師所指出的：「制服之原則有若干條，然約而歸之，實只是一『親親』。」又說「在儒家看來，親親之血緣情感，其本身就包含有上下之別、尊尊敬長之義。由此推擴延伸，即生出社會倫理中尊尊貴貴之義。」〔註76〕因此，言尊尊則不離親親，甚至可以說，尊尊是由親親原則推擴開來的。

　　從父親的角色集恩愛義敬於一身，也可以看出親親尊尊之間的密切關聯。《儀禮‧喪服》篇介紹五服制度，首先寫到爲父要服斬衰之服，《喪服傳》曰：「爲父何以斬衰也？父至尊也。」父爲一家之主，也是一家之尊，尊中至極，所以家族內部要爲父服五服之中最重的斬衰之服。同樣，對父的尊敬之義，在《禮記》當中也有所強調。《問喪》曰：「則父在不敢杖矣，尊者在故也。堂上不杖，辟尊者之處也。」喪禮當中孝子可以用杖扶病，但在父親面前，則不能用杖，因爲家中的至尊尚在的緣故。同樣，堂上爲尊者所處，所以在堂上也不用杖，皆取尊尊之義。《坊記》引孔子話說：「父子不同位，以厚敬也。」對於父親的尊敬，體現在各種場合當中，父與子分處不同位置。《禮記‧喪大記》曰：「父在，爲母，爲妻，九月之喪，食飲猶期之喪也。」同樣，父親在，爲母親和妻子則服九月之喪，飲食，則同期年之喪一樣，也是取尊父之義。

　　親親、尊尊的制服原則，不僅在喪服制度當中發揮著分疏的意義，在整個周代宗法社會的組織當中也起著維持秩序的重要作用。葛兆光先生作了一個很恰當的比喻，他說：「周代禮制的核心，是確立血緣與等級之間的同一秩序，由這種同一的秩序來建立社會的秩序，換句話說，就是把父、長子關係爲縱軸、

〔註75〕朱彬：《禮記訓纂》，北京，中華書局，1996年，第499頁。
〔註76〕李景林：《儒家喪祭理論與終極關懷》，《中國社會科學》，2004年第2期，第113頁。

夫婦關係爲橫軸、兄弟關係爲輔線，以劃定血緣親疏遠近次第的『家』，和君臣關係爲主軸、君主與姻親諸侯的關係爲橫軸、君主與領屬卿大夫的關係爲輔線，以確定身份等級上下的『國』重迭起來。」〔註77〕可以說，親親作爲統合的原則，縱向而言，承擔著家族內部和睦親族、凝聚親情的作用；橫向而言，則在整個宗法社會當中擔負著確認並維持政治秩序的角色。下面我們就深入討論一下喪禮和喪服制度在家族倫理和社會倫理的構建中起到的功用。

第三節　喪禮與喪服的功用：構建家族倫理與社會秩序

　　皮錫瑞《經學通論・三禮》中提到「古禮最重喪服。」〔註78〕喪禮和喪服制度作爲對死者的處理儀式，不僅寄託和傳達了生者對死者的哀思和懷念之情，同時，也對和睦宗族和維護政治秩序方面起到了積極的作用。儒家一直強調父子、君臣關係，因爲兩者恰是家族關係和社會關係的典型代表，可以說家族關係和社會關係之間既有區別，又聯繫爲一體，所謂「父子有親而後君臣有正」〔註79〕，「有父子然後有君臣，有君臣然後有上下，有上下然後禮義有所錯」〔註80〕。家族關係集中體現在父子身上，而政治秩序則集中體現在君臣身上，雖爲父爲君均服斬衰三年，但其承載的原則卻是不同的，一則以親親之恩，一則以尊尊之義，兩者恰是家族內部倫理關係和外部社會關係的一個縮影。對此，《禮記・喪服四制》有恰當的概括，曰：

> 其恩厚者，其服重，故爲父斬衰三年，以恩制者也。門內之治恩掩義，門外之治義斷恩。資於事父以事君而敬同。尊尊貴貴，義之大者也。故爲君亦斬衰三年，以義制者也。……資於事父以事母，而愛同。天無二日，土無二主，國無二君，家無二尊，以一治之也。」

《喪服四制》一篇雖就喪服立論，其中卻凸顯出儒家對家族關係和社會關係的不同思考路徑：「門內」與「門外」，恩和義之間既相互區分又交涵互滲。孫希旦曰：「愚謂門內之服，自義率祖，而殺極於三月；自仁率親，而加隆於三年。是恩重而義輕也，故曰：『恩掩義』。蓋恩莫隆於父，而凡爲義者莫得

〔註77〕　葛兆光：《中國思想史》，第一卷，上海，復旦大學出版社，2004年，第35頁。
〔註78〕　皮錫瑞：《經學通論・三禮》，北京，中華書局，1954年，第39頁。
〔註79〕　《禮記・昏義》。
〔註80〕　《周易・序卦》。

而奪之也。門外之服，以恩制者，不過旁親之期、功；以義制者，極於至尊之三年。是義重而恩輕也，故曰『義斷恩』。蓋義莫重於君，而凡爲恩者莫得而並之也。資，藉也。事君之敬同於父，故其服亦同於父，所謂『方喪三年』也。」〔註81〕門內之服，恩重而義輕，也就是說，就家族內部而言，其主導性的原則是親親，所謂「喪紀以服之輕重爲序，不奪人親也」〔註82〕便是此義。門外之治，也就是對社會倫理的處理方式，則以義斷制，所以爲君斬衰三年。家族內部存在著各種關係，但其主導性的原則可歸於「親親」。所謂「恩掩義」，便是強調家族內部親親重於尊尊。社會倫理中也存在著親親、尊尊等各種關係和原則，但主導性的原則便是尊尊，即所謂「義斷恩」。親親之恩是基於血緣自然情感，尊尊之義則是基於社會等級關係。與體現喪服等級的五服制度最直接相對應的便是宗法制度，喪祭之禮的精神也多賴其作爲依託。周代確立起來的宗法制度是中國社會比較有特色的制度之一，很多學者在提及喪服之時都提到了宗法制度。宗法制度是與喪服制度互爲表裏、相輔而行的，錢玄先生說：「喪服是建築在宗法制度基礎上的產物。……在服飾的不同中，反映親疏的宗法思想。」〔註83〕關於這一制度，很多學者從產生時代、君統與宗統、嫡長子繼承制、大小宗、倫理意義等角度進行了研究。研究喪祭禮則不得不涉及宗法制，因此，在這裡需要對宗法制度做一下說明。

　　宗法制度的形成跨越了一定的歷史時期，學界多秉持周代確立宗法制度的觀點。從商周時期王位的嬗遞也可以看出，商代並無定制，周代則相對嚴格。董仲舒在《春秋繁露・三代改制質文》中說殷代「親親而多仁樸，故立嗣予子，篤母弟，妾以子貴」，周代則「尊尊而多義節，故立嗣與孫，篤世子，妾不以子稱貴號。」我們通過考察商王的傳承譜系也可以看出這一點：商代王位的傳承大多是兄終弟及和父終子繼交替進行，可見當時並沒有形成嚴格的傳子制度。王國維先生曾明確提出，商代無宗法制。他在《殷周制度論》中說：「商人無嫡庶之制，故不能有宗法」，認爲這一制度在周代才出現的。他說，「周人制度大異於商者，一曰立子立嫡之制。由是而生宗法及喪服之制。」〔註84〕他從商代的祭祀史料出發，認爲，「故商人祀其先王，兄弟同禮，即先王兄弟之未立者，其禮亦同，是未嘗有嫡庶之別也。此不獨王朝之制，

〔註81〕孫希旦：《禮記集解》，北京，中華書局，1989年，第1469～1470頁。
〔註82〕《禮記・文王世子》。
〔註83〕錢玄：《三禮通論》，南京，南京師範大學出版社，1996年，第451頁。
〔註84〕王國維：《定本觀堂集林》卷十，臺北，世界書局，2010年，第451～480頁。

諸侯以下亦然。」〔註85〕晁福林先生在《先秦社會形態研究》中討論宗法制度之時，也同樣認爲商代無宗法。〔註86〕宗法制度與喪服制度密切相關，五服制度的親疏關係多賴宗法制而確立。因此，有必要對宗法制度的內容做下梳理。

在《禮記》的《喪服小記》和《大傳》兩篇當中記述較爲詳備。

《禮記・喪服小記》云：

> 別子爲祖，繼別爲宗，繼禰者爲小宗。有五世而遷之宗，其高祖者也。是故祖遷於上，宗易於下。尊祖故敬宗，敬宗所以尊祖禰也。

又，《禮記・大傳》云：

> 別子爲祖，繼別爲宗，繼禰者爲小宗。有百世不遷之宗，有五世而遷之宗。百世不遷者別子之後也，宗其繼別子之所自出者，百世不遷者也。宗其繼高祖者，五世則遷者也。尊祖故敬宗。敬宗，尊祖之義也。

「別子爲祖」，鄭玄注曰：「諸侯之庶子，別爲後世爲始祖也。謂之別子者，公子不得禰先君。」〔註87〕孔穎達疏曰：「謂諸侯適子之弟。別與後世爲始祖，謂此別子子孫爲卿大夫，立此別子爲始祖。」〔註88〕也就是說，諸侯的庶子另立宗統，因新建之宗由此開始，所以稱爲「別子爲祖」，也就是諸侯之庶子爲這一支的始祖。稱其爲別子，主要是爲了與諸侯相區別。對此，金景芳先生在《論宗法制度》一文中便主要討論了別子的概念，認爲別子的「別」字原取區別、分別的意思，稱「別子」實含有兩種意義：一是「自卑別於尊」，一是「自尊別於卑」，並說只有依據《儀禮・喪服傳》來進行解釋才能得到正確的理解。〔註89〕《儀禮・喪服傳》當中，對「自卑別於尊」和「自尊別於卑」有所解釋：

〔註85〕王國維：《定本觀堂集林》卷十，臺北，世界書局，2010年，第451～480頁。
〔註86〕晁福林：《先秦社會形態研究》，北京，北京師範大學出版社，2003年，第140～142頁。他舉了以下原因，一是卜辭之中無嫡庶之分。二是商先王配偶是否如祀只在於其自是否爲王而不在於其是嫡妻或是庶妾。第三，商王繼位制度也無嫡庶之分。第四，從殷人祭祖來看，晚商前期和中期對遠祖比對近祖有更多的重視，但並不厚今薄古，與周人在宗法制下對祖廟、禰廟特別重視的情況相異。商代祭祖是爲了將子姓族人網羅到商王周圍，而周人祭祖除此之外還有親疏遠近上的區別意義。抓住了宗法制度中的嫡庶之分，宗統君統，以及宗法制度的歷史演變。
〔註87〕朱彬：《禮記訓纂》，北京，中華書局，1996年，第497頁。
〔註88〕朱彬：《禮記訓纂》，北京，中華書局，1996年，第497頁。
〔註89〕金景芳：《論宗法制度》，《東北大學人文科學學報》，1956年第2期，第206頁。

諸侯之子稱公子，公子不得禰先君，公子之子稱公孫，公孫不得祖諸侯，此自卑別於尊者也。若公子之子孫有封爲國君者，則世世祖是人也，不祖公子，此自尊別於卑者也。

此段主要是從別子的地位和傳宗方式進行了分析，意在突出別子與宗子的區別。丁鼎先生的分析深入淺出，他說：「具體來說，如果一個國君有幾個兒子，其中只有世子（嫡長子）一人能繼承君位。其餘諸公子（不論嫡庶）同這個繼承君位的世子就有兩種關係：一是兄弟關係；二是君臣關係。爲了保持君權的不可侵犯性，便規定諸公子與這位繼承君位的嫡長兄弟只能論君臣關係，不能論宗法。也就是說，血緣關係要服從政治關係，宗統要服從君統。國君既屬君統，不能同時又是宗統。諸子要同君統區別，另立宗。」〔註 90〕諸侯的別子另立一宗，則不得以諸侯爲祖，以示自己位卑，與諸侯相別；當然，如果公子之子孫有封爲國君者，身份轉變，此時便另立宗統，以示尊位，以別於卑者。所以，《禮記・大傳》說：「君有合族之道，族人不得以其戚戚君位也。」便是強調君恩可以下施於族人，因族人皆爲君之臣，但是，族人則不得以父兄子弟之親上親於君。

「繼別爲宗」，鄭玄注曰：「別子之世長子，爲其族人爲宗，所謂百世不遷之宗。」〔註 91〕也就是說，繼承別子這一支自成一宗。在這一宗當中繼承人是確定的，仍實行嫡長子繼承制，一代一代傳續下去。所謂「百世不遷」便是指的由別子的嫡長子世代沿襲的，也就是「百世不遷」的大宗。「繼禰者爲小宗」，孔穎達疏曰「謂別子之庶子。」〔註 92〕別子的庶子不能繼別子，庶子之子更不能繼別子，所以，只能繼禰，也就是繼承別子的庶子。金景芳先生說，「繼禰的意思，一方面說明他有別於不繼禰的庶子，爲庶子宗；另方面，說明他不繼別，他又應尊奉繼別者爲宗；因此他遂有了小宗的名稱。稱小，對有大而言，稱宗，對庶子而言」〔註 93〕，小宗則是「五世而遷」的。

「別子爲祖」和「繼別爲宗」恰是宗法制度當中兩個重要原則，這也是判定大宗與小宗的重要方法，同時也爲大、小宗的繼承方法設定了依據。傅亞庶在《中國上古祭祀文化》一書中舉了淺近的例子，可以幫助我們更好地理解宗法制。他說：「以周王室爲例，周武王即位後，爲宗族中的大宗，而武

〔註 90〕丁鼎：《儀禮・喪服考論》，北京，社會科學文獻出版社，2003 年，第 261 頁。
〔註 91〕朱彬：《禮記訓纂》，北京，中華書局，1996 年，第 497 頁。
〔註 92〕朱彬：《禮記訓纂》，北京，中華書局，1996 年，第 497 頁。
〔註 93〕金景芳：《論宗法制度》，《東北大學人文科學學報》，1956 年第 2 期，第 216 頁。

王諸弟受封爲邗、晉、應、韓各國的諸侯，在周族中，是小宗。但這些小宗在各自的封國內的本支中又說大宗。諸侯死後，其嫡長子繼承諸侯王的大宗之位，諸侯王的支子們受封爲大夫，在這一支族中爲小宗，大夫受封立家，在家族內又是大宗，其嫡長子受封爲大宗，大夫的支子在家內又是小宗。」〔註94〕傅亞庶書中所繪「宗法世系表」可以幫助我們更好地理解這一傳續方式。

始祖	高祖	曾祖	祖	父	兄	表注：
元世	一世	二世	三世	四世	五世	——父子直系
別子△……	○——	○——	○——	○——	●繼別大宗	△宗子之弟爲
	△——	○——	○——	○——	●繼高祖	別子
		△——	○——	○——	●繼曾祖	●宗子爲本世
			△——	○——	●繼祖	所宗者
				△——	●繼禰	
					△某本身	

宗法世系表〔註95〕

可見，宗法制度一方面確立了宗族內部的繼承權，另一方面，又將君統和宗統區別開來。大宗範圍最廣，可統全族，百世不遷，所以《儀禮‧喪服傳》又說：「大宗者，尊之統也。大宗者，收族者也，不可以絕」；小宗則五世而遷，且與大宗有嚴格的區分，所謂「庶子不爲長子斬，不繼祖與禰故也」〔註96〕。宗法制度的細文規定傳遞出親親和尊尊兩大原則，親親之中有分疏的級別，尊尊之中則有尊卑之義，所以，正如丁鼎先生所認爲的，「宗法制度的社會意義就在於既將宗統內部的血緣關係等級化，又將宗統與君統分離，從而避免了宗人對王（或諸侯）之嫡長子（世子）王位（或君位）繼承權可能發生的侵犯。」〔註97〕血緣關係等級化，恰是親親之分疏；而繼承權的確立，體現的恰是尊尊之義。喪服和宗法制度啓示我們在討論喪禮和喪服的功用之時，既要重視親親原則所呈現的家族倫理意涵，又要關注尊尊原則體現的社會倫理秩序。

〔註94〕 傅亞庶：《中國上古祭祀文化》，北京，高等教育出版社，2005 年，第 137～138 頁。
〔註95〕 傅亞庶：《中國上古祭祀文化》，北京，高等教育出版社，2005 年，第 138 頁。
〔註96〕 《禮記‧喪服小記》。
〔註97〕 丁鼎：《〈儀禮‧喪服〉考論》，北京，社會科學文獻出版社，2003 年，第 262 頁。

《禮記・喪服小記》曰：「親親以三爲五，以五爲九，上殺，下殺，旁殺而親畢矣。」雖意在就親親論喪服之設，實也體現了家族倫理的親疏原則。鄭注曰：「己，上親父，下親子，三也。以父親祖，以子親孫，五也。以祖親高祖，以孫親玄孫，九也。殺，謂親益疏者服之則輕。」〔註 98〕關於「親親以三爲五，以五爲九」，鄭玄的解釋是以自己爲標準，自己上親父，下親子，便是親親之「三」，繼而又通過父和子分別親祖與孫，便爲親親之「五」以次類推，變成親親之「九」。而上殺下殺旁殺，鄭玄則總體論述，以親疏之等差來服喪。對此，孔穎達結合五服制度進行了詳細解釋。孔穎達正義曰：「上殺者，服父三年，服祖減殺至期。以次減之，應曾祖大功，高祖小功，而俱齊衰三月者。《喪服》注云：『重其衰麻，尊尊也。減其日月，恩殺也。』不可以大功小功旁親之服加至尊，故皆服齊衰也。下殺者，子服父三年，父子不宜等衰，故服子期。若正適傳重，便得遂情。父服子期，孫卑，理不得祖報，故爲九月。若傳重者，亦服期，爲孫大功，則曾孫宜五月。但曾孫服曾祖三月，曾祖報亦一時，曾祖正尊，自加齊衰服，曾孫卑，故服緦麻，曾孫既緦麻，玄孫理不容異。旁殺者，世叔之屬是也。據祖期斷，世叔宜九月，而世叔是父一體，故加至期也。從世叔據期而殺，是以五月。族世叔又疏，故緦麻。此發父而旁漸至輕也。祖期，祖之兄弟五月，族祖緦麻，是發祖而旁漸殺也。又曾祖本應五月，曾祖之兄弟，故三月。又兄弟至親，相爲期，同堂兄弟九月，從祖兄弟故小功，族昆弟又殺，故三月，是發兄弟而旁殺也。又父爲子期，兄弟之子但宜九月，而亦期者，世叔旁尊，不得自比父祖之重，故報期。又同堂兄弟之子，服從伯叔，無加則從伯叔，亦報五月，族兄弟之子緦，此發子而旁殺也。祖爲孫大功，兄弟之孫服從祖五月，故從祖報之小功也。同堂兄弟之孫緦，曾祖爲曾孫三月，爲兄弟之曾孫亦三月。」〔註 99〕孔氏對隆殺的解釋依循五服制度。《禮記・三年問》曰：「三年以爲隆，緦、小功以爲殺，期、九月以爲間」，便是對五服制度的隆殺做的總括。《禮記・大傳》曰：「四世而緦，服之窮也。五世而免，殺同姓也。六世，親屬竭矣。」也是從五服制度釋親親原則。親親雖以血緣親疏爲依託，但儒家卻將其功能延伸至更廣遠的社會領域。

在儒家看來，親親原則不單純是一種親疏關係的區分，更具有凝聚宗族、

〔註98〕朱彬：《禮記訓纂》，北京，中華書局，1996 年，第 495 頁。
〔註99〕朱彬：《禮記訓纂》，北京，中華書局，1996 年，第 495〜496 頁。

維持社會秩序的意義。《禮記·三年問》當中提到，喪禮之制具有「飾群」的功能，稱通過三年之喪「人之所以群居和壹之理盡矣」。鄭玄便將此「群」理解爲宗族，實際上，喪禮之制所影響的範疇要大的多，不僅具有收族的功能，甚至在某種程度上發揮著社會組織的功用。

《禮記·大傳》曰：

> 自仁率親，等而上之至於祖，名曰輕；自義率祖，順而下之至於禰，名曰重。一輕一重，其義然也。

《大傳》後文又曰：

> 自仁率親，等而上之至於祖。自義率祖，順而下之至於禰。是故人道親親也，親親故尊祖，尊祖故敬宗，敬宗故收族，收族故宗廟嚴，宗廟嚴故重社稷，重社稷故愛百姓，愛百姓故刑罰中，刑罰中故庶民安，庶民安故財用足，財用足故百志成，百志成故禮俗刑，禮俗刑然後樂。詩云：「不顯不承，無斁於人斯。」此之謂也。

鄭玄注曰：「自，猶用也。率，循也。用恩則父母重而祖輕，用義則祖重而父母輕。恩重者爲之三年，義重者爲之齊衰。」〔註100〕孔穎達正義曰：「若仁則父母重而祖輕，若義則祖重而父母輕。一輕一重，宜合如是，故云『其義然也』。」〔註101〕在後一段當中，恰描述了親親、尊尊的推擴歷程。由親親向上推擴，則可見尊祖之義。尊祖，也便是敬宗，敬宗便具有了收族的意義。所謂「大宗，收族者也」恰體現了此義，收族促成了整個宗族的凝聚。國君尊祖敬宗，則親族不散，昭穆有倫，宗廟得以尊嚴；始於家邦，終於四海，社稷得以保重。百官當職，匡輔左右，則上無淫刑濫罰；上無淫刑濫罰則庶民安居樂業，如此則倉廩以實，榮辱以知，禮俗以成，天下以平。所以金景芳先生強調，「宗法只限制族人對國君的行使族權不守臣節，並不限制國君對族人的行使政權兼行使族權。」〔註102〕實際上，國君對族人行使族權，是有利於社會和諧的。

由此可見，喪禮雖本於血緣親親之情而設，卻借由情感的親疏遠近，將個人與家族、社會聯結爲一體。儒家言「修身齊家治國平天下」（《禮記·大學》），是強調個人與天下之間具有推擴相通的可能性。儒家講親親尊尊，重

〔註100〕朱彬：《禮記訓纂》，北京，中華書局，1996年，第523頁。
〔註101〕朱彬：《禮記訓纂》，北京，中華書局，1996年，第523頁。
〔註102〕金景芳：《論宗法制度》，《吉林大學社會科學學報》，1956年。

視尊祖敬宗，也在於要將個體與宗族、家族與國家之間打通。通過《大傳》中的上述兩段話也可以看出喪禮對凝聚宗族、構建社會倫理所起到的積極意義。張東蓀先生便稱中國這種社會組織形式爲「家族的層系」。他說：「中國的社會組織是一個大家庭而套著多層的無數小家庭。……所謂君就是一國之父，臣就是國君之子。在這樣層析組織之社會中，沒有『個人』觀念。所有的人，不是父，即是子。不是君，就是臣。不是夫，就是婦。不是兄，就是弟。」〔註103〕個體之人因身處多重角色而與世界生出諸多聯繫。爲人君，則治理天下，化育萬民；爲人臣，則安守職分，恪盡臣道。爲人父，則教育子孫，和睦宗族；爲人子，則孝於父祖，尊於高年；爲人兄，則厚愛手足，友於兄弟……。儒家正是借助這樣一種思考方式，將個人置於與家族、社會、國家的聯結之中，使個人的生命有了歸屬感和認同感。

〔註103〕張東蓀：《理性與民主》，北京，商務印書館，1946年，第8頁。

第三章　祭禮以追遠：生命本原的觀照

　　孔子說，「生，事之以禮，死，葬之以禮，祭之以禮」，喪祭之禮在生命的終結處展開。前文我們已經就喪禮部分做了一些探討，下面我們轉入祭禮的討論。孔子所言祭禮，是對祭祀活動的統稱，並未詳細區分。按照沈文倬先生的觀點，周禮在喪、祭過程中，奠和祭是第一區分，以葬為分界，其特徵，奠僅設酒食而祭則立尸受饗。在祭祀中，喪祭和吉祭是又一區分，以終喪除服為分界，其特徵，喪祭無定時而吉祭為定時的常祀。〔註1〕也就是說，對去世親人的祭祀隨著時間的推移，應該包括喪奠、喪祭和吉祭不同階段。親人去世，人們將關注的焦點投向對遺體的處理，從始死到棺柩落葬之前也需對逝者進行祭祀，這期間的祭祀統稱為「奠」，有始死奠、小斂奠、大斂奠、朝夕哭奠、朔月奠、遷柩朝廟奠、祖奠、大遣奠等具體名目。〔註2〕現今葬禮中的「奠」字之設，實為古奠禮的遺留。既葬，親人形體已藏，便進入對死者靈魂進行饗祭的階段，先後實施虞祭、卒哭祭（改不定時哭為朝夕哭）、祔祭（將神主依照昭穆次序祔於祖廟）、小祥祭（又名練祭，十三月舉行）、大祥祭（二十五月舉行）、禫祭（二十七月舉行），禫祭之後進入吉祭階段。沈文倬先生強調了葬前的「奠」和虞祭之後的「祭」的區別。他說：「始死至葬之時，尸柩在殯宮，致祭有象，故設奠而已；葬後形魄歸於地，祭無所見，故需立尸。」〔註3〕實際上，祭禮並不僅限於對祖先親人的祭祀。就祭祀對象而言，還有祭天、祭地、祭名山大川、祭日月星辰等諸多類型，各種祭禮在禮儀程式、祭品豐嗇、參與主體上也存在差異。如果說喪禮是借繁複的程式

〔註1〕沈文倬：《宗周禮樂文明考論》，杭州，杭州大學出版社，1999年，第78頁。
〔註2〕彭林：《侍奉逝者的魂魄──士喪禮》，《文史知識》，2003年第6期，第99頁。
〔註3〕沈文倬：《宗周禮樂文明考論》，杭州，杭州大學出版社，1999年，第80頁。

．

來關注生命的終點，那麼，祭禮則將人類的思考引向了更廣遠、更深刻的領域——從侍奉幽隱的鬼神到追思生命的本原。

祭祀活動起源甚早，從考古遺跡來看，甚至早在舊石器時代，就已有端倪，如山頂洞人就曾在死者身上及其周圍撒上赤鐵礦粉粒，有人推測這一做法或與早期對生命的理解有關〔註4〕。新石器時代，各種祭祀遺址則星羅棋佈，遍布各地。如：距今 8500 年至 7000 年前後的裴李崗時代，河北武安磁山遺址的很多灰坑中糧食堆積的底部便有整具動物骨架或完整陶器，有學者經過研究後認為是祭地祈年的場所；〔註5〕距今 7000 年至 5000 年的仰韶時代，東北遼河流域的遼寧阜新查海遺址中有祭祀坑和用石塊堆塑的長約 20 米的「石龍」〔註6〕；紅山文化晚期的牛河梁遺址，堪稱一個氣勢宏偉的禮儀中心，數十平方公里內除了「女神廟」中大小不等的女神像，還遍布了積石冢群，石砌祭壇、陶製祭器……〔註7〕；濮陽西水坡墓中的蚌塑龍虎圖案也有學者便結合天文學的背景進一步分析後認為是北斗崇拜的表現〔註8〕；龍山時代，齊家文化的甘肅武威皇娘娘臺的玉璧和殉人也有典型的祭祀痕跡〔註9〕……。不僅如此，祭祀文化在世界各文明當中亦有痕跡：古希臘有著眾多神廟，供人們祈求神諭和對不同神進行獻祭。如，海神波塞多被看作是一切與海有關職業的保護神，水手和漁夫會在每次出發前向他獻上祭品。酒神狄俄尼索斯更以其獨特魅力頗受歡迎，克里特人每兩年就會舉行一次紀念狄俄尼索斯的活動表達對他的熱情。〔註10〕古墨西哥的阿茲臺克人則會用活人獻祭給他們崇奉的太陽神。弗雷澤在《金枝》中詳細記述了墨西哥人在托克斯卡特爾這一節日將扮作「眾神之神」的年輕人獻祭給太陽的全

〔註 4〕張之恒，黃建秋，吳建民：《中國舊石器時代考古》（第二版），南京，南京大學出版社，2003 年，第 353 頁。

〔註 5〕卜工：《磁山祭祀遺址及相關問題》，《文物》，1987 年第 11 期，第 45～47 頁。

〔註 6〕辛岩：《阜新查海新石器時代遺址》，《中國考古學年鑒》1995 年，文物出版社，1997 年，第 114～115 頁。

〔註 7〕遼寧省文物考古研究所：《遼寧牛河梁紅山文化「女神廟」與積石冢群發掘簡報》，《文物》，1986 年第 8 期。

〔註 8〕伊世同：《北斗祭——對濮陽西水坡 45 號墓貝塑天文圖的再思考》，《中原文物》，1996 年第 2 期，第 22～31 頁。

〔註 9〕甘肅省博物館：《甘肅武威皇娘娘臺遺址發掘報告》，《考古學報》，1960 年第 2 期。

〔註10〕【英】J. G. 弗雷澤著，徐育新、汪培基、張澤石譯，劉魁立審校《金枝》（下），北京，新世界出版社，2006 年，第 379 頁。

部細節〔註 11〕。印度也是多神崇拜，在印度教中崇拜的神靈可分爲六大類〔註12〕，其中既有對三大主神梵天、毗濕奴和濕婆及其化身、子神、配偶、守護神的崇拜，也有對各種自然神如水神阿帕斯、火神阿耆尼、太陽神蘇里耶的崇拜，還包括人格化的動植物神，如象頭神伽尼薩、神猴哈奴曼、神牛南迪、大鵬金翅鳥伽魯德等的崇拜，祭祀活動也非常豐富。在埃及，奧錫利斯、伊希思、賀魯斯等都是非常著名的神，據西元前三世紀初古埃及學者兼祭司曼涅托《埃及史》記載，古埃及人常常將一些紅頭髮的人燒死，用風車扇播他的骨灰，用以祭祀奧錫利斯〔註 13〕。在厄瓜多爾，瓜亞基爾的印第安人播種時常以人血人心祭祀穀物〔註 14〕。在中國，除了漢民族以外，很多少數民族文化中也有眾多崇祀對象。如：佤族人認爲每棵樹都與人一樣具有靈魂，而一種稱爲「腔禿」的樹魂是各種樹魂的首領，是樹魂之王，佤族人砍伐樹木時首先需要用石塊祭祀它，請求它賜予樹木，砍一棵樹，獻一塊石頭。需要砍伐的樹木越大，敬獻的石塊就要越大〔註 15〕。世居滇川交界地區的摩梭人崇奉當地的格姆女山爲眾山之神，認爲其兼有山神、女神、繁殖神、氣候神、穀物神、愛神等眾多職能，並形成每年定期祭祀的活動。大興安嶺的鄂倫春族尊稱山神爲「白那恰」，崇信「白那恰」山神能保祐他們獵物豐盛。獵人在山嶺道旁的大樹上用刀刻畫貌似「白那恰」的臉譜，向它叩拜，敬香獻肉，

〔註11〕　【英】J. G. 弗雷澤著，徐育新、汪培基、張澤石譯，劉魁立審校《金枝》（下），北京，新世界出版社，2006 年，第 553～557 頁。

〔註12〕　朱明忠：《論印度教的特點及在印度社會發展中的作用》，《當代亞太》，2000年第 7 期，第 55～56 頁。其中記述了印度教崇拜對象的分類：「第一類是印度教崇拜的主要對象，即三大主神梵天、毗濕奴和濕婆以及他們的各種化身、配偶、子神和守護神等。第二類是各種人格化的自然之神，如雷神因陀羅、風神伐尤、雨神帕舍尼耶、水神阿帕斯、火神阿耆尼、太陽神蘇里耶等等。第三類是各種人格化的動植物，如象頭神伽尼薩、神猴哈奴曼、神牛南迪、大鵬金翅鳥伽魯德、酒神蘇摩（蘇摩是一種能釀酒的植物）等。第四類是被神化的祖先、英雄和各種精靈，如人類始祖摩奴、毗濕奴大神的化身羅摩和克里希那、財神俱毗羅、主管地獄的閻羅等。第六類是對生殖力的崇拜，如男性生殖器——林伽、女性生殖器——約尼等等。」

〔註13〕　【英】J. G. 弗雷澤著，徐育新、汪培基、張澤石譯，劉魁立審校《金枝》（下），北京，新世界出版社，2006 年，第 367 頁。

〔註14〕　【英】J. G. 弗雷澤著，徐育新、汪培基、張澤石譯，劉魁立審校《金枝》（下），北京，新世界出版社，2006 年，第 432 頁。

〔註15〕　高志英、宋翠薇：《雲南原始宗教史綱》，昆明，雲南大學出版社，2016 年，第 8 頁。

並在它的嘴邊抹上層層獸血，以祈求多獲獵物。〔註16〕基諾族現在每年還會舉行祭雷儀式，每個家庭門前豎三根竹竿，竹竿上刻畫閃電圖案，下供豬雞犧牲祭雷神，祈求人畜免遭雷擊。〔註17〕獨龍族認為，人有兩個魂，一種「卜拉」，一種「阿細」。「卜拉」是依附於活人體內使人得以存活的生魂，它是天上的天鬼「格蒙」事先安排好在人身上出生的。……人體一旦死亡，接著便出現死後的靈魂「阿細」。據說「阿細」的形態、性情同活人一樣，但它不保祐活人，反而貪食酒肉，因此，人們必須經常祭祀它。〔註18〕……當然，類似的例子還有很多。

　　祭祀活動是人類在處理自身和外部世界關係時複雜心理狀態的反映。在蒙昧初始階段，面對遼闊的宇宙蒼穹，面對人類的生死疾病，面對四時交替更迭，先民深感於一切事物的奧妙難測和難以駕馭，又試圖解釋周圍存在的一切現象，試圖解決出現的各種問題，但有限的能力和條件使得人類將祈福、敬畏、恐懼、渴望等種種情緒融匯在一起。從早期岩畫到出土卜辭，從氏族圖騰到各種祭器，祭祀活動往往和巫術、信仰、宗教等糾結在一起，並被賦予了力量、德性、感通、福祐和秩序等不同意味。正如德國哲學家恩森特・凱西爾所說：「原始人絕不缺乏把握事物的經驗區別的能力，但是在他們關於自然與生命的概念中，所有這些區別都被一種更強烈的情感湮沒了。他們深深地相信，有一種基本的不可磨滅的生命一體化溝通了多種多樣形形色色的個別生命形式。」〔註19〕這種生命一體化，恰是列維・布留爾在《原始思維》中所講到的互滲律，互滲律實際上便是原始人關於自己與周圍世界生命一體性的認識。列維・布留爾提到靈魂概念的產生背景之時便說，「最初（在這個詞的可以允許使用的那個程度上），在原始人那裡是沒有靈魂的觀念的。代替他的是關於共存著和交織著但還沒有融合成真正唯一個體的清晰意識的一個或若干『互滲』的通常都有極大情感性的表象。部族、圖騰、氏族的成員感

〔註16〕 高志英、宋翠薇：《雲南原始宗教史綱》，昆明，雲南大學出版社，2016年，第9頁。

〔註17〕 高志英、宋翠薇：《雲南原始宗教史綱》，昆明，雲南大學出版社，2016年，第13頁。

〔註18〕 高志英、宋翠薇：《雲南原始宗教史綱》，昆明，雲南大學出版社，2016年，第200頁。

〔註19〕 【德】恩森特・凱西爾：《人論》，甘陽譯，北京，西苑出版社，2003年，第135頁。

到自己與其社會集體的神秘統一，與作為其圖騰的那個動物或植物種的神秘統一、與夢魂的神秘統一、與叢林靈魂的神秘統一，等等。」〔註 20〕這種混沌的整體觀或者說整體意識，也無所不在地滲透在中國人的思維當中。張光直先生便指出：「中國古代文明中的一個重大概念，是把世界分出不同的層次，其中主要的便是『天』和『地』。不同層次之間的關係不是嚴密隔絕、彼此不相往來的。中國古代許多儀式、宗教思想和行為都很重要的任務，就是在這種世界的不同層次之間進行溝通。」〔註 21〕祭祀讓溝通得以實現，在祭祀天地之時，實現的是人類與生命本原之間的溝通，祭祀祖先之時，所實現的是自我與族類始源的溝通，不同的祭祀對象所實現的是不同層級的溝通。但不同層級之間不是隔絕的、封閉的，而是具有一種敞開的、動態的通性，所以，天人之間、人祖之間皆可溝通，超越性也由此而生。

英國宗教理論學家約翰・希克說：「我們所在的宇宙最終是神秘的，對它既可以用宗教的方式，也可以用非宗教的方式給出回應。」〔註 22〕很顯然，儒家關注的回應方式更傾向於後者。曾子說「慎終追遠，民德歸厚」，儒家對於喪祭之禮的解讀，並未執著於對神靈世界的玄思冥想，而是傳達出對道德性命的追求，這樣的思考更具理性和人文氣息，彰顯出儒家對人類精神世界的獨特觀照方式。雖然相較於歐洲、印度等其他文明，中國宗教在社會中的地位較為模糊，但祭祀活動中投射出的宗教意味卻不容抹殺。陳來先生便指出：「其實，就中國文明史來看，我以為『祭祀』的一個極為重要的功能被宗教學家和歷史學家所忽視，即在中國古代，祭祀是保持、傳承信仰的載體和方式。在中國古代，並不是神話和傳說承擔此種傳承信仰的功能，而是祭祀體系及其實踐承擔並滿足了此種功能。」〔註 23〕華裔美國社會學家楊慶堃也非常關注宗教在中國社會中的作用，並稱「低估宗教在中國社會的地位，實際上是有悖於歷史事實的。」〔註 24〕他在其代表作《中國社會中的宗教——宗教的現代社會功能與其歷史因素之研究》一書中提出了兩種不同的宗教結

〔註 20〕【法】列維・布留爾：《原始思維》，北京，商務印書館，1981 年，第 82 頁。
〔註 21〕張光直：《中國青銅時代（二集）》，北京，三聯書店，1990 年，第 4 頁。
〔註 22〕【英】約翰・希克：《宗教之解釋——人類對超越者的回應》，成都，四川人民出版社，1998 年，第 1 頁。
〔註 23〕陳來：《古代思想文化的世界》，北京，三聯書店，2002 年，第 127 頁。
〔註 24〕楊慶堃著，范麗珠譯：《中國社會中的宗教——宗教的現代社會功能與其歷史因素之研究》，成都，四川人民出版社，2016 年，第 6 頁。

構：「一是制度性宗教（institutional religion），有神學自己的體系、儀式、組織，獨立於其他世俗性社會組織之外。它自成一種社會制度，有其基本的觀念和結構體系。另一種是彌漫性宗教（diffused religion），其神學、儀式、組織與世俗制度和社會秩序其他方面的觀念和結構密切地交織在一起。」〔註25〕並認為中國傳統文化宗教是一種彌漫性宗教而非制度性宗教，因其特質表現出來就是其教義、儀式、組織都與世俗的社會生活和制度聯繫在一起，混而一體。正是這樣的特點，反而使得儒家在對祭祀活動的解讀中對社會生活的關切尤為重視，凸顯了祭祀禮儀所承載的人文、理性和德性的內涵，下面我們就結合《禮記》當中對祭禮的理解來追索一下儒家的思考路徑。

第一節　崇設祭祀以追思本原

《禮記·祭義》曰：「凡治人之道，莫急於禮，禮有五經，莫重於祭。」祭禮，在古代社會生活中有著非常重要的地位，所以對於祭祀相關的祭器、祭服，古人非常重視。《禮記·曲禮下》曰：「凡家造，祭器為先，犧賦為次，養器為後。無田祿者不設祭器，有田祿者先為祭服。君子雖貧，不粥祭器，雖寒，不衣祭服。」古人對祭祀之禮的重視，還表現在建構了豐富而龐雜的祭祀對象。

《周禮·春官·大宗伯》稱：「以禋祀祀昊天上帝，以實柴祀日月星辰，以槱燎祀司中、司命、風師、雨師。以血祭祭社稷、五祀、五嶽，以貍沈祭山林川澤，以疈辜祭四方百物。以肆獻祼享先王，以饋食享先王，以祠春享先王，以禴夏享先王，以嘗秋享先王，以烝冬享先王。」按照祭祀對象的不同，大致劃分了三類，即：天神、地祇和人鬼。彭林先生在其《中國古代禮儀文明》一書中對禮的分類做了系統整理〔註26〕，下面我們簡要做下概述。

我們先介紹天神之祭。天神分為不同的層次，第一等是昊天上帝、或稱天皇大帝，為百神之君，天神之首。只有天子可以祭天，祭禮尤為隆重。天為陽，祭天亦選取南郊，故祭天之壇取天圓地方義，修成圓形，稱圜丘，日取冬至，因陽氣升起，採用「禋祀」。天神中第二等為日月星辰，採用「實柴」之祀；第三等為列星，如司命、風師、雨師等，採用「槱燎」之祀。據彭林

〔註25〕楊慶堃著，范麗珠譯：《中國社會中的宗教——宗教的現代社會功能與其歷史因素之研究》，成都，四川人民出版社，2016 年，第 17 頁。
〔註26〕彭林：《中國古代禮儀文明》，北京，中華書局，2004 年，第 21～26 頁。

先生解釋，「禋祀」、「實柴」、「槱燎」之祀都是燃燒堆積的柴薪，使煙氣上聞於天神。但是祭品依神的尊卑有別：禋祀用玉、帛、全牲；實柴之祀只有帛沒有玉，牲體是經過節解的；槱燎之祀只有節解的牲體。〔註27〕

接著談地祇之祭，也分為三等。第一等是社稷、五祀、五嶽，用血祭祭祀。即用犧牲的血澆灌於地，使其氣下達，及於地神。社是土神；稷是百穀之主；五祀是五行之神；五嶽是天下五方的鎮山。第二等是山林、川澤之祭，祭山林稱「貍」，即「埋」，將犧牲、玉帛埋入土中，表示對土地、山林的祭奠。祭川澤稱「沈」，將玉帛、犧牲沉入川澤，以表示對川澤之神的祭奠。此外，還有社稷、城隍、四方山川、五祀、六宗等也在祭祀之列。第三等是四方百物，即掌管四方百物的各種小神，如灶用疈辜之祭。疈，即剖祭牲之胸，辜，將祭牲進一步分解。

第三類是人鬼之祭，主要指對祖先的祭祀，主要在宗廟中進行。因四季不同，有禴、祠、嘗、烝等不同的祭名。

祭祀活動植根於當時特定的社會背景，是當時社會狀況的反映。生產力的發展是漸進和連續的，祭祀之禮的發生和演變也有其漸進性和連續性。孔子所說，「殷因於夏禮，所損益，可知也；周因於殷禮，所損益，可知也。其或繼周者，雖百世，可知也。」〔註28〕在夏商周三代的歷史嬗遞中，祭祀活動的做法和程式，也隨著時間的流逝而經歷了很多變遷，三代之間也是既有因革也有承襲。劉雨在《西周金文中的祭禮》一文中便列舉了二十種祭禮，其中有十七種殷周是同名的，也可見其中的承繼關係〔註29〕。《禮記》所見的各種禮儀，應該很多也是周代之禮的遺存。祭禮的演變過程是對時人信仰觀念的一種最直觀反映，我們首先從《禮記》中的祭祀神譜做出梳理。

一、《禮記》所見之祭祀神譜

《禮記》中所見之祭祀神譜，主要記載在《王制》、《月令》、《祭法》、《郊特牲》諸篇，與《周禮》和殷墟卜辭當中的祭祀對象基本是相合的。

（一）天神之祭

在《禮記》祭祀神譜當中，居於首位的便是昊天上帝，與之對應的就是

〔註27〕彭林：《中國古代禮儀文明》，北京，中華書局，2004 年，第 22～23 頁。
〔註28〕《論語·為政》。
〔註29〕劉雨：《西周金文中的祭禮》，《考古學報》，1989 年 4 月。

祭天之禮。當然，按照馮時先生的觀點，中國古人對於天神地祇的祭祀由來已久，甚至可以追溯到西元前第五千紀的河姆渡文化，如其中便有刻繪著天神太一的極星和灶神圖像的陶盆。良渚文化的玉璧做成圓形，也是取天圓之象，其邊緣刻有社樹。〔註30〕天神爲至上神，漢代董仲舒《春秋繁露·郊義》說：「天者，百神之君也，王者之所最尊也」。實際上，古人對天神稱謂較爲多樣。古人基於對天的不同認識，給天設定了不同的名號，《古尚書說》便記載了皇天、昊天、旻天、上天、蒼天等不同的名號：「天有五號，各用其所宜稱之。尊而君之，則曰皇天；元氣廣大，則稱昊天；仁覆愍下，則稱旻天；自上監下，則稱上天；據遠視之蒼蒼然，則稱之蒼天」。《禮記·月令》講到季夏的安排時，便提及「是月也，命四監大合百縣之秩芻，以養犧牲。令民無不咸出其力，以共皇天上帝、名山大川、四方之神，以祠宗廟社稷之靈，以爲民祈福。」講到季冬之月時，也提及「乃命太史，次諸侯之列，賦之犧牲，以共皇天上帝社稷之饗。」將「天」稱爲「皇天上帝」，足見天之尊。

對於郊天之祭，集中記載在《禮記·郊特牲》篇。《禮記·郊特牲》曰：

> 郊特牲而社稷大牢。……郊之祭也，迎長日之至也，大報天而主日也。兆於南郊，就陽位也。掃地而祭，於其質也。器用陶匏，以象天地之性也。於郊，故謂之郊。牲用騂，尚赤也，用犢，貴誠也。郊之用辛也，周之始郊，日以至，卜郊，受命於祖廟，作龜於禰宮，尊祖親考之義也。卜之日，王立於澤，親聽誓命，受教諫之義也。獻命庫門之內，戒百官也。大廟之命，戒百姓也。祭之日，王皮弁以聽祭報，示民嚴上也。喪者不哭，不敢凶服，氾埽反道，鄉爲田燭，弗命而民聽上。祭之日，王被袞以象天，戴冕璪十有二旒，則天數也。乘素車，貴其質也。旗十有二旒，龍章而設日月，以象天也。天垂象，聖人則之，郊所以明天道也。帝牛不吉，以爲稷牛。帝牛必在滌三月，稷牛唯具，所以別事天神與人鬼也。

以上是對於郊天之際的具體禮儀細節的記載。鄭玄注曰：「壇之言坦也。坦，明貌也。……必爲炤明之名，尊神也。」〔註31〕對於天神的崇祀，在《祭法》當中也有言及，「燔柴於泰壇，祭天也。」祭祀天神的儀式也經過了很多考慮，

〔註30〕 馮時：《中國古代的天文與人文》，北京，中國社會科學出版社，2006年，第161頁。

〔註31〕 朱彬：《禮記訓纂》，北京，中華書局，1996年，第381頁。

因此，儀式當中往往傳遞出古人對於宇宙秩序的理解，天爲陽，南方對應陽位，故祭天選擇在南郊，天爲至上神，無可匹配，故祭品選用一頭牛以示至尊。對於天的祭祀表現了古人對天神的尊崇，同樣，古人對於日月星辰、寒暑風雨等自然天象也充滿了崇敬之情，這也與古人面臨古初時期洪水猛獸、狂風暴雨等的侵襲有關，因此對這些自然現象充滿了敬畏，便設祭祀以祭之。

《禮記・祭法》曰：

> 埋少牢於泰昭，祭時也。相近於坎壇，祭寒暑也。王宮，祭日也。夜明，祭月也。幽宗，祭星也。雩宗，祭水旱也。四坎壇，祭四方也。

鄭玄注曰：「時，四時也，亦謂陰陽之神也。埋之者，陰陽出入於地中也。……王宮，日壇。……夜明，亦謂月壇也。……幽宗，亦謂星壇也。……四方，即謂山林、川谷、丘陵之神也。」〔註32〕記載了對四時、寒暑、日月、星辰的祭祀。《禮記・月令》篇也對天子迎四時之祭的時間、衣飾、隨從、用度等做了記載。

（二）地祇之祭

地祇之祭，主要包括祭祀社稷、山川、五祀、五嶽、山林、川澤、四方百物等。天覆地載，人類生活於土地之上，感於大地爲人類提供自然資源的載生之功，特別是在進入農耕社會之後，人們種植農桑，於是祈求豐收、風調雨順的心理更使得人們重視對地祇諸神的祭祀。

《禮記・禮運》曰：

> 祀社於國，所以列地利也。

提到了祀社之祭，也就是對於社的祭祀。在《禮記》當中，常社稷連用，凡37處，社，爲土地神，稷爲谷神，是地祇之祭當中的最典型的祭祀對象。除了社稷神之外，對山林川澤等地祇之神也有祭祀。

《禮記・祭法》云：

> 山林川谷丘陵能出雲，爲風雨，見怪物，皆曰神。

《禮記・王制》曰：

> 天子五年一巡守。歲二月，東巡守，至於岱宗，柴而望祀山川，覲諸侯，問百年者就見之。

〔註32〕　朱彬：《禮記訓纂》，北京，中華書局，1996年，第692頁。

記載了天子巡守之時祭祀名山大川，也就是對山林川澤等神的祭祀。古人對大自然的造物充滿了神秘的崇敬之情，山林川谷因其與風雨等現象相關，因此古人也將它們列爲祭祀的對象。

《禮記・月令》當中載錄了「五祀」，即春祀戶，夏祀灶，中央祀中霤，秋祀門，冬祀行。不僅如此，古人對於貓虎、稼穡之神也有祭祀。《禮記・郊特牲》：

> 蠟之祭也，主先嗇而祭司嗇也。祭百種，以報嗇也。饗農，及郵表畷，禽獸，仁之至，義之盡也。古之君子，使之必報之。迎貓，爲其食田鼠也，迎虎，爲其食田豕也，迎而祭之也。

所記便是對於稼穡之神、貓虎等動物神的祭祀。

（三）人鬼之祭

在《禮記》當中，對人鬼之祭也是記載最多的一類祭祀。祭祀對象既有家族祖先，也有享有威望的君王和聖賢，比如顓頊、帝嚳、后稷、黃帝、堯、舜、禹、湯、文王、武王等皆爲祀典對象。

《禮記・祭法》曰：

> 有虞氏禘黃帝而郊嚳，祖顓頊而宗堯。夏后氏矣禘黃帝而郊鯀，祖顓頊而宗禹。殷人禘嚳而郊冥，祖契而宗湯。周人禘嚳而郊稷，祖文王而宗武王。

這段記載與《國語・魯語上》的記載非常相近。《國語・魯語上》記載展禽之言：

> 有虞氏禘黃帝而祖顓頊，郊堯而宗舜；夏后氏禘黃帝而祖顓頊，郊鯀而宗禹；商人禘舜而祖契，郊冥而宗湯；周人禘嚳而郊稷，祖文王而宗武王。

兩段材料都記載了殷周時期禘享先祖和聖王的祭禮。關於禘祭，爭議頗多，自漢儒以來，學者多有考辨。鄭玄在此處的注釋便認定禘祭是祭天之禮，以祖配享，他說：「禘、郊、祖、宗，謂祭祀以配食也。禘謂祭昊天於圜丘也。祭上帝於南郊曰郊。祭五帝五神於明堂曰祖宗。祖宗，通言爾。……有虞氏以上尚德，禘郊祖宗，配用有德者而已。自夏以下，稍用其姓氏之先後之次。」〔註33〕但是，鄭玄本人對禘祭的解釋也並不確定，比如其在《禮記・王制》「天

〔註33〕朱彬：《禮記訓纂》，北京，中華書局，1996年，第690頁。

子諸侯宗廟之祭，春曰礿，夏曰禘，秋曰嘗，冬曰烝。」鄭注則爲「此蓋夏殷之祭名，周則改之。春曰祠，夏曰礿，以禘爲殷祭。《詩・小雅》曰：『礿祠烝嘗於先公先王。』時祭宗廟之名。」〔註34〕將禘解釋爲宗廟之四時祭。又《禮記・明堂位》「季夏六月以禘禮祀周公於大廟，牲用白牡，……」此處鄭玄又釋爲：「禘，大祭也。」〔註35〕以禘祭爲祀祖考之大祭。可見，禘祭的內容和形態隨著歷史的推進而日益模糊，但因其被儒家尊爲「治國之本」，對政治統治具有重要意義，故歷代對其考辨頗多而莫衷一是。董蓮池先生在其《殷周禘祭探眞》一文中對禘祭的爭論做了總結，指出主要集中在三個方面：「一說是時祭，即四時祭之一。殷禮春禘，周禮夏禘。一說是殷祭，即大祭，祭太祖。其規模『大於四方而小於祫』。一說是郊天之祭，即郊祭昊天。」〔註36〕無論是祭天以祖配享、還是祭祖考之大祭，亦或宗廟四時之祭，種種看法至少都說明，禘祭或爲祭祖、或與祭祖有著密切的關聯。《禮記》當中對祭祖有多處記載，足見古人對於祭祖是非常重視的。《禮記・中庸》云：

> 郊社之禮，所以事上帝也；宗廟之禮，所以祀乎其先也。明乎郊社之禮，禘嘗之義，治國其如示諸掌乎？

便將郊社之祭和宗廟之祭上升到政治教化的層面。對於家族祖先的祭祀，在喪禮當中表現爲虞祭、祔祭等形式，在吉祭當中表現爲宗廟之祭。不僅在《王制》、《祭法》當中有所體現，在《禮記》其餘諸篇當中也有較多宗廟之祭的記載。宗廟是宗族進行祭祀的地方，天子、諸侯、大夫、士各個階層因尊卑不同，所設宗廟數目也有差異。

《禮記・王制》曰：

> 天子七廟，三昭三穆，與大祖之廟而七。諸侯五廟，二昭二穆，與大祖之廟而五。大夫三廟，一昭一穆，與大祖之廟而三。士一廟。庶人祭於寢。

不僅宗廟數量上有差異，不同時期宗廟祭祀的名稱也不同，《王制》又曰：

> 天子諸侯宗廟之祭，春曰礿，夏曰禘，秋曰嘗，冬曰烝。

鑒於《禮記》當中對祭祖的記載頗多，所祭對象既有氏族祖先，又有宗族祖先，更有家族祖先，在此，不一一列舉。

〔註34〕 朱彬：《禮記訓纂》，北京，中華書局，1996年，第185頁。

〔註35〕 朱彬：《禮記訓纂》，北京，中華書局，1996年，第482頁。

〔註36〕 董蓮池：《殷周禘祭探眞》，《人文雜誌》，1994年，第5期，第75頁。

古人祭祀祖先的重視也可以從出土的卜辭得到印證。據晁福林先生在其《論殷代神權》一文中統計，迄今所見的卜辭中，能確認爲祭祖的有一萬五千多條，遠超過其他祭祀項目。〔註37〕祭祀對象既含括自然神，又含括祖先和聖王，涉及範圍非常之廣。《禮記・祭法》記載了設定祭祀對象的初衷：

> 夫聖王之制祭祀也，法施於民則祀之，以死勤事則祀之，以勞定國則祀之，能禦大災則祀之，能捍大患則祀之。是故厲山氏之有天下也，其子曰農，能殖百穀。夏之衰也，周棄繼之，故祀以爲稷。共工氏之霸九州也，其子曰后土，能平九州，故祀以爲社。帝嚳能序星辰以著眾，堯能賞均刑法以義終，舜勤眾事而野死，鯀鄣鴻水而殛死，禹能修鯀之功，黃帝正名百物，以明民共財，顓頊能修之，契爲司徒而民成，冥勤其官而水死，湯以寬治民而除其虐，文王以文治，武王以武功，去民之災，此皆有功烈於民者也。及夫日月星辰，民所瞻仰也。山林川谷丘陵，民所取財用也。非此族也，不在祀典。

聖王祖先因其有功於民而受享祭，如黃帝爲物作名，大禹善於治水，文王武王亦各有功業；日月星辰因其爲萬民瞻仰的自然神而受祭；山林川谷丘陵則因其供應財用而受祭。《國語・魯語上》也有類似記載：「凡禘、郊、祖、宗、報五者，國之祀典。加之以社稷山川之神，皆有功烈於民者也；及前哲令德之人，所以爲明質；及天之三辰，民所以瞻仰也；及地之五行，所以生殖也；及九州名山川澤，所以出財用也。」可見，《禮記》所見之神譜體系非常龐雜，既有自然崇拜的孑遺，又關注聖王祖先的功業。其背後恰是時人祭祀觀念的變遷。《禮記・表記》便就三代對鬼神的態度做了歸納，說：「夏道尊命，事鬼敬神而遠之。……殷人尊神，率民以事神，先鬼而後禮。……周人尊禮尙施，事鬼敬神而遠之。」該段記載顯示出：夏商周三代對於鬼神都表現出了敬畏之情，但敬畏的色彩有濃有淡，至於周代，周公制禮作樂，人文主義興起，對鬼神的態度也轉向人文和理性，儒家恰是在這種思想背景之下對禮義學做出了探討，因此，有必要對這一歷史背景做出交代。

二、儒家思想溯源：商周祭祀觀念的轉變

近世大量出土卜辭、簡帛和隨葬器物的問世，爲三代文化的研究提供了很多可參考的成果，也打開了學者們的研究視角，掀起了學界討論的熱潮。

〔註37〕晁福林：《論殷代神權》，《中國社會科學》，1990 年第 1 期。

儒家文化的產生、形成和發展不是一個孤立、封閉的產物，它本身就是三代文化傳衍下來的結果。陳來先生曾對三代的文化發展做了這樣的概括，他說：「中國早期的上古文化，經歷了巫覡文化、祭祀文化，最後發展爲禮樂文化，從原始宗教到自然宗教，發展爲周代的禮樂，以禮樂爲主的倫理宗教，這些是孔子和早期儒家思想文化產生的深厚根基。」〔註38〕鑒於夏文化遺址尙存在不少爭議，與《禮記》的成書背景相距較遠，可徵材料又較爲有限，本文擬就商周祭祀觀念背後的這種人文轉向進行追溯，希望對我們更好地理解儒家文化的產生、形成和發展起到積極意義。

在商周祭祀文化方面，已經有很多學者做出了嘗試，陳夢家、張光直、晁福林、王暉、陳來等很多學者都就這一領域做過討論，很多發現均提示著商周兩代祭祀儀式之中呈現出由尊神逐漸到尊禮的轉變。在此，我主要從一些比較有代表性的方面進行對比，讓我們先從最直觀的差異說起。

首先，從最直觀的禮器上的動物圖紋來看，商周的風格是不同的。

殷周時人在青銅器上鑄刻了大量的動物圖紋，總的來看，這些動物紋樣既包括現實生活中眞實存在的鹿、牛、羊、象、熊、馬、虎、豬、鳥等，也包括經過想像加工的夔、龍、饕餮、肥遺、虯等。爲什麼要刻畫動物呢？動物紋樣出現在禮器上，應該不完全是出於審美的考慮。考慮到當時的社會狀況，物質生活條件並未達到極大豐富，人們還面臨著各種各樣的自然災害的威脅，所以應該可以推測，這種藝術形式與他們早期的信仰或認識有關。

實際上動物與人類歷史關係頗爲密切，動物形象見諸各文明的例子俯拾即是：中國古代傳說中伏羲、女媧以人首蛇身形象示人，《山海經》更記載了「龍首人身」怪、「人面虎身」等諸多怪物；古印度神話中的維護之神毗濕奴有魚、龜、野豬、白馬等多個動物化身；古希臘神話中牛首人身的「米諾陶勒斯」；古埃及獅身人面的「斯芬克斯」，隼首人身的「賀拉斯」等皆是體現。「天命玄鳥、降而生商」（《詩經·商頌·玄鳥》）的故事中簡狄就是吞下鳥卵而生下了商的始祖契，而羅馬城的創建者羅慕洛斯兄弟則是由母狼哺育成活的……。有關動物的圖騰崇拜更是人和動物親密關係的集中表現，陳榮富談到「圖騰崇拜的核心內涵是由崇拜氏族或部落的英雄人物而把這些英雄人物的世譜追溯到某種神聖動物，從而把某種動物尊奉爲群體的親屬或祖先。」〔註39〕關於動物的圖騰崇

〔註38〕陳來：《周文化與儒家思想的根源》，《現代哲學》，2019 年第 3 期，第 118～126 頁。

〔註39〕陳榮富：《宗教禮儀與古代藝術》，南昌，江西高校出版社，1994 年，第 27 頁。

拜我們可以在不同文明中看到確證：北美內陸的科曼東部落的六個氏族分別以狼、熊、麋鹿、鹿、小栗鼠、羚羊為圖騰，而中國的氏族也有這樣的現象，如內蒙古的陳巴爾虎旗鄂溫克族每個氏族都以為有自己的「嘎勒布勒」（意為「根子」或者「起源」），它們分別為水鳥、小鳥、天鵝、鷹等動物。〔註40〕鄂倫春族將熊作為祖先動物，在鄂倫春族神話中既有熊變成人的傳說，也有人變成熊的傳說，甚至「直到現在，鄂倫春人還保持著對熊的特殊稱呼，叫它『雅亞』和『太貼』，即祖父、祖母之意，或叫『阿瑪哈』、『額尼亞哈』，即大爺、大娘之意，也有稱作『阿堤日坎』，即『老爺子』，更有把熊稱作舅舅的。」〔註41〕彝族傳說中祖先為虎所化，所以他們祭祀祖先時就用葫蘆瓢的凸面上畫上虎頭掛在大門楣上，表示自己是虎的子孫。〔註42〕……

在圖騰崇拜中，動物被追溯為氏族的祖先，但在商周祭祀中，動物作為犧牲，充當了人神交往的媒介。《墨子·尚同》便有「其事鬼神也，……犧牲不敢不腯肥」之語。如天子祭天，用牲為一赤色牛犢；祭社稷，天子用太牢，諸侯則用少牢；四時宗廟祭祖所用犧牲也不同，《禮記·玉藻》言：「君無故不殺牛，大夫無故不殺羊，士無故不殺犬、豕。」鄭玄認為此處「故」便指祭祀。按照卜辭記載的祭牲種類，則有牛、羊、豚、兔、犬、馬、孚馬、羌、伐、奚、虎、兕、鹿、鬲鹿、麋、鳳、雞等 40 多種〔註43〕。從已有的考古發現來看，馬、牛、羊、犬、豕等犧牲皆有發現，只是不同時期、不同地點、不同墓主身份所使用的犧牲有差異。如袁靖研究了分別對應商代早中晚期的祭祀遺址後發現，偃師商城的祭牲以豬為主，小雙橋以牛為主，殷墟則有大量的馬。〔註44〕而劉一婷則指出了商周兩代用牲的差異：「在商代都城的祭祀遺址中，眾多研究均表明存在從豬優位向牛優位轉變的趨勢，而且馬、羊在祭祀中的使用也是愈加的頻繁，另有各種野生動物參與祭祀；而在周代諸侯國的都城遺址中，通過對出土犧牲的統計，羊成為了最為普遍的祭祀犧牲，牛、馬稍次之，豬變得十分少見，其他野生動物也基本不見。」〔註45〕

〔註40〕沈敏華、程棟：《圖騰——奇異的原始文化》，上海，上海辭書出版社，2003年，第9頁。

〔註41〕蔡家麒：《論原始宗教》，昆明，雲南民族出版社，1988年，第151頁。

〔註42〕《中國各民族宗教與神話大詞典》，學苑出版社，1993年，第33～34頁。

〔註43〕文術發：《從古文字看商周祭祀制度的演變》，西南師範大學學報（人文社會科學版），2000年第3期，第112頁。

〔註44〕袁靖：《從動物考古學研究看商代的祭祀》，《中國文物報》，2002年8月16日。

〔註45〕劉一婷：《商周祭祀動物遺存研究綜述》，《南方文物》，2014年第1期，第62頁。

　　既然動物犧牲意在輔佐人類溝通神靈，那麼，禮器上的動物紋樣是否也有類似的功能呢？雖然沒有足夠的證據直接支持或否認這個論點，但不表示我們不能做出一些推測，實際上，確實也有類似例子。如，我國雲南的景頗族人便認為畫在祭祀中具有神奇的作用，繪畫與宗教祭祀有著密切的關係〔註46〕。在薩滿教中，薩滿巫師還常常穿戴動物的皮、面具和其他象徵性的東西來輔助完成他們的巫術活動。孟慧英提到她在田野調查中看到的薩滿服時便寫到：「它不僅是原始的製作，而且還綴滿各種動物神偶和自然神靈的象徵物，其中有日、月、星、雷、蛇、天鵝、布穀鳥、魚、熊、狼、野豬」。〔註47〕不僅如此，薩滿教中還常有動物神靈附體的表演：「在動物神附體時，薩滿或是一隻力大無比的熊，威猛異常；或是雄鷹，以鼓當翅膀，展翅高飛；或是一隻母虎，帶著慈愛與裝扮成虎崽的小孩玩耍」〔註48〕。無論是景頗族人說的繪畫，還是薩滿教中巫師的服裝乃至附身的動物神靈，都和殷周祭祀中的動物神靈一樣，起著溝通人神的媒介作用，這樣看來，殷周時代的動物犧牲和禮器上的動物圖紋，可能也是溝通天地神祇的一種輔助性工具。張光直先生在考慮了史料、卜辭和出土禮器等多方因素之後便認為，禮器上的動物紋樣和動物犧牲一樣，都是作為巫覡與天地相溝通的一種媒介。〔註49〕

　　那麼，商周時期禮器上的動物紋樣有什麼不同呢？在考察了殷代出土的禮器之後，陳夢家先生指出殷代的銅器、玉器、骨器等器物上所雕鑄的動物形象是森嚴的，不像西周時代是溫和和中庸的。〔註50〕古典的動物花紋，如饕餮紋，虎食人卣紋，常給人以神秘、有力、具有神異力量等令人生畏的感覺，而晚期則變得溫和呆板，早期那種神異力量、支配性力量逐漸降低了。按照張光直先生的講法，就是「商周時代的美術風格也經歷了一個由賦予動物以神力與支配性到這種神聖性逐漸遞減直至消失的過程，這也表明了人對於神異動物的態度經歷了一個由敬畏到不再敬畏的轉變。」〔註51〕

〔註46〕　宋恩常：《景頗族的原始宗教》，《社會科學戰線》，1982年第4期。

〔註47〕　孟慧英：《尋找神秘的薩滿世界》，北京，西苑出版社，2004年，第115頁。

〔註48〕　孟慧英：《中國原始信仰研究》，北京，中國社會科學出版社，2010年，第555頁。

〔註49〕　張光直：《美術·神話與祭祀》，瀋陽，遼寧教育出版社，1988年，第49～50頁。

〔註50〕　陳夢家：《殷虛卜辭綜述》，北京，中華書局，1988年，第561頁。

〔註51〕　張光直：《中國青銅時代》，北京，三聯書店，1999年，第407頁。

　　商周祭法和用牲情況的對比應該也隱含著祭祀觀念的變化。文術發考察了陳夢家、趙誠、陳年福等人對卜辭祭祀動詞的研究之後，得出殷商祭祀種類至少在 100 種以上，而周代祭法不足 40 種，他強調祭法種類的變化說明大量的祭法消失了。並通過周人銘文中用牲記載的減少進一步推測：「不僅祭法種類減少了，祭祀的範圍也在縮小，祀典儀式的細節卻在進一步規範化。周人不在銘文中記載用牲情況只能解釋為祭祀觀念發生了變化：1. 由重神事轉移到重人事，因而整個祭祀活動減少了。2. 重內心而輕外物，祭牲種類多寡減少了。3. 祭法進一步程式化。每種祭法有一定的祭牲、對象、時間、地點，所以僅記載祀典就可以了。」〔註 52〕種種跡象都在提醒我們：商周祭祀觀念在發生變化。那麼，究竟發生了哪些變化呢？這個問題涉及領域很廣，難以一言以蔽之，但不代表我們不能找到一些有代表性的角度進行分析。

　　首先，商代祭祀中對神、祖充滿了敬畏，周代雖然敬畏，但卻在祭祀中傳遞出現實、理性的因素，尤其對人鬼的祭祀，更側重祖先功績、德性的崇拜和對家族、個人的福祐。

　　商代之王，認為自己的命運由天主導，「有命在天」〔註 53〕，商人所崇拜的上帝或帝具有令人敬畏的神性，往往向人間發號施令。當然，天帝也是能降下福澤和災禍的，特別是從殷墟甲骨卜辭來看，有「帝令雨」，「羽癸卯帝其令風」，「帝其降禍」〔註 54〕等語句。常玉芝先生在其《商代宗教祭祀》一書第二章《上帝及帝廷諸神的崇拜》中對作為天神的上帝權能作了系統討論〔註 55〕，可以概括為以下幾方面：帝可以左右氣象，卜辭可見「帝令雨」、「帝令雷」、「帝令霆」、「帝令風」、「帝雲」等語句；帝可以左右年成，卜辭可見「帝令雨足」、「帝降旱」、「帝旱我」之類語句；帝還可以左右城邑的建設，可見「帝終茲邑」、「王乍邑，帝若」之語；帝還可以左右戰事勝負，可見「伐巴方、帝受我又」之語，即卜問天神上帝是否保祐戰事取得勝利；帝還能左右商王的福禍疾病，如「貞，隹帝肇王疾」，卜問上帝是否會疏導商王的疾病，使其好轉。

　　對於去世祖先的認識也和帝、上帝有類似之處，商代的卜辭之中對於先

〔註 52〕 文術發：《從古文字看商周祭祀制度的演變》，《西南師範大學學報》（人文社會科學版），2000 年第 3 期，第 110～115 頁。

〔註 53〕 《尚書·西伯戡黎》。

〔註 54〕 陳夢家：《殷虛卜辭綜述》，北京，中華書局，1988 年，第 562～570 頁。

〔註 55〕 常玉芝：《商代祭祀研究》，北京，中國社會科學出版社，2010 年，第 26～68 頁。

王更多的用的是「賓帝」、「在帝左右」的說法，所用「賓」字，表明先王在帝的左右。卜辭所見有先王賓於帝、先王賓於更早的先王、王賓帝、時王賓先王、王賓先妣，王賓兄、王賓自然神、王賓尸等類型〔註56〕。先公先王能夠賓於上帝，世間的帝王可以通過祖先傳達自己的意願，爲自己禳災避禍，降下福澤。從對商代第一個以天干爲廟號的祖先上甲的祭祀來看，便有使用人牲的高規格祭祀，其中有的卜辭顯示出對於年成好壞的卜問，如「求年上甲，亡雨」、也有關於戰事的卜問，如「告土方於上甲」。〔註57〕陳夢家先生在《殷虛卜辭綜述》指出了商人在人神關係處理中一個重要的特點，「先公先王可以上賓於天，上帝對於時王可以降禍福、示諾否，但上帝與人王並無血統關係」〔註58〕。這樣看來，商代的祭祀之中，充滿了被動的敬畏因素，帝、天帝、祖先對俗世社會而言是高高在上的，商人對天帝和祖先的敬畏以一種懾服的、膜拜的狀態展露出來。

　　如果說商代的祭祀敬畏占主導，那麼周代祭祀，則展現出了周人現實和理性的態度。張光直先生在《中國青銅時代》一書提到了一個有意思的旁證，即「商代重視巫師，而到了周代已較不重視，在《周禮》裏面，司巫列爲中士，屬於太祝。西周銅器銘文中講巫的很少。」〔註59〕周人的祭祀對象既有天神、地祇，也有人鬼，但對人鬼的祭祀主要在於對祖先功績、德性的崇拜和對家族、個人的保祐，側重家庭的延續和個人家族權力的維持。〔註60〕如《詩經・魯頌・閟宮》對周始祖后稷之母姜嫄的稱頌：「赫赫姜嫄，其德不回，上帝是依，無災無害。」《詩經・大雅・生民》則追溯了周始祖后稷的事蹟，將其從受孕到出生後被遺棄受到牛羊神鳥等的保護，成年後種植大豆、穀物等莊稼澤被後世被封於邰肇祀的傳奇經歷一一描摹。在出土的周代青銅器銘文中也有很多祈求福祐的佐證，如伯鮮鼎銘文有「唯正月初吉庚午，伯鮮乍（作）旅鼎，用享孝於文祖，子子孫孫永寶用。」（《集成》5.2663），又如，伯祈簋銘文有：「伯祈乍（作）文考幽仲尊簋，祈其萬年寶，用鄉（饗、享）

〔註56〕李志剛：《以神爲賓：商周喪祭禮制中人神關係的新考察》，《史學月刊》，2014年第4期，第26～38頁。

〔註57〕常玉芝：《商代祭祀研究》，北京，中國社會科學出版社，2010年，第221～223頁。

〔註58〕陳夢家：《殷虛卜辭綜述》，北京，中華書局，1988年，第580頁。

〔註59〕張光直：《中國青銅時代》，北京，三聯書店，1999年，第259～260頁。

〔註60〕劉源：《商周祭祖禮研究》，北京，商務印書館，2004年，第282頁～304頁。

孝。」（《集成》7.3943），秦公鍾銘文有：「以匽（宴）皇公，以受大福，屯（純）魯多釐，大壽萬年。」（《集成》1.262～3）種種跡象都表明，周人的視角似乎正從神靈世界轉入現實世界。

其次，商周對神祖關係的處理也不同，商代用「賓」，周代用「配」，周人較商人更積極地肯認祖先和「天」的關係，以顯示取代商的合法性。

前文提及商代祖神之間是分離的，先王可以「賓」於帝，先王也可「賓」於更早的先王，還有時王「賓」先王、王「賓」先妣、王「賓」兄、王「賓」自然神、王「賓」尸等不同類型〔註61〕，「賓」，可理解為「以……為賓」，去世祖先神被帝以賓相待，可充當人間王朝和天庭的溝通使者，但和天帝之間並無血緣關係，人間子孫對去世先祖主要是敬畏之情。到了周代，周人則將周王視為天帝之子，用了近乎血緣親情的關係將天帝與人君聯繫在一起。雖然「天」的概念在殷商已有所見，如《尚書·盤庚》中便有幾處。但的確是周人對「天」的內涵進行了充分發展，周代典籍如《尚書·周書》、《詩經》、《國語》、《左傳》、《論語》中言「天」之處甚多。陳夢家先生便認為周人提出了「天」的觀念〔註62〕，馮友蘭先生也認為，周人將天視為「主宰之天」或「有人格的上帝」〔註63〕，有至上神的意味。對祖先和天的關係，周人更多地使用了「配」字。如《尚書·召誥》中「其自時配皇天，毖祀於上下」，《孝經·聖治章》亦有「昔者周公郊祀后稷以配天」，《詩經·周頌·思文》有「思文后稷，克配彼天」。《禮記·明堂位》亦有：「成王以周公為有勳勞於天下……命魯世世祀周公以天子之禮樂。是以魯君孟春……祀帝於郊，配以后稷，天子之禮也。」可見，周人祭天之時以傳說中周族的始祖后稷配祭應該確有其制。「因為『配天』，那個高高在上的上帝就與王朝譜系有了親緣關係，命運緊緊聯繫在一起了。」〔註64〕周人通過祭天配以祖先的形式，將自

〔註61〕 李志剛：《以神為賓：商周喪祭禮制中人神關係的新考察》，《史學月刊》，2014年第4期，第26～38頁。

〔註62〕 陳夢家：《殷虛卜辭綜述》，北京，中華書局，1988年，第581頁。關於周代提出「天」的觀念，或者說用「天」代替了殷商的「帝」的概念，不少學者都有關注，如韋政通在便提到「卜辭中沒有天，天的觀念是到西周才出現的」觀點，詳見於韋政通《中國思想史》上冊，吉林出版集團有限公司，2009年，第27頁。張豈之則提及周代「『天』襲取了殷商的『帝』的位置」，詳見張豈之《中國思想史》，西北大學出版社，1989年，第86頁。

〔註63〕 馮友蘭：《中國哲學史》，北京，商務印書館，2006年，第24頁。

〔註64〕 張樹國：《后稷神話與西周郊祀的起源》，《杭州師範大學學報》，2014年第4期。

己的祖先上追至天。這樣一來，姜嫄履巨人跡感天而生后稷的傳說便不再停留於傳說本身，而在周族始祖和天之間建立了一種近乎血緣的聯繫，后稷儼然成了天之子，經由這樣的改造，周族推翻商朝也有了合法性。

再次，商人之「德」無精神性內涵，周人之「德」則有轉入心靈的傾向，商周對「德」的不同理解，恰反映出周人開始關注自身的價值，是人文主義興起的體現。周人對「德」的解讀發生的轉變，是理解商周觀念轉變的關鍵一環。郭沫若先生在《先秦天道觀之進展》一文認為：「卜辭和殷人的彝銘中沒有『德』字，而在周代彝銘中如成王時的班簋和康王時的大盂鼎都明白有『德』字表現著。」〔註65〕「德」字字形在不同時期確實存在差異，附上兩張圖片。

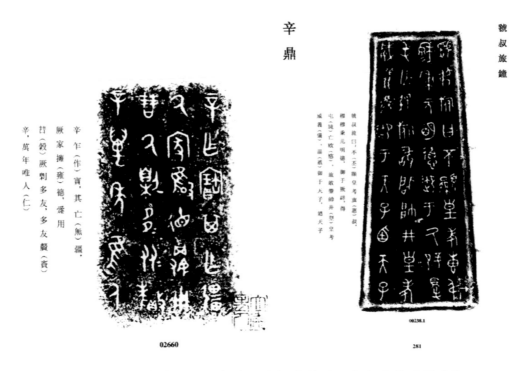

辛鼎，一般認為是西周早期的。虢叔旅鍾則一般認為是西周晚期，
圖片分別來源於《殷周金文集成》。〔註66〕

晁福林先生認為，「德」的觀念雖在商代已經出現，但是甲骨文中的「德」並無「心」旁，說明「德」的觀念並沒有深入到人的心靈這個層次，在周代彝

〔註65〕郭沫若：《青銅時代》，北京，科學出版社，1957年，第21頁。
〔註66〕中國社會科學院考古研究所：《殷周金文集成》，北京，中華書局，1994年，第281頁和1353頁。

銘中的「德」字和甲骨文最大的差別便在於都帶有「心」的偏旁。〔註67〕崔大華先生在研究商代廟號時也發現,「一是卜辭中的先王廟號無道德內涵,……二是卜辭中的德字無精神性內容。」〔註68〕甲骨卜辭所見之「德」,在殷人看來,更多的是「得」,即得失之得,意指得到「天」的眷顧與恩惠。周人雖保持了殷人的這種觀念,但卻對「德」的內涵有了更多解讀。晁福林先生有詳細的論述,他說:「與卜辭所反映的殷人那種直接而近乎盲目的崇拜神靈、依照神意而行事,以神意為主的觀念不同,周代的『德』觀念中,人們所注目之處已由神意轉而為人自身,人不僅考慮從天和先祖那裡得到了什麼東西,而且要念及如何保持、穩固這種獲取。殷商時代的『德』觀念,視天命、先祖的賜予為『德』(得),這種賜予是無條件的、當然的,對於個人而言,得到天神和祖先的賜予乃是理所當然者,完全可以悠然自得,按照卜筮所展示的神意行事即可,不必再去考慮其他的許多問題。周人的觀念則與此不同,這種賜予不再是無條件的、理所當然的,而是有條件的、有選擇的。周人堅信因為文王之所以能夠膺受天命,是在於他有兩方面的突出表現,一是特別恭敬天命;二是讓民有所『德』(得)。」〔註69〕實際上,在西周的銅器銘文中確實有「德」字和反映「德治」的思想作為佐證〔註70〕。如班簋有:「允哉顯,佳敬德,亡攸違。」大盂鼎有:「今我佳即刑廩於玟王正德,若玟王命二三正。」善鼎有:「秉德恭純。」「敬德」、「正德」、「秉德」的提法,也讓我們對周人對「德」的重視有了更直觀的認識,和周代很多文獻記載可互證研讀。在《尚書》的《周書》部分,很多篇章都可以看出周人對德性的強調,諸如「明王慎德」〔註71〕,「弘於天若,德裕乃身」〔註72〕,「肆王惟德用」〔註73〕等語句見諸各篇。《國語‧周語上》也有:「敬王命,順之道也;成禮義,德之則也。則德以導諸侯,諸侯必歸之。」周最終取代商,是「小

〔註67〕 晁福林:《先秦時期「德」觀念的起源及其發展》,《中國社會科學》,2005 年第 4 期,第 193~204 頁。

〔註68〕 崔大華:《儒學引論》,北京,人民出版社,2001 年,第 7~8 頁。

〔註69〕 晁福林:《先秦時期「德」觀念的起源及其發展》,《中國社會科學》,2005 年第 4 期,第 197 頁。

〔註70〕 杜廼松:《西周銅器銘文中的「德」字》,《故宮博物院院刊》,1981 年第 2 期,第 86~90 頁。

〔註71〕 《尚書‧旅獒》。

〔註72〕 《尚書‧康誥》。

〔註73〕 《尚書‧梓材》。

邦周」戰勝了「大邦商」，因而，周人急需確認自己地位的合法性。於是，他們便強調「皇天無親，惟德是輔。」〔註74〕極力突出周族擁有德性，是天命所歸，所以能完成王朝代興的使命。「德」是周代藉以解釋王權合法性的一個新興觀念。

「德」的引入，也使周人越發關注自身的價值。許兆昌在《先秦史官的制度與文化》一書中探討周代的神人關係時也發現：雖然周代神的能力仍很強大，能夠降禍福，但人並不是被動的接受，而是可以對神靈的禍福施加自己的干預。〔註75〕這和《左傳》中「夫民，神之主也」〔註76〕、「神，聰明正直而壹者也，依人而行」〔註77〕，凸顯人的地位也是契合的。王國維先生曾說「周人制度大異於商者，一曰立子立嫡之制。由是而生宗法及喪服之制。」〔註78〕周人對宗法的重視，也是周人從對神靈的敬畏中掙脫出來開始關注宗族、倫理等世俗層面，由此，周代發展出以禮樂文明為核心的政治和宗法、治國和治家融為一體的特有政治狀態。陳來先生指出，「中國文化的理性化進程，它的價值理性的建立過程是對天神信仰的逐漸淡化和對人間性的文化和價值的關注增長聯繫在一起的。」〔註79〕種種跡象均反映出：周代正是一個退祛巫魅，回歸理性和人文的重要轉型時期。周代人文主義的興起，在某種程度上和歐洲的文藝復興將人類從宗教中解放出來，肯定人自身的價值有異曲同工之妙。楊向奎先生說：「以德、禮為主的周公之道，世世相傳，春秋末期遂有孔子以仁禮為內容的儒家思想」〔註80〕，西周的禮樂文明是儒家思想的產生淵源，不唯如此，其對整個中國文化的精神氣質都產生了重要影響。

儒家思想承繼了周代的禮樂文化傳統，並對禮樂思想做了進一步發展。簡舉幾例。《論語‧八佾》記載：「林放問禮之本。子曰：『大哉問！禮，與其奢也，寧儉；喪，與其易也，寧戚。』」孔子認為，禮最重要的不是外在的儀文，而是內在的情感，他將對禮的解讀和人的情感真實聯繫起來。《論語‧八佾》另一處則記載了孔子說：「人而不仁，如禮何？人而不仁，如樂

〔註74〕《尚書‧蔡仲之命》。
〔註75〕許兆昌：《先秦史官的制度與文化》，黑龍江人民出版社，2006 年，第 219～228 頁。
〔註76〕《左傳‧桓公六年》。
〔註77〕《左傳‧莊公三十二年》。
〔註78〕王國維：《觀堂集林》卷十，北京，中華書局，1959 年，第 453 頁。
〔註79〕陳來：《古代宗教與倫理》，北京，三聯書店，1996 年，第 10 頁。
〔註80〕楊向奎：《宗周社會與禮樂文明》，北京：人民出版社，1992 年，第 279 頁。

何？」在孔子看來，禮樂的情感基礎便是仁。孟子則強調「仁義禮智，非由外爍我，我固有之也。」（《孟子·告子上》），將對「禮」的解讀和四端之心聯繫起來，四端之心，也離不開情感的真實，如孟子講的惻隱之心，便以孺子將入於井，我們的第一念便是將其救起，沒有其他的功利想法，來切證情感的真實背後含具的道德義，這使儒家對禮的理解更進一步。荀子則引法入禮，並在《禮論》論及禮的意義，有些內容與《禮記》重合。《禮記》同樣沿襲了儒家對禮的尊崇，如《禮記·哀公問》借孔子和魯哀公的對話談到了為何要尊禮，原文如下：

> 哀公問於孔子曰：「大禮何如？君子之言禮，何其尊也？」孔子曰：「丘也小人，不足以知禮。」君曰：「否，吾子言之也。」孔子曰：「丘聞之，民之所由生，禮為大。非禮無以節事天地之神也，非禮無以辨君臣、上下、長幼之位也，非禮無以別男女、父子、兄弟之親，昏姻、疏數之交也。君子以此之為尊敬然，然後以其所能教百姓，不廢其會節。有成事，然後治其雕鏤、文章、黼黻以嗣。其順之，然後言其喪筭，備其鼎、俎，設其豕、臘，修其宗廟，歲時以敬祭祀，以序宗族。即安其居，節醜其衣服，卑其宮室，車不雕幾，器不刻鏤，食不貳味，以與民同利。昔之君子之行禮者如此。」

魯哀公問孔子，因為何故要尊崇禮？孔子回答禮的意義有三重：一在於可侍奉天地鬼神，實現和神明的溝通；二可體現等級秩序，君臣、上下、長幼，各安其序；三可合聚宗族，可別男女、父子、兄弟之親疏遠近。正因如此，故君子對禮十分敬重，並按照自己的能力教導民眾。以上只是就儒家對周禮的繼承和發展進行了簡要的梳理。後文還會進行詳細討論。

任何一種歷史的回顧都不是為了簡單地重複過去，而是為了更好地理解當下。我們對商周祭祀觀念的轉變進行追溯，不僅可以幫助我們更好地理解儒家思想的淵源，也可以幫助我們更好地理解禮在儒家思想體系中的意義，乃至禮在當時社會的意義。那麼，《禮記》當中又是如何解讀祭禮的意義呢？下面我們重點探討儒家對祭祀的理解。

三、設祭以「報本反始」

早期的祭祀行為，與古人的神靈信仰有關，所以表現出對自然神、精怪、

鬼魂等原初神靈形態的崇祀。隨著歷史的推進，祭祀行為背後的觀念也發生了演進，人文和理性的精神愈發顯現出來。在《禮記》當中，這種人文精神得以進一步發展。前文已經提及，《禮記》中，萬物的生身本原在於天道，禮文之設的終極依據也是天道。在儒家看來，祭禮之設，恰是由人間性的此在世界向超越性本原的一種追思方式。

儒家對天或者天道的追念與天道的「生生」之德有關。《易傳・繫辭上》曰：「生生之謂易」，又《易傳・繫辭下》曰：「天地之大德曰生」。儒家對天地生成宇宙萬物的這種「生」的力量極為推崇，將宇宙萬物的生命歷程看作是天地的「生生」之德的體現，人類的生命也不例外。父生子、子生孫、孫又生子，子子孫孫，無窮盡也，體現的恰是血脈的生生之意。天道，即本始，祭禮之設寄寓著對本始的追念。在《禮記》當中，多處可見儒家對報本反始、反古復始的尊崇，這也是儒家重本、厚本精神的體現，是儒家為自己的禮義學找到的立足點。

《禮記・祭義》云：

> 天下之禮，致反始也，致鬼神也，致和用也，致義也，致讓也。致反始以厚其本也，致鬼神以尊上也，致物用以立民紀也，致義則上下不悖逆矣，致讓以去爭也。合此五者以治天下之禮也，雖有奇邪而不治者，則微矣！

《祭義》一篇著重記述祭祀、齋戒、薦羞之義。此段主要從普泛的意義上論述祭禮之設的意義。鄭玄注曰：「因祭之義，泛說禮也。致之言至也。使人勤行至於此也。至於反始，謂報天之屬也。至於鬼神，謂祭宗廟之屬也。至於和用，謂治民之事以足用也。」〔註81〕鄭玄認為，致反始，是指的祭祀天的行為，致鬼神，則是指的對祖先的宗廟之祭，致和用，則指的治理萬民。孔穎達疏曰：「天為人本，能反始以報天，是厚其本也。祭祀鬼神，是尊嚴其上也。民豐物用，則知榮辱禮節，故可以立人紀也。義能除凶去暴，故上下不有悖逆也。……言用此五事為治，有異行不從治者亦當少也。」〔註82〕祭祀行為是外顯的行為樣態，所承載的是時人的信仰意識和觀念，厚其本、尊其上、立民紀，恰是祭禮所要傳達出的精神意義。致反始，鄭玄、孔穎達皆以祭天為例，足以反映出他們對古代祭祀系統的熟知，反始，所凸顯的是古人

〔註81〕朱彬：《禮記訓纂》，北京，中華書局，1996年，第709頁。
〔註82〕朱彬：《禮記訓纂》，北京，中華書局，1996年，第709頁。

對生身本原的感懷和尊崇；致鬼神，鄭玄、孔氏皆以宗廟祭祀爲例，所凸顯的恰是古人對自身族類生命源頭的思慕和尊重；致和用，致義和致讓，所凸顯的恰是祭祀行爲所傳遞的教化義，如果說祭祀天地鬼神的行爲當中還含蘊著某種信仰意味，那麼致和用、致義和致讓，則更具有世俗社會的特色，將關注點引向了人間社會。

《大戴禮記・禮三本》將禮文創制的根據歸因於三個主要方面，即「天地者，性之本也；先祖者，類之本也；君師者，治之本也。」天地乃生物之本，先祖乃族類血脈之本，君師乃治理教化之本，恰與《禮記》當中的精神是一致的。從《禮記》記載來看，祭禮之報本反始，不僅涵蓋了這三個維度的意義，更將祭禮之設指向一種普泛意義上的報恩原則，如果說天地、山川、社稷、祖廟、五祀確實將祭祀對象而言都有其不言而明的本原意義，那麼《郊特牲》中言及祭祀貓、虎、堤、渠之神，則充斥著世俗的報恩意味，曰：「古之君子，使之必報之：迎貓，爲其食田鼠也；迎虎，爲其食田豚也。迎而祭之也。祭坊與水庸，事也……蠟之祭，仁之至，義之盡也。」可見，這裡所依據的原則亦是『報』或曰『報本反始』。誠如李景林師所論「『報本反始』，『反古復始』，爲制祭之原則。凡於人生有『本』和『始』之意義者，皆在祭祀之列。」〔註83〕

儒家之所以重視報本反始，還有教化方面的考慮。

《禮記・禮器》曰：

> 禮也者，反本修古，不忘其初者也。故凶事不詔，朝事以樂。
>
> 醴酒之用，玄酒之尚，割刀之用，鸞刀之貴，莞簟之安，而槁鞂之
>
> 設。是故先王之制禮也，必有主也，故可述而多學也。

王念孫認爲「修」當作「循」，「循古，遵循古道而不失，正所謂『不忘其初』也。」〔註84〕下文玄酒之尚、割刀之用、鸞刀之貴，莞簟之安等皆是對「反本修古」的具體例證。而後文說「先王之制禮也，必有主也，」此「主」便是指的前文所提到的「本」和「古」，鄭注所謂「主，謂本與古也」。〔註85〕先王傳下的禮文，有其所主與所本，這「主」與「本」，有兩個方面的含義：

〔註83〕李景林：《儒家的喪祭理論與終極關懷》，《中國社會科學》，2004 年第 2 期，第 112 頁。

〔註84〕朱彬：《禮記訓纂》，北京，中華書局，1996 年，第 373 頁。

〔註85〕孫希旦：《禮記集解》，北京，中華書局，1989 年，第 657 頁。

一方面，是爲禮文創制找到了本原上的依據，如《禮記‧郊特牲》論述郊祭祭天時說：「萬物本乎天，人本乎祖，此所以配上帝也。郊之祭也，大報本反始也。」天子進行郊天之祭，實際上是進行著天人之間的溝通，天爲生成萬物的超越性本原，因此，對於天的祭祀，實爲對生命本原的尊崇，借郊天之祭將天人之間打通；天子郊天之時以祖配享，同時也實現了追思族類始源的意義。另一方面，則爲儒家禮義學所關涉的道德教化設定了藉以實現的始基，是道德教化的可行性所在，龔建平先生便著意強調了「本」與「始」在人倫修養層面的意義，他說：「儒家之所以特別強調本，始，質，都是爲了其講修養上的『繪事後素』，這一始源之處是純淨的，無沾染外界之污的，所以在此基礎上才能獲得很好的教化提升。由此可見，『反始』『從初』的目的並非一般意義的復古，而是使有主，有所本，即社會和文化意義上的根據。」〔註86〕實際上，《禮記‧祭義》當中也強調了報本反始背後的教化意味。曰：

> 因物之精製爲之極，明命鬼神以爲黔首，則百眾以畏，萬民以服。聖人以是爲未足也，築爲宮室，設爲宗祧以別親疏遠邇。教民反古復始，不忘其所由生也。眾之服自此，故聽且速也。二端既立，報以二禮，建設朝事，燔燎膻薌，見以蕭光，以報氣也。此教眾反始也。薦黍稷羞肝肺，首心，見間以俠甒加以鬱鬯，以報魄也。教民相愛，上下用情，禮之至也。君子反古復始，不忘其所由生也。是以致其敬、發其情，竭力從事以報其親，不敢弗盡也。

> 是故昔者天子爲藉千畝，冕而朱紘，躬秉耒。諸侯爲藉百畝，冕而青紘，躬秉耒。以事天地山川、社稷先古，以爲醴酪齊盛，於是乎取之，敬之至也。古者天子諸侯必有養獸之官。及歲時，齊戒沐浴而躬朝之，犧牷祭牲，必於是取之，敬之至也。君召牛，納而視之，擇其毛而卜之，吉，然後養之。君皮弁素積，朔月月半君巡牲，所以致力，孝之至也。

又《禮記‧郊特牲》云：

> 社所以神地之道也。地載萬物，天垂象，取財於地，取法於天，是以尊天而親地也。故教民美報焉。家主中霤，而國主社，示本也。

〔註86〕龔建平：《意義的生成與實現——禮記哲學思想》，北京，商務印書館，2005年，第73頁。

唯爲社事，單出里，唯爲社田，國人畢作。唯社，丘乘共粢盛，所
以報本反始也。

「反古復始」既表現爲對天地、山川、林澤等的祭祀，也表現爲對人祖的
祭祀。祭祀天地，所傳達的是對天地生成萬物（也包括人類）的感恩和回報；
山川、林澤之祭所傳達的是對其提供物用的感恩和回饋；對人祖的祭祀，所傳
達的是對族類始源的報答和感懷。各種祭祀之中所傳遞的均是這種報恩之義。
這種報恩的意味，便將對鬼神的宗教迷信引向了人文和人道，以人文崇祀的精
神將關注點投向人倫大義的確立。可以說，儒家對祭禮所依循的報本反始原則
的解讀，恰反映出儒家對神靈世界理性的、現實的處理態度。禮文之設，所凸
顯的正是其社會教化意義，所以，《禮記・仲尼燕居》當中記載孔子的話，說：
「郊社之義，所以仁鬼神也；嘗禘之禮，所以仁昭穆也；饋奠之禮，所以仁死
喪也；射鄉之禮，所以仁鄉黨也；食饗之禮，所以仁賓客也。」又說：「明乎
郊社之義、嘗禘之禮，治國其如指諸掌而已乎？是故以之居處有禮，故長幼辨
也；以之閨門之內有禮，故三族和也；以之朝廷有禮，故官爵序也；以之田獵
有禮，故戎事閒也；以之軍旅有禮，故武功成也。是故宮室得其度，量鼎得其
象，味得其時，樂得其節，車得其式，鬼神得其饗，喪紀得其哀，辨說得其黨，
官得其體，政事得其施，加於身而錯於前，凡眾之動得其宜。」孔子對祭祀之
禮的解讀與對其他禮文的解讀初衷相同，均落實在人倫大義上，這種解讀方向
是與西周禮樂文化發展相續而行的。儒家將報本反始設爲祭禮的原則，從本原
處可歸爲對天人之際的探索，從現實層面而言，則落實於人倫大義，可以說，
既未脫離現實的社會生活，又具有了形上的超越性。

下面，我們就以處於祭祀最高層的天子之祭作爲祭禮的典型代表，分析
祭祀活動所承載的禮義精神。

第二節　天子之祭傳遞祭祀的最高意義

在祭禮系統中，天子處於祭祀層級的最頂端，因此，天子所行之祭是最
具代表性、也最能傳達祭祀精神的。《呂氏春秋・順民》記載了「湯禱於桑林」
的典故：「昔者，湯克夏而正天下，天大旱，五年不收，湯乃以身禱於桑林……
用祈福於上帝，民乃甚悅，雨乃大至。」天氣大旱影響了收成，商湯便進行
了一場隆重的求雨祭祀，用自己的指甲、頭髮作爲自己的象徵，獻祭給雨神

以祈求豐收。國王要對氣候、年成、國運等負責，在世界不同的文明中都有蹤跡。弗雷澤在他的《金枝》中便記載了很多，如：普魯塔克時期的奧爾霍梅努斯就有從皇室後裔中選取人員獻祭給神靈的做法；亞洲西部的閃米特人，有時也會讓自己的兒子獻祭；猶太國王穆阿布，在遭受以色列人攻打的緊張時刻也將自己的長子在城牆上火祭。〔註 87〕下面，我就以天子之祭爲核心，展開論述其中所傳遞的禮義精神。

《禮記・中庸》云：

> 郊社之禮，所以事上帝也；宗廟之禮，所以祀乎其先也。明乎
> 郊社之禮，禘嘗之義，治國其如示諸掌乎？

對於天子來說，其參與的祭祀活動，主要分成郊社之禮和宗廟之禮。郊社之禮，是指的天子祭天祭地的活動，宗廟之禮，則是指的祭祀去世先祖的活動。祭祀天神主要是進行天人之間的溝通，祭祀地祇則是爲了報懷物質資源的生養恩澤，祭祀祖考，則爲了尊祖敬宗，合聚宗族，教化百姓。天子之祭依循一種連續性、整體性的思路，通過祭祀天地、人祖的具體儀式，將天人之間、人鬼之間貫通起來，構建出中國傳統文化獨有的信仰結構，並將信仰世界和生活世界關聯起來，爲生活世界的倫理價值找到了終極依託。

一、祭祀天神以溝通天人

（一）《禮記》中的「天」

「天」的概念在先秦的典籍之中出現頗多，也被賦予了各種涵義，在中國古代傳統文化中也是一個非常重要的概念。按照馮友蘭先生的說法，中國古人所言的「天」，包含五種含義，即：物質之天，主宰之天，運命之天，自然之天和義理之天。〔註 88〕古人在對周圍萬事萬物的認識過程中，一直在試圖確證自身的存在，試圖爲自身的生命價值找到一個根本的歸宿和指向，而「天」便是他們建構在自身認識框架中一個舉足輕重的概念，對人自身的認識正是在古人的天人觀之中展開來的。

「天」字在《禮記》全文中出現的次數達到了一百多次，其中「天地」一詞就出現了八十四次，除了和「地」連用之外，還有「天子」、「天王」、「天

〔註87〕〔英〕J. G. 弗雷澤著，徐育新、汪培基、張澤石譯，劉魁立審校，《金枝》（上），
　　　　北京，新世界出版社，2006 年，第 280～282 頁。
〔註88〕馮友蘭：《中國哲學史》（上冊），北京，中華書局，1984 年，第 55 頁。

官」、「天下」、「天氣」等特定稱謂。那麼，就「天」而言，在《禮記》中大致包含以下幾種情況：

第一，用來指稱自然之天，比如：

> 天久不雨，吾欲暴尫而奚若？（《禮記·檀弓下》）

> 行秋令，則天多沈陰，淫雨蚤降，兵革並起。（《禮記·月令》）

> 凡居民材，必因天地寒暖燥濕。（《禮記·王制》）

在這裡，「天」或「天地」主要指的就是自然變化的天或天地，是人類認知的對象，並未賦予太多的含義，就相當於今天我們所說的自然、自然界。

第二，用來指稱祭祀的對象，即神祇之天。比如《禮記·月令》中的兩處記載：

> 令民無不咸出其力，以共皇天上帝、名山大川、四方之神，以祠宗廟社稷之靈，以爲民祈福。

> 乃命太史，次諸侯之列，賦之犧牲，以共皇天上帝社稷之饗。

這兩處都講到對「皇天上帝」進行祭祀的情況，先言「皇天上帝」，次言其他祭祀對象，可見，「皇天上帝」是祭祀對象中的重中之重。很明顯也可以看出，古人爲天賦予了神性，將其視爲最高神靈，對天的祭祀，則是出於功利需求，希望能夠祈求福祐。在古人龐大的祭祀系統之中，對天的祭祀只有帝王才能完成，也象徵著對王權的一種確認。

第三，用來指稱本原之天。

> 大哉聖人之道！洋洋乎發育萬物，峻極於天。（《禮記·中庸》）

> 是故夫政必本於天，殽以降命。（《禮記·禮運》）

> 夫禮，先王以承天之道，以治人之情，故失之者死，得之者生。
（《禮記·禮運》）

> 公曰：「敢問君子何貴乎天道也？」孔子對曰：「貴其不已，如日月東西相從而不已也，是天道也，不閉其久，是天道也，無爲而物成，是天道也，已成而明，是天道也。」（《禮記·哀公問》）

無論是自然之道，聖人之道，還是政治統治，推究本原，都可以追溯到天。那麼，這個「天」，便是一個本體之天、本原之天，既爲本原，便無所不包，政治、德性、禮制等均發端於天。時人認爲，天是發育萬物的基礎，也是確立政權合理性的起點，更是聖人、君主等陶冶德性、治理天下、確立禮制的

一個根本所在，所以才對天道極力稱頌不已。

前面提到，從次數上來看，「天」和「地」搭配出現的頻率最高，看來古人非常喜歡天地對舉，比如「禮者，天地之序也」〔註89〕，「天地和同，草木萌動」〔註90〕，「故聖人作則，必以天地爲本」，「故聖人參於天地、並於鬼神以治政也」〔註91〕等等。但是值得注意的是，就出現順序而言，幾乎都是先言天，後言地。一方面，這比較符合古人的直觀印象，天在上，地在下，天覆地載，萬物與人皆生長於天地之間；另一方面，先言天後言地也暗含著古人對天地之間尊卑高下的界定，就是「天先乎地」〔註92〕，「天尊地卑」〔註93〕，不僅如此，有時候「天」的概念也含括了「地」在其中。比如《禮記·中庸》說：「故天之生物，必因其材而篤焉。」又說，「天地之道，可壹言而盡也：其爲物不貳，則其生物不測。」同是生物，前句以天爲生物的主體，後句以天地並稱，參照而言，前一句中的天實際上含括地在其中，正是本原義的天。正如李景林老師指出的，「儒家常以天地對舉，而又率以『天』包賅天地之意義。……雖不離物質義，本質上卻是一萬物生成之超越本原的概念。」〔註94〕《禮記》中儒家對祭天的理解是建立在對天人關係的考量上的。

《禮記·郊特牲》提出了「萬物本乎天，人本乎祖」〔註95〕的觀點，認爲天或天地是產生萬物的根源，也就是「天地合，而後萬物興焉」〔註96〕，先有天地後有萬物。對此，孔穎達疏云，「天爲物本，祖爲王本。」〔註97〕孔氏之所以將此處的祖作爲王之祖先，蓋與《郊特牲》一篇主要記載天子祭天有關，但這並不妨礙我們對儒家探討天人關係思路的理解。《大戴禮記·禮三本》明確出現了「性之本」、「類之本」和「治之本」的提法，原文爲：「禮有三本：天地者，性之本也；先祖者，類之本也；君師者，治之本也。無天地焉生，無先祖焉出，無君師焉治。」「天地者，性之本也」與後文「無

〔註89〕《禮記·樂記》。
〔註90〕《禮記·月令》。
〔註91〕《禮記·禮運》。
〔註92〕《禮記·郊特牲》。
〔註93〕《禮記·樂記》。
〔註94〕李景林：《儒家的喪祭理論與終極關懷》，《中國社會科學》，2004 年第 2 期，第 110 頁。
〔註95〕《禮記·郊特牲》。
〔註96〕《禮記·昏義》。
〔註97〕朱彬：《禮記訓纂》，北京，中華書局，第 397 頁。

天地焉生」相對應，可見，「性之本」之「性」，是就其創生義而言的。先祖是宗族的起源，君師則是天下得以治理的本始。「萬物本乎天，人本乎祖」其實要表達的就是人類對自己所從來的一種認識，萬事萬物起源於天，而人類起源於自己的祖先。作為萬事萬物的一種，人類的本原最終也落實在了「天」上，「天」既為生物的本體，萬物的本原，那麼，人與天之間關係的確立，正是人為自身的生命價值找到了最終的依託。天子祭祀天地，則是對天人關係的一種最直觀、最具體的理解和體認，既帶有強烈的人間世俗特色又傳達了一種精神信仰觀念。

（二）《禮記》中的郊天之祭

《禮記》當中言及祭天，對天神有不同的稱謂。有時候稱「上帝」，如《禮記·月令》提到孟春，「是月也，天子乃以元日祈穀於上帝」。有時候又稱「皇天上帝」，如《禮記·月令》季夏，「令民無不咸出其力，以共皇天上帝，名山大川，四方之神，以祠宗廟社稷之靈，以為民祈福。」《禮記·表記》又借孔子語，說「昔三代明王皆事天地之神明，無非卜筮之用，不敢以其私，褻事上帝。」此處「天地」、「上帝」均有涉及。《禮記·王制》曰：「故聖人作則，必以天地為本」，也提及了「天地」。這不禁讓人對「天地」、「上帝」、「皇天上帝」之間的關係產生猜想。前文我們已經探討了儒家論「天」經常天地並舉，實際上天包賅了地的意義，有本原的意味，那麼是否均可以從本原的角度理解「天地」、「上帝」、「皇天上帝」之間的關係呢？值得慶幸的是，確實有學者已經發現了它們之間的關聯。

詹鄞鑫先生通過字形字源層面的考察，指出「帝」字具有本始的意義，他說：「古音與帝相近的字，多有根基、原始等義，如蒂表示花的基，柢表示根基，底表示房屋的根基，胎表示人之所由生，始表示氏族之發源，蒂、柢、底、胎、始都與帝雙聲。由此看來，至尊神之所以成為『帝』，本來表示昊天是天地萬物所由生的根本和原始。」〔註98〕張鶴泉先生也指出，「帝」、「皇天上帝」、「皇上帝」等稱呼在商周皆指至上神，他說：「從出土的殷代甲骨刻辭所反映的情況看，『帝』是商人對至上神的稱呼。殷人所崇拜的帝，具有令人敬畏的神性，在人們的心目中它既能興風令雨，又能降福降禍，甚至能決定

〔註98〕詹鄞鑫：《神靈與祭祀——中國傳統宗教綜論》，南京，江蘇古籍出版社，1992年，第46頁。

戰爭的勝負。周人似乎更喜歡用「天」來稱呼至上神〔註 99〕，雖然在文獻和銘文中也還有『上帝』、『皇上帝』、『皇天上帝』等多種稱呼方式。通常人們認為，周人所奉的『天』與殷人所尊的『帝』，在作為各自國家的至上神這一點上，具有同樣的屬性。」〔註 100〕這樣一來，皇天上帝和天地應該都具有本原義。因此，祭祀天地，實為對天地生身本始的崇敬。對天神的稱呼雖然多樣，但在人間社會當中，只有天子才能舉行祭天大典。這不僅是對天地溝通手段的獨佔，也是政治權力的象徵。

　　《禮記》當中祭天儀式往往在郊外舉行，稱為「郊」。《禮記・郊特牲》云：「兆於南郊，就陽位也。於郊，故謂之郊」。當然，如果就廣義的「郊祀」來說，可以指在郊舉行的各類祭祀，如天地、日月、山川之祭等，如《左傳・桓公五年》有：「凡祀，啓蟄而郊，龍而雩。」啓蟄即驚蟄，此處之「郊」即指祈求農事。《禮記・月令》提到孟春：「是月也，天子乃以元日祈穀於上帝」也是指郊祭祈穀。我們重點討論郊天之祭。

　　郊天之祭有明確地點，《禮記》稱「郊」，《周禮・春官・大宗伯》則稱「圓丘」。日期應該很明確，但學者聚訟紛紜，莫衷一是。張鶴泉先生比較認可王肅和馬端臨的說法，即周代有春、冬兩次祭祀，春季以祈穀為目的，冬季的則以報答天恩為目的。〔註 101〕我們後文討論的《禮記・郊特牲》中的記載則傾向於後者。其具體儀式，杜佑《通典》據周制整理為：「周制大司樂云，冬至日祀天於地上之圓丘，又大宗伯職曰以禋祀祀昊天上帝，禮神之玉以蒼璧，其牲及幣各隨玉色，牲用一犢，幣用繒，長丈八尺，王服大裘其冕無旒。」〔註 102〕清人秦蕙田在其《五禮通考》卷五《圓丘祀天》總結出「卜日、齋戒、祭日陳設省眂、聽祭報、出郊、燔柴、作樂降神、迎尸、迎牲殺牲、薦血腥、祝號、享牲、薦牲、薦熟、薦黍稷、送尸、徹、告事畢」

〔註 99〕周代雖然也用「帝」或者「上帝」來稱至上神，但從文獻記載的次數來看，稱引「天」的次數則更多一些。對此，美國美國漢學家顧立雅曾就《詩經》做過統計：《詩經》中以天為神的記載約 106 次，以帝作上帝者則 38 次，參見其《釋天》，《燕京學報》，1935 年，第 18 期。陳筱芳在《春秋天信仰的特點》一文中也統計過，並指出《周書》除了《費誓》、《秦誓》無「帝」和「天」二字，其餘 17 篇中，「天」作為神出現大約 116 次，「帝」作為神出現大約 31 次，可參見《史學集刊》，2005 年第 2 期。

〔註 100〕張鶴泉：《周代祭祀研究》，臺北，文津出版社，1993 年，第 51～62 頁。

〔註 101〕張鶴泉：《周代郊天之祭初探》，《史學集刊》，1990 年第 1 期，第 11 頁。

〔註 102〕【唐】杜佑：《通典》卷四十二《禮二・吉一》，第 241 頁。

等二十多個儀式。〔註103〕大致流程可還原如下：祭祀之前，天子百官齋戒沐浴，檢查獻給神靈的犧牲和祭器。祭祀用牲顏色以赤爲尊。祭祀之日，天子身穿大裘，冕無旒，腰間插大圭，手執鎮圭，面向西方，站立在圜丘東南側。此時，鼓樂齊鳴，奏樂請神，報知天帝降臨享祭。接著天子逐牽赤牛犢並殺之，隨後，犧牲、玉帛、玉璧、玉圭等被置於柴垛，由天子點燃積柴，進行焚燒，讓煙氣高高地升騰於天，煙氣達於天上，這就是「禋祀」。之後，樂聲再起，尸代表天神登上祭壇，接受祭享並對天子進行答謝。最後，天子還要與舞隊同舞相傳是黃帝時流傳下來的《雲門》之舞。祭祀者還要共同分享祭祀所用的酒醴，天子還要把祭祀過的祭牲之肉贈給宗室臣下，即「賜胙」。〔註104〕

大裘冕

見於宋聶崇義《新定三禮圖》的大裘冕，

王祀昊天上帝、五帝、崑崙、神州所服。〔註105〕

〔註103〕秦蕙田：《五禮通考》卷五《圜丘祀天》。

〔註104〕姜楠：《從〈詩經〉看周代祭天禮儀》，《天津師大學報》，1995年第2期，第70～71頁。

〔註105〕（宋）聶崇義纂輯，丁鼎點校解說《新定三禮圖》，北京，清華大學出版社，2006年，第9頁。

（三）《禮記》中郊天之祭的意義

郊天之祭體現了古人報本反始、追思生命本原的情懷。《禮記・郊特牲》曰：

> 萬物本乎天，人本乎祖，此所以配上帝也。郊之祭也，大報本反始也。

孔穎達疏云，「天爲物本，祖爲王本。」〔註106〕天子祭天之時既表現爲對天的崇祀，同時以祖配天，也表現爲對自己祖先的饗祭，這實際上是對萬物起源和族類起源的雙重追思，在祭祀行爲之中也暗含了與天道的直接溝通。郊天之祭，是祭祀的最高級別，恰是祭祀之「報」最充分、最完滿的表現。李景林老師對此言之甚切：「人生始源於其『祖』，王者以祖配天，『郊之祭也，大報本反始也』。這個『大』，可以理解爲形容詞『最大的』，亦可以理解爲動詞『尊大之』。由此，王者之祭以祖配天，既可說是『最大的』『報本反始』，亦可說是祭祀之『報本反始』意義最高、最爲充分的表現。」〔註107〕下面我們結合《禮記・郊特牲》中的記載，對祭天的意義進行展開討論。

《禮記・郊特牲》曰：

> 郊之祭也，迎長日之至也，大報天而主日也。兆於南郊，就陽位也。掃地而祭，於其質也。器用陶匏，以象天地之性也。於郊，故謂之郊。牲用騂，尚赤也，用犢，貴誠也。郊之用辛也，周之始郊，日以至，卜郊，受命於祖廟，作龜於禰宮，尊祖親考之義也。卜之日，王立於澤，親聽誓命，受教諫之義也。獻命庫門之內，戒百官也。大廟之命，戒百姓也。祭之日，王皮弁以聽祭報，示民嚴上也。喪者不哭，不敢凶服，氾埽反道，鄉爲田燭，弗命而民聽上。祭之日，王被袞以象天，戴冕璪十有二旒，則天數也。乘素車，貴其質也。旗十有二旒，龍章而設日月，以象天也。天垂象，聖人則之，郊所以明天道也。帝牛不吉，以爲稷牛。帝牛必在滌三月，稷牛唯具，所以別事天神與人鬼也。萬物本乎天，人本乎祖，此所以配上帝也。郊之祭也，大報本反始也。

這段關於郊祭的記載，傳遞出了如下幾個層面的意味：

首先，祭天，是對天神之「報」，突出的是對生命始源的回報和感恩。孔

〔註106〕朱彬：《禮記訓纂》，北京，中華書局，1996年，第397頁。
〔註107〕李景林：《儒家喪祭理論與終極關懷》，《中國社會科學》，2004年第2期，第112頁。

穎達將報本反始解釋爲：「反始者，反其初始。……謝其初謂之報，歸其初謂之反」〔註108〕，郊天之義在於報答天神生身之本，反歸生命始源。爲凸顯報本反始之義，郊祭所用器物、犧牲，皆取尚質貴誠之義，所謂「用犢，貴誠也」，「乘素車，貴其質也」皆循此義。用犢，按照鄭玄的說法，爲其誠愨未有牝牡之情〔註109〕，即表達對郊天之祭的誠敬之情。不唯如此，祭祀犧牲也需占卜選用。郊牛乃祭祀所用的犧牲，郊祭之前要先選祭牛，然後占卜，如果卜辭爲吉，則將牛養起來，再占卜行郊祭之日。《郊特牲》說「帝牛不吉，以爲稷牛。」孫希旦《集解》曰：「郊天以稷配，故卜二牲而養之：一爲帝牛，一爲稷牛。若帝牛死傷，則取稷牛爲帝牛，又別取他牛爲稷牛也。」規定如此細微，也足見周人對郊天之祭的重視。「酒醴之美，玄酒明水之尚，貴五味之本也。黼黻文繡之美，疏布之尚，反女功之始也。」玄酒，實爲清水，取酒醴之本也；疏布，取其素樸之態也；祭器如鼎、簋、豆、壺之類用陶瓦器，取其質素之意；獻酒以匏瓠爲壺，以瓢爲爵，以象天地之性，均是突出對始、本的重視。

其次，郊祭具有尊祖親考之義。郊祭之前有向宗廟卜問的環節，意在突出接受祖先和先人的教諫，突出祖先活動對時人的重要意義。孔穎達正義曰：「郊事既尊，不敢專輒，故先告祖後乃卜，亦如受命也。」郊天之祭至尊，因此，雖貴爲天子，仍不敢自專，必然先告祖廟，占卜以示受命。郊祭之卜，天子要立於澤宮，顯示出天子接受祖先教諫之義。不僅郊祭之前要先告祖廟，而且，郊祭之中也有以祖先配享的做法。

《左傳・襄公七年》有：「夫郊祀后稷，以祈農事也。」是說郊祀上帝以后稷配食。《禮記・祭法》言及四代之祭，皆有以祖先配享的做法：「有虞氏禘黃帝而郊嚳，祖顓頊而宗堯。夏后氏亦禘黃帝而郊鯀，祖顓頊而宗禹。殷人禘嚳而郊冥，祖契而宗湯。周人禘嚳而郊稷，祖文王而宗武王。」《禮記・大傳》曰：「禮，不王不禘。王者禘其祖之所自出，以其祖配之。」鄭玄注曰：「凡大祭曰禘〔註110〕。大祭其先祖所由生，謂郊祀天也。王者之先祖，皆感大微五帝之精以生，蒼則靈威仰，赤則赤熛怒，黃則含樞紐，白則白招拒，黑則汁光紀，皆用正歲之正月郊祭之，蓋特尊焉。」〔註111〕。意思是說始祖原是感天降生之人，因此要配祭。《公羊傳・宣公三年》也就爲何以祖先配享

〔註108〕朱彬：《禮記訓纂》，北京，中華書局，1996年，第394頁。
〔註109〕孫希旦：《禮記集解》，北京，中華書局，1989年，第670頁。
〔註110〕關於禘祭，因涉及宗廟祭祀，所以會在後文祭祀人鬼處進行詳細討論。
〔註111〕朱彬：《禮記訓纂》，北京，中華書局，1996年，第517頁。

做了解讀，曰：「郊則曷爲必祭稷？王者必以其祖配。王者曷爲必以其祖配？自內出者，無匹不行；自外至者，無主不止。」祖先爲感於天而生，所以要配祭感生帝的說法是受到後來緯書的影響。但可看出，祭天之時確實在以始祖配享。在出土卜辭當中也有以祖先配享祭天的記載。陳夢家先生在《殷虛卜辭綜述》當中便對「配天」這個問題做了研究，他認爲，殷人更多的是賓帝、在帝左右這樣一種提法，周人則明確提出了天的觀念，因此，在周代的卜辭當中，出現了「配天」的說法，而西周晚期的一些金文也多言先王在上，這也恰是以祖配天的佐證。〔註112〕

那麼，郊天以祖先配享的意義是什麼呢？《孝經・聖治章》做了完整討論，曰：「天地之性，人爲貴。人之行，莫大於孝，孝莫大於嚴父，嚴父莫大於配天，則周公其人也。昔者周公郊祀后稷以配天，宗祀文王於明堂以配上帝，是以四海之內各以其職來助祭。」即，天地之性以人爲貴，人最重要的便是要實行孝道，孝親由尊父始，可上推至於尊祖，由此對族脈進行追溯，始祖感天而生，因此以祖配天便成爲最重要的祭祀。

再次，祭天還體現出人間帝王的尊位。這裡提到了「報天而主日」，祭祀天神和太陽之間有什麼關係呢？鄭玄說「天之神，日爲尊」，又說「以日爲百神之王」，認爲天神之中以日爲尊。張舜徽先生在《鄭學叢著》中說：「皇之本義爲日，猶帝之本義爲日。日爲君象，故古代用爲帝王之稱。」〔註113〕認爲皇和帝二字本義均爲日，所以在古代多作爲帝王的象徵。日與皇天、昊天等概念之間的關聯是如何建立起來的呢？何新在研究太陽神崇拜之時找到了這個問題的答案，他發現，在商周銘文、中國上古新石器時期的陶器和其他器物、以及商、周、秦漢的同期和其他器物中，那種經常、大量地被表現的十字、亞字以及類十字圖案，有相當的一部分是描寫太陽神的圖像作爲其母題的。他進一步考察認爲，傳說中的伏羲和太昊，其實是太陽神的化身，隨後轉變成了上帝，他說：「值得注意的是，這些遠古圖畫中太陽神的形象，與古金文中的『皇』字和『昊』字極爲相像。而皇和昊二字，在中國古代正是用於太陽神的兩個尊貴稱號。古文字學界王國維說，皇字金文象日光放射之形。」〔註114〕這種關聯恰好可以解釋爲什麼在祭天之時會以日爲主了。而只

〔註112〕陳夢家：《殷虛卜辭綜述》，北京，中華書局，1988年，第581頁。
〔註113〕張舜徽：《鄭學叢著》，武漢，華中師範大學出版社，2005年，第429頁。
〔註114〕何新：《諸神的起源——中國遠古太陽神崇拜》，北京，光明日報出版社，1996年，第23～25頁。

有王者可以祭天，也正凸顯出人間帝王的尊位。

　　最後，祭祀之中，將神權與王權結合起來，有神道設教的意味。

　　何休釋「郊」，曰：「謂之郊者，天人相與交接之意也。」〔註115〕天子獨掌與神溝通的特權，這也是神道設教的方式。

　　「獻命庫門之內，戒百官也。大廟之命，戒百姓也。祭之日，王皮弁以聽祭報，示民嚴上也。喪者不哭，不敢凶服，泛埽反道，鄉為田燭，弗命而民聽上。」郊天之祭，極盡嚴敬，主要示人尊嚴其君上之義，是將神權與王權結合起來，祭天實為神道設教的一種方式，最終是為了達到「弗命而民聽上」的效果。神權與王權結合的例子，古今中外皆有記載，弗雷澤在其代表作《金枝》中也有所載錄，他在該書第二章專門討論了神權與王權結合的問題，並提到，「把王位稱號和祭司職務結合在一起，這在古意大利和古希臘是相當普遍的。」〔註116〕商代湯禱於桑林的記載，使得很多學者對商王與巫師的身份之間的關係發生了興趣，三代之王勤於祭祀，因此，與祭司階層關係密切，陳夢家先生便提出，甲骨卜辭中的商王都是大巫。〔註117〕不管商王是不是大巫，至少說明，王者之祭具有一定的神道設教意義。

　　「祭之日，王被衮以象天，戴冕璪十有二旒，則天數也。乘素車，貴其質也。旗十有二旒，龍章而設日月，以象天也。」祭天之日，王者的衣著、冠冕、駕乘、旗幟等皆有相應的規制，取其象天之義，也是為了實現王者與天道之間的溝通。古人在祭祀當中非常重視禮儀背後的象徵義，郊天就陽位於南，據天主陽、地主陰而取象，《郊特牲》首句說「郊特牲而社稷大牢」，也就是說郊天之祭用一頭牛為犧牲，孔穎達疏曰：「郊所以用特牲者，天神至尊，無物可稱，故用特牲。」〔註118〕用特牲也主要是象徵天神至尊之義。「天垂象，聖人則之，郊所以明天道也。」明，則是取其示人之意。取象是為了象徵天道，藉以溝通天人，同時也彰表天子乃上承天道，確立天子權力的至高無上。漢代董仲舒在其《春秋繁露・王道通三》中說：「古之造文者，三畫

〔註115〕何休注，徐彥疏：《春秋公羊傳注疏》，《十三經注疏》，臺北：藝文印書館，2007 年，第 157 頁。

〔註116〕〔英〕J. G. 弗雷澤著，徐育新、汪培基、張澤石譯，劉魁立審校，《金枝》（上），北京，新世界出版社，2006 年，第 13 頁。

〔註117〕陳夢家：《商代的神話和巫術》，載《燕京學報》第 20 期（1936 年），第 485～576 頁。

〔註118〕朱彬：《禮記訓纂》，北京，中華書局，1996 年，第 381 頁。

而連其中，謂之王。三畫者，天地與人也。而連其中者，通其道也。取天地與人之中，以爲貫而參通之，非王者孰能當是？」他是從「王」字構造的角度給出了解釋，認爲，「王」之三畫，實取其溝通天地人之義，這也較爲符合古人講求天人合一的思想觀念。《禮記・經解》曰：「天子者，與天地參，故德配天地，兼利萬物，與日月並明，明照四海而不遺微小」，便將人間帝王作爲最高的德性代表，也是符合天人合一這一觀念的。

《春秋繁露》曰：「《春秋》之義，國有大喪，則止宗廟之祭，而不止郊祭。不止郊祭者，不敢以父母之喪廢事天之禮也。」郊祭是最高級別的祭祀，事天爲大，因此，不能以父母之喪廢止事天之禮。

通過以上的分析我們可以對郊天之祭做出這樣的理解：天子的郊天之祭是最高級別的祭祀，最能集中祭禮的意味。郊天之祭傳遞出的禮義精神也是多維度的：

1. 從對本原追思的角度，郊天之祭是報本反始最典型、最完滿的表現，器物、用牲、服飾，均取其貴質、尚誠之義，以與至上之天相配。

2. 從教化百姓的角度，郊天之祭中傳遞出尊祖親考之義，可實現愼終追遠，對百姓進行教化。

3. 天子對至上之天進行祭祀，體現其在人間的地位的至高無上，是對統治地位的再度確認。

4. 祭天之禮，以衣著、冠冕、駕乘、旗幟對天道進行象徵，滲透著天人溝通的理念。

……

實際上，國外學者對天子祭天時所彊化的神權與王權的結合也有所注意，凱倫・阿姆斯壯在其《神話簡史》中說：「中國的『昊天上帝』跟其他神話體系的『天空之神』命運不同，它不僅沒有隨著時間的推移凋敝退隱，反而越發強盛起來。在商朝（約西元前 1766～西元前 1122 年），皇帝即『天子』的正統性和合法性來源於他是惟一有權祭祀天帝的人，而且，根據永恆哲學，天子就是上帝在塵世中的『副本』——在 1911 年辛亥革命之前，這一天人對應的神話在中國長盛不衰。塵世的政權對應著天上的統治，臣子輔佐天子一統天下對等著自然之神輔佐『天』神掌管宇宙。」〔註 119〕郊天之祭具有多層次、多維度的研究意義，研究祭禮則不可不察。綜合天子參與的祭祀天神的

〔註 119〕【英】凱倫・阿姆斯壯：《神話簡史》，重慶，重慶出版社，2005 年，第 93 頁。

活動來看，除郊天之祭之外還含括對日月星辰、四時寒暑等的祭祀，因祭天為最高代表，故主要圍繞祭天來探討。除了祭天之外，天子也參與對地祇和祖先的祭祀。下面我們就轉入祭祀地祇的討論。

二、祭祀地祇以美報物質資源

天覆地載，古人仰觀於天、俯察於地，發現萬物皆在其中生息繁衍。皇天生化萬物，其位尊嚴，萬物皆本其生；大地載育萬物，其性敦篤，為人類提供賴以生存的各種物質資源。因此，地祇成為祭祀的第二大類對象。地祇是一大類神靈體系，前文已經做過概述。按照《周禮‧春官‧大宗伯》的記載：「以禋祀祀昊天上帝，以實柴祀日月星辰，以槱燎祀司中、司命、風師、雨師。以血祭祭社稷、五祀、五嶽，以貍沈祭山林、川澤，以疈辜祭四方、百物。以肆、獻、祼享先王，以饋食享先王。以祠春享先王，以禴夏享先王，以嘗秋享先王，以烝冬享先王。」對應地祇的應該是三類，即：用血祭的方式祭祀的社稷、五嶽，用埋沉的方式祭祀的山林川澤和疈辜祭祀的四方、百物。因地祇涉及神靈眾多，我們選取其中比較有代表性的土地神祭祀作為考察對象。

土地有生養萬物之功，因而土地信仰也由來已久，成為農耕文明的重要組成部分。甚至時至今日，民間的土地神崇拜仍然保有很強的生命力。吳秋林在其《中國土地信仰的文化人類學研究》一文中便提及貴州的七種土地信仰遺存，包括布依族社神類型的土地信仰；水族石崇拜轉化型土地信仰；苗族、侗族類社神性質的土地信仰；土家族的儺文化型土地信仰等。[註120] 筆者之前在澳門旅遊時也發現一個有趣的現象：幾乎每家商鋪都會在門前供奉「門口土地財神」。可見，澳門的民眾已將土地神和財神的功能合二為一了。

那麼，《禮記》中，儒家是如何解讀對土地的祭祀的呢？按照《禮記‧王制》的觀點：「天子祭天地，諸侯祭社稷，大夫祭五祀。」所記述的便是天子、諸侯、大夫三個階層所能祭祀的最高神祇。就天子而言，所能祭祀的最高神便是天和地。《禮記‧祭法》說：「瘞埋於泰折，祭地也。用騂犢」，所記載的也是以牲牛埋於祭坎之下的祭地之禮。《禮記‧郊特牲》對社祭有過論述：

> 「社，所以神地之道也。地載萬物，天垂象，取財於地，取
>
> 法於天，是以尊天而親地也，故教民美報焉。家主中霤，而國主

〔註120〕吳秋林：《中國土地信仰的文化人類學研究》，《宗教學研究》，2013 年第 3 期，第 148～170 頁。

社，示本也。」

　　關於社神的神性和起源，學界一直眾說紛紜，莫衷一是，有代表性的就有土地神說、地母崇拜說、圖騰說、高禖神說等十餘種說法〔註121〕。但從《禮記‧郊特牲》這段引文來看，此處之「社」，應該指的是對土地神的祭祀。《禮記‧祭統》中也有一段記載可作參考：「昔者周公旦有勳勞於天下，周公既沒，成王、康王追念周公之所以勳勞者，而欲尊魯，故賜之以重祭。外則郊、社是也；內祭則大嘗、禘是也。」這段文字涉及周初一段歷史：周之確立，周公被封於魯國，因其需要繼續輔佐成王，故其子伯禽代其就魯，周公去世之後，為表示對其功勳的追念和尊崇，故特允許魯國舉行只有天子可舉行的郊社嘗禘之禮。《祭統》所稱，「外則郊、社」，郊指祭天，社則祭地，祭天、祭地對舉而言，所以，可以肯定的是，《禮記》中所言的社祭應該是土地祭祀的一種形式，從屬於對地祇的祭祀。

　　社之確立，淵源甚久，《淮南子‧齊俗訓》便提及：「有虞氏之禮，其社用土。夏后氏之禮，其社用松。殷人之禮，其社用石。周人之禮，其社用栗。」四代之社，均有規制。《孝經緯》稱：「社者，五土之總神。土地廣博，不可遍敬，故封土為社而祀之，以報功也。」社神崇拜應該也經歷了一個演變發展的過程。王震中先生便提出了三階段說，他說：「由原始社會後期到漢代以來，我國社神崇拜的發生與發展，大體經歷了原生形態、次生形態和再次生形態三個階段。」〔註122〕他認為：原生形態，指的是從虞舜時期到有夏一代，社神作為生殖與土地之神受到人們的崇拜；次生形態，指的是西周時期，社神由生殖與土地之神向國家與地區保護神轉型；再次生形態，指的是秦漢時期，社神變成了以土地神為主要屬性的農業之神。〔註123〕由生殖崇拜到農業神，社神崇拜經歷了一個由自然宗教到人為宗教的轉變過程。《周禮‧春官‧小宗伯》曰：「建國之神位，右社稷，左宗廟。」可見周代的社祭應該非常重要。社神被尊奉為神之後，信奉者便賦予其更多職能：社神可以是國家的保護神；也可以是軍隊的保護神，出兵打仗之前要祭社；還可以去除不祥，新邑落成、水旱

〔註121〕張二國在其《商周時期社神崇拜的宗教學考察》一文中做了詳細梳理，參見海南師範學院學報（人文社會科學版），2000年第3期，第43～50頁。
〔註122〕王震中：《東山嘴原始祭壇與中國古代的社崇拜》，《世界宗教研究》，1988年第4期。
〔註123〕王震中：《東山嘴原始祭壇與中國古代的社崇拜》，《世界宗教研究》，1988年第4期。

災害均要祭社；還可以保有威懾力和公正性，訴訟、盟社要祭社。

下面我們接著探討《禮記》中關於社神作爲土地神職能的記載，《禮記·祭法》曰：

> 王爲群姓立社，曰大社。王自爲立社，曰王社。諸侯爲百姓立社，曰國社。諸侯自爲立社，曰侯社。大夫以下成群立社，曰置社。

天子建大社、王社，諸侯建立國社、侯社，大夫以下建立置社，所描述的是不同等級的社有其對應的名稱。《白虎通·社稷》曰：「封土立社，示有土也。」可見，社神是一定地域的守護神，在國家和地域守護神之間建立起了穩定聯繫之後，社神與國家安危相關。金鶚云：「祭地專於天子，而祭社下達於大夫士，至於庶人，亦得與祭。蓋祭地是全載大地，社則有大小。天子大社，祭九州之土，王社祭畿內之土，諸侯國社祭國內之土，侯社祭籍田之土，與全載地異。」〔註124〕天子處於祭祀層級的最高層，因此，他擁有祭地的權力，這是與其地位相契的；爲了與天子加以區分，諸侯、大夫所立之社，所取名稱只能相異，爲國社、侯社、置社等。

《禮記·郊特牲》就社祭的意義做了探討：

> 社祭土而主陰氣也，君南鄉於北墉下，答陰之義也。日用甲，用日之始也。天子大社，必受霜露風雨，以達天地之氣也。是故喪國之社屋之，不受天陽也。薄社北牖，使陰明也。社，所以神地之道也。地載萬物，天垂象，取財於地，取法於天，是以尊天而親地也，故教民美報焉。家主中霤，而國主社，示本也。唯爲社事，單出里，唯爲社田，國人畢作。唯社，丘乘共粢盛，所以報本反始也。

我們可以從以下三個層面來分析：

首先，社祭祭土與郊祭祭天相對應，故其方位、場所皆有相應規制，均爲合於天地陰陽的體現。孔穎達曰：「社既主陰，宜在北，故祭社時設主壇上，北面，君來在北墉下，南鄉祭之，是對陰之義也。」〔註125〕天爲陽，地爲陰，社祭土，故以陰爲主，南爲陽，北爲陰，所以社祭之時，君南鄉於北墉之下，恰是與陰之義對應。社是國中之貴神，甲是旬日之初始，故取用以凸顯社祭之貴，選取甲旬日。「天子之社曰大社，尊之之辭也。達，通也。天秉陽，而

〔註124〕孫詒讓：《周禮正義》第五冊，《大宗伯》疏，北京，中華書局，1987年，第1317頁。

〔註125〕朱彬：《禮記訓纂》，北京，中華書局，1996年，391頁。

霜露風雨，天之用也。地秉陰，而山川嶺隰，地之體也。故大社不爲屋，使天之陽氣下通於地，以成生物之功也。」〔註126〕在當時的認知觀念中，陰陽交接則萬物化生，因此，天子之大社不作屋頂覆蓋，也是爲了體現天地陰陽之氣的交接，交接則爲吉。相反，亳社，爲喪國之社，故「屋之」，以阻絕陰陽交接之氣。

關於亳社，在此做一點說明。亳，爲商代重要都邑，商代諸王如外丙、仲壬、太甲等均曾將亳作爲都邑，雖具體地點爭論不一，但亳地之社爲商代的重要之社多見於商代卜辭，應無爭議。周滅商，殺紂王立其子武庚，但宗廟不毀、社稷不遷，此時亳社仍不是「亡國之社」，後武庚聯合三監叛亂，被平定之後，亳社便成爲了「亡國之社」，具有教誡的意義。孫希旦曰：「喪國之社，即亳社也。薄、亳通，殷之舊都也。薄社屋其上，使不得受風雨霜露之陽氣也。又塞其三面，惟開北牖，使其陰方偏明，所以通其陰而絕其陽也。陽主生而陰主殺，亡國之社如此，以其無事乎生物，而但用以示誡也。」〔註127〕《白虎通》亦有「王者諸侯必有誡社何？示有存亡也。明爲善者得之，爲惡者失之。故《春秋公羊傳》曰：「亡國之社，奄其上，柴其下。」示與天地絕也。《郊特牲》記曰：『喪國之社屋之。』示與天地絕也。」〔註128〕亳社之立，三面不通，唯通北面，北屬陰，且屋頂覆蓋，以阻絕陰陽交接，恰是爲了體現亳社天地之氣未通，故爲亡國之社。天子大社與天地之氣相通，突出濃重的天人溝通的意味。

其次，社祭，乃對地道的酬報，突出「報本反始」之義。天和地是古人信仰體系當中最重要的兩個概念，常對舉而言，天生萬物，地長養萬物，因此，對土地神的祭祀，便是神地之道的體現。孔穎達正義曰：「天垂象者，欲明地之貴，故引天爲對，所謂『在天成象，在地成形』也。取材於地者，財並在地上也。四時早晚，皆仿日月星辰以爲耕作之侯，是取法於天，故尊而祭之，天子祭天是也。所取材者，故親而祭之，一切親地而共祭社是也。地既爲民所親，故與庶民祭之，以教民美報故也。中霤，謂卿大夫之家主祭土神在於中霤。天子諸侯主祭土神於社。以土生財養官與民，故皆主祭土神，

〔註126〕孫希旦：《禮記集解》，沈嘯寰、王星賢點校，北京，中華書局，1989年，第685、686頁。

〔註127〕〔清〕孫希旦：《禮記集解》，沈嘯寰、王星賢點校，北京，中華書局，1989年，第685、686頁。

〔註128〕〔清〕陳立：《白虎通疏證》，吳則虞點校，北京，中華書局，1994年，第86、87頁。

示其生養之本也。」〔註129〕大地為萬物生養提供了物質資源，是人類賴以生養的源泉，因此，古人尊天而親地，對上天充滿敬仰和崇拜之情，對大地充滿感懷和酬報之心，儒家解讀社祭也凸顯報本反始的意義，著意於對大地生養之本的感恩和回報之情。

再次，社祭參與者眾多，某種程度上起了對政權的認同和對社會結構的穩固的作用。社神是超出家族之上的受到普遍尊崇的神靈。祭祀社神的時候整個里的國人都要盡數出動。所謂「唯為社事，單出里，唯為社田，國人畢作。唯社，丘乘共粢盛，所以報本反始也。」鄭注：「單出里，皆往祭社於都鄙。二十五家為里。畢作，人則盡行，非徒羨也。」孔疏：「社事，祭社是也。單，盡也。里，居也。社既為國之本，故若祭社，則合里之家並出，故云單出里也。」〔註130〕為了祭祀社神這一國之貴神，合里之家盡出；因社祭人人可得祭祀之福，故為了獲取祭社用牲，人人都要出動狩獵；祭祀社神的粢盛則需以「丘」、「乘」為單位集體供奉。這樣一來，社神祭祀便成為聯繫上層統治者和民眾的紐帶，成為全民參與的一種社會活動。民眾參與社祭活動，可體現對統治權的強化，對社會結構的穩固也起了一定的積極作用，有助於國民在參與過程中對國家產生強烈的認同感。「由於王公建立邦國，須先有土以奠定其物質來源，因而此一社土所在，即為邦國經濟來源之基礎，且為政治統治之信仰中心，並由於王社與諸侯之社具有君臣之衍生關係，是以自置社之層級降殺，可以體現『社』與統治權之合一性。」〔註131〕

以上是對於《禮記·郊特牲》篇所記社祭的分析，通過這段記載，可以看出，對土地神的崇祀，源於古初時期的自然神崇拜，天子祭土地神，意在彰顯和回報大地生養萬物、為人類提供物質所需之功，天子完成祭地之禮的同時，不僅確立了政治權威，對社會結構的穩固和民眾的國家認同也會產生積極作用。除了社祀之外，位列地祇之神還有很多，比如稷神、五嶽、川澤之神等，本文便不一一涉及。

三、祭祀人鬼以追養繼孝、教民相愛

祖先崇拜不僅在當時的社會生活中佔據著重要地位，乃至在整個中國文化

〔註129〕朱彬：《禮記訓纂》，北京，中華書局，1996年，第392頁。
〔註130〕朱彬：《禮記訓纂》，北京，中華書局，1996年，第392頁。
〔註131〕林素英：《古代祭禮中之政教觀——以〈禮記〉成書前為論》，臺灣，文津出版社，1997年，第103頁。

傳統中都有很深遠的影響力。實際上，祖先崇拜在其他民族文化中也有體現，如黎族的祖先崇拜便有始祖崇拜、遠祖崇拜、近祖崇拜和家祖崇拜等不同崇拜對象。〔註132〕土家族的祖先崇拜則表現爲以祠堂爲中心的祠祭、以神龕爲中心的家祭、以祖墓爲中心的墓祭等不同類型。〔註133〕那麼，在儒家看來，爲什麼要祭祀祖先呢？這和儒家對祭祀的超越性理解有關。在首章中，我們已經對《禮記》當中的鬼神觀念做了梳理：天地是萬物的本原，人也是萬千產物之一，萬物有生有死，人也是如此。人死則化爲鬼神，鬼神是一種幽隱的存在，飄忽無形，復歸於天地之間，鬼神漂遊於天地之間，恰是向天地本原處的一種回歸。對祖先進行祭祀，恰是實現人鬼之間、天人之間的溝通，是對生身本原的肯認，也是對生命所達到的超越性的再度體察。當然，就現實而言，個體生命的有限性則可藉由血脈延續實現超越，《易傳・繫辭上》所言「有親則可久」，《孟子・離婁上》言「不孝有三，無後爲大」均是從族類血脈延續的意義上立論的，而「孝」本身也是血脈延續的體現，這也是儒家非常重視孝道思想的原因。

　　天子對祖先的祭祀，不僅表現在祭天之時以祖配享，還表現爲專設宗廟對祖先進行饗祭，《禮記・中庸》曰：「宗廟之禮，所以祀乎其先也」便專就宗廟祭祀而言。在《禮記》涉及的祭祀譜系中，宗廟之祭，常在祭天地之後言及，也是記載最多、祭祀次數最爲頻繁的一類祭祀，從屬於對親人祖先的人鬼之祭。下面，我們就結合《禮記》中的記載分析一下天子的祖先祭祀。

（一）宗廟之設

　　宗廟是對祖先進行祭祀的地方。《詩經・大雅・綿》：「乃召司空，乃召司徒，俾立室家。其繩則直，縮版以載，作廟翼翼。」此處之「廟」便指宗廟，營造屋舍，以宗廟爲先，以居室爲後。《禮記・曲禮下》稱：「君子將營宮室，宗廟爲先，廄庫次之，居室爲後。」宗廟之設，源於尊祖。《說文》釋宗廟便說：「宗，尊祖廟也」，「廟，尊先祖貌也」。《孔子家語・廟制》有：「古者祖有功而宗有德，謂之祖宗者，其廟皆不毀。」指出宗廟之立，源於對祖宗德烈功業的崇敬和懷念。「示」代表神靈，即神主，「宗」字則有廟中陳「示」的象徵義。因此，「宗」指胞族各支共同的祖先神廟，「廟」泛指祖先神廟，「宗

〔註132〕謝東莉：《黎族祖先崇拜略論》，《青海民族研究》，2014年第4期，第193～196頁。

〔註133〕中南民族學院民族研究所、民族學系：《南方民族研究論叢》，北京，民族出版社，1996年，第74頁。

「廟」則指的是「宗」和「廟」構成的宗廟建築群。

宗廟宮室的具體建制因歷史久遠，資料闕如，一直爲禮家爭論的熱點，古今很多研禮學者如宋代陳祥道、元代韓信同、明代劉績、清代戴震、萬斯同、胡培翬等都對這個問題進行過研究，留下了不少禮圖。可以肯定的是，商代時已有宗廟制度〔註134〕，周代的宗廟規制應該更完備，如《爾雅·釋宮》便有「室有東西廂曰廟，無東西廂有室曰寢。」而上世紀七十年代末在陝西鳳翔馬家莊發掘出的春秋時期秦國的宗廟遺址更是周代宗廟的典型遺存，是典型實證。〔註135〕隨後韓偉先生結合對該遺址的研究繪製了秦公祖廟名謂圖〔註136〕。（見下圖）

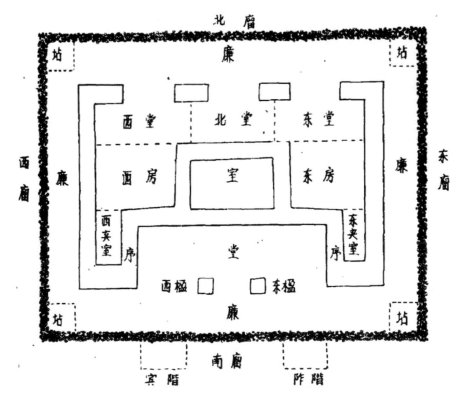

秦公祖廟名謂圖

〔註134〕關於此點，朱鳳瀚先生在其《殷墟卜辭所見商王室宗廟制度》一文中有詳細論述，參見《歷史研究》，1990年第6期，第3～19頁。

〔註135〕陝西周原考古隊：《陝西岐山鳳雛村西周建築基址發掘簡報》，《文物》，1979年第10期，第27～37頁。

〔註136〕韓偉：《馬家莊秦宗廟建築制度研究》，《文物》，1985年第2期，第31頁。

而詹鄞鑫先生則據古制重新擬定名稱後，重繪了《岐山西周宗廟圖》〔註137〕。

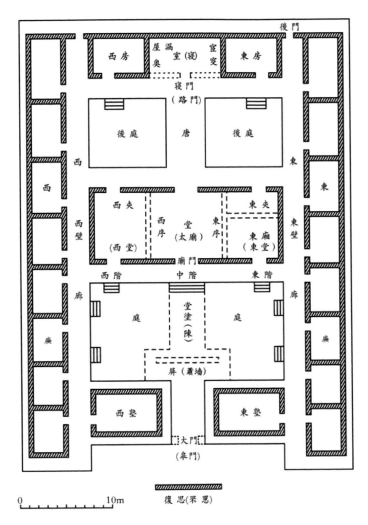

岐山西周宗廟圖〔註138〕

按照詹鄞鑫先生的觀點，其大致構造及用途如下：太廟居中南向，主體稱「堂」的位置，也叫「太廟」，用以陳列神主；「庭」則用以宰殺犧牲、燎牲、埋牲及祭祀歌舞活動場所；兩側房屋爲「廡」，周代可能用作禰廟祧廟，按昭穆分

〔註137〕 詹鄞鑫：《神靈與祭祀——中國傳統宗教綜論》，南京，江蘇古籍出版社，1992年，第193頁。

〔註138〕 詹鄞鑫：《神靈與祭祀——中國傳統宗教綜論》，南京，江蘇古籍出版社，1992年，第192頁。

列兩旁，後世用作陳列配享功臣和諸侯。大門兩旁的房屋稱「塾」，供賓客、臣僚朝拜或祭祀前休息。大門外或內有屏牆一道，外稱爲「復思」，意爲追念先祖音容笑貌，內稱爲「蕭牆」，意思是至此則表現出敬肅的態度。〔註139〕秦漢以後的宗廟有所變化，董喜寧在其《孔廟祭祀研究》一書中提及秦漢以後宗廟建築在皇室家族中盛行不衰，但是公卿以下的立廟狀況一片蕭條。唐宋以後，宗廟一詞幾乎專屬皇族，臣民立廟多稱家廟或私廟。唐宋兩朝都曾仿照周代的廟制模式對臣下的立廟格局做出安排。不同於周制的是，後世的立廟標準，以官品取代了爵位，如官幾品可立幾廟之式〔註140〕。明永樂年間建成並一直沿用至清末的北京太廟，其建制便沿襲了古禮，《明一統志》稱：「太廟，在皇城內南之左，正殿、兩廊檻室崇深，昭穆禮制法古，從宜親王及功臣配享，左有神宮監」〔註141〕。現今仍有一些地方有「祠堂」存留，也是宗廟的遺存。可見，宗廟的意義並不侷限於祖先祭祀，應該是社會生活、政治和文化等領域狀況的集中反映。

　　宗廟之設強調等級意義。《禮記·王制》便對各層級的宗廟數量做了介紹，曰：

> 天子七廟，三昭三穆，與大祖之廟而七。諸侯五廟，二昭二穆，與大祖之廟而五。大夫三廟，一昭一穆，與大祖之廟而三。士一廟。庶人祭於寢。

《禮記·祭法》，將不同層級廟制的細目做了介紹：

> 天下有王，分地建國，置都立邑，設廟、祧、壇、墠而祭之，乃爲親疏多少之數。是故王立七廟，一壇一墠，曰考廟，曰王考廟，曰皇考廟，曰顯考廟，曰祖考廟，皆月祭之。遠廟爲祧，有二祧，享嘗乃止。去祧爲壇，去壇爲墠。壇墠，有禱焉祭之，無禱乃止。去墠曰鬼。諸侯立五廟，一壇一墠，曰考廟，曰王考廟，曰皇考廟，皆月祭之。顯考廟，祖考廟，享嘗乃止。去祖爲壇，去壇爲墠。壇墠，有禱焉祭之，無禱乃止。去墠爲鬼。大夫立三廟二壇，曰考廟，曰王考廟，曰皇考廟。享嘗乃止。顯考祖，考無廟，有禱焉，爲壇

〔註139〕詹鄞鑫：《神靈與祭祀——中國傳統宗教綜論》，南京，江蘇古籍出版社，1992年，第193頁。

〔註140〕董喜寧：《孔廟祭祀研究》，北京，中國社會科學出版社，2014年，第19～20頁。

〔註141〕【明】李賢等：《明一統制》，卷一，漢籍善本全文影像資料庫，第63頁。

祭之。去壇爲鬼。適士二廟一壇，曰考廟，曰王考廟，享嘗乃止。

顯考無廟，有禱焉，爲壇祭之。去壇爲鬼。官師一廟，曰考廟。王

考無廟而祭之，去王考爲鬼。庶士庶人無廟，死曰鬼。

這裡有兩點值得注意。

其一，宗廟之設，橫向上表現出等級差異。天子、諸侯、大夫、士、庶人等因層級不同，貴賤有等，因此設廟上也有差異。

天子爲天下的王者，自然是最尊貴的，禮制上也當有所體現，恰如《禮器》篇所說的：「禮有以多爲貴者，天子七廟」，天子之廟數目最多，是禮以多爲貴的典範。關於天子七廟的說法，鄭玄認爲是周代的典制，他解釋道：「此周制。七者，大祖及文王武王之祧，與親廟四。大祖，后稷。」孔穎達對七廟的解釋與鄭玄相同。﹝註142﹞天子七廟，即太祖廟居中，三昭居東，三穆居西。諸侯五廟，則以始封之君爲太祖，爲其設太祖之廟，除此之外還有兩昭兩穆；大夫三廟，其太祖之廟則是爲始得封爵之祖而設的，除此之外還有一昭一穆。昭穆，和先祖在宗廟中排列的倫次有關，朱熹說：「昭穆本以廟之居東居西，主之向南向北而得名。」（《朱子大全‧禘祫義》）詹鄞鑫在提到昭穆的命名時從字義的角度推測，認爲「南向的一列正面朝陽明亮，故稱爲『昭』、昭有明義；北向的一列正面背光而冥昧，故稱爲『穆』，穆有冥義。」﹝註143﹞想必可能是因爲宗族家族成員較多，倫次易亂，因此分成兩系，以辨明人倫世次。《禮記‧祭統》的說法恰好印證了這一點，「夫祭有昭穆。昭穆者，所以別父子，遠近，長幼，親疏之序，而無亂也。是故有事於大廟，則群昭群穆咸在而不失其倫。」《周禮‧春官‧小宗伯》賈公彥疏則舉了具體應用的例證，稱：「周以后稷廟爲始祖，特立廟不毀，即從不窋已後爲數，不窋父爲昭，鞠子爲穆。從此以後，皆父爲昭，子爲穆，至文王十四世，文王第稱穆也。」如禘祭，可能便和昭穆的確定有關。

《禮記‧喪服小記》曰：「禮，不王不禘。王者禘其祖之所自出，以其祖配之。」禘祭，因先秦文獻沒有詳細記載，自漢代以來便爭議頗多，有人認爲是時祭，有人認爲是祭祖，還有人認爲是祭天。實際的實行情況確實非常複雜。董蓮池在《殷周禘祭探眞》一文中結合甲骨文和金文中有關禘祭的記

﹝註142﹞朱彬：《禮記訓纂》，北京，中華書局，1996 年，第 183 頁。

﹝註143﹞詹鄞鑫：《神靈與祭祀——中國傳統宗教綜論》，南京，江蘇古籍出版社，1992年，第 202 頁。

載，得出殷周的禘祭應該都和祭祖有關，但也存在異同：「相同者主要在於都是以先祖先考爲對象，合祭或專祭，並且都以專祭爲主，合祭偶或爲之。都不用以祭天。不同之處則是：殷禘對象廣泛，周禘則只限祖考；殷禘一律由王舉行，周禘則初由王舉行，後發展爲『公』及臣下也可舉行；殷禘在每個季節中都可舉行，而周禘只限於夏秋兩季。」〔註144〕錢玄先生在《三禮通論》中對鄭玄《禘祫志》做出質疑，並結合《春秋》和《左傳》中的記載對禘祭進行了考證，認爲春秋時天子、諸侯在三年喪畢，確實會施行一次禘禮，或集眾廟之主合祭於太祖廟或祭於新死者之廟，以審定新死者昭穆之位。〔註145〕這樣看來，禘祭確實是針對祖先的高規格祭祀。

天子七廟說，應該是周代宗法制度的規定，也可能有未完全遵循禮制規定立廟的情況出現，在此我們不做討論。

其二，宗廟之設，縱向包含著親疏遠近的分別。以天子爲例：天子設有七廟，一壇一墠：一是考廟，二是王考廟，三是皇考廟，四是顯考廟，五是祖考廟，五廟按月祭祀；另外兩廟爲原祖廟，即祧廟，按四時祭祀。祧廟往上數一代的祖先就設壇祭祀，再往上則設墠而祭，壇墠的祖先有所祈禱才祭，無則不祭。墠再往上的祖先稱爲「鬼」。《禮記·祭法》稱：「去祧曰壇，去壇爲墠，去墠爲鬼。」可見由七廟到壇到墠，親緣關係愈發疏遠，祭祀狀況也隨親疏而變化。前文講喪禮時我們已經提及「別子爲祖」和「繼別爲宗」是宗法制度中的兩個核心原則，這個問題在宗廟祭祀中涉及到是大宗和小宗的差別。不論大宗小宗，平時只祭高祖以下的禰廟，只有四廟，爲：顯考廟（高祖）、皇考廟（曾祖）、王考廟（祖父）和考廟（父），嫡系所祭還需加上作爲宗族始祖的太祖廟，稱「太廟」、「太室」。〔註146〕但是遇到舊君死，新君繼位，則涉及到「毀廟」問題。所謂「毀廟」，並非眞的搗毀宗廟，按照《春秋穀梁傳·文公二年》的記載：「作主壞廟有時日，於練焉壞廟。壞廟之道，易檐可也，改塗可也。」即：舊君去世，新君繼位，舊君的兄弟連同其子孫則另成氏族。此時，原先的氏族祖先便需隨之調整。新死去的舊君

〔註144〕董蓮池：《殷周禘祭探眞》，《人文雜誌》，1994年第5期，第78頁。

〔註145〕錢玄：《鄭玄〈魯禮禘祫志〉辨》，見於《三禮通論》，南京，南京師範大學出版社，1996年，第482～483頁。

〔註146〕詹鄞鑫：《神靈與祭祀——中國傳統宗教綜論》，南京，江蘇古籍出版社，1992年，第193頁。

立考廟，原考廟升爲王考廟，原王考廟升爲皇考廟，原皇考廟升爲顯考廟，成爲分族後的氏族始祖。原來的高祖此時不再是始祖，而是大宗和小宗的共同祖先，所以大宗不再代表氏族祭祀他，而只代表宗族祭祀他，原來的顯考廟要拆毀，稱爲「毀廟」或「壞廟」，但實際上只是將屋簷換掉，並重新粉刷，神主改遷地方即可。大宗和小宗的這一差別，實際上也是親疏關係的體現。

下面附上韓偉先生引用的清代學者任啓運依經文繪製的《諸侯五廟都宮門道圖》以作參考。〔註147〕

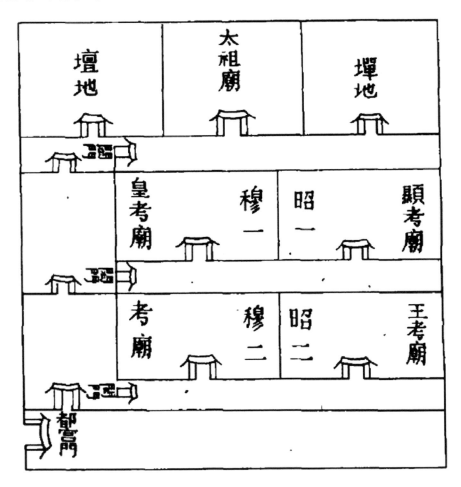

諸侯五廟都宮門道圖

〔註147〕韓偉：《馬家莊秦宗廟建築制度研究》，《文物》，1985 年第 2 期，第 31 頁。

（二）宗廟之祭

天子宗廟祭祀的對象既有先公、先王等男性祖先，如《周禮・春官・司服》「享先王則袞冕，享先公、饗、射則鷩冕。」〔註148〕《禮記・大傳》也提及，武王曾「追王大王亶父、王季歷、文王昌，不以卑臨尊也。」也有女性始祖、先妣如姜嫄，如《周禮・春官・大司樂》：「乃奏夷則，歌小呂，舞《大濩》，以享先妣。」另《詩・魯頌・閟宮》：「閟宮有侐，實實枚枚。赫赫姜嫄，其德不回。」也可見對女性始祖如姜嫄的祭祀。功臣也可配祭祖先。如《周禮・夏官・司勳》：「王功曰勳，國功曰功，民功曰庸，事功曰勞，治功曰力，戰功曰多。凡有功者，銘書於王之大常，祭於大烝，司勳詔之。」鄭玄注：「銘之言名也。生則書於王旌，以識其人與其功也。死則於烝先王祭之。詔，謂告其神以辭也。」〔註149〕

對於祖先的饗祭，也有不同的祭法。《周禮》將天子宗廟祭祀分爲常祀和因祀兩大類。常祀指的天子定期舉行的祭祖儀式，包括四時祭和間祀，因祀則是因事而祭。按照林素英先生的考察，因祀是由於特定事件的發生而行祭於宗廟，比如建國、巡守、朝會、朝聘、會盟、征伐等需要告祭於先祖，所以祭無定時；常祀則是指的定時的祭祀活動，比如月祭的告朔、朝廟、前文提到的宗廟四時祭以及年終歲末的歲禱和終禘等等。〔註150〕

《禮記・王制》篇便記載了宗廟四時之祭：

> 天子諸侯宗廟之祭，春曰礿，夏曰禘，秋曰嘗，冬曰烝。

孔穎達疏曰：「皇氏云：『礿』，薄也。春物未成，其祭品鮮薄也。……禘者，次弟也。夏時物雖未成，宜依時次弟而祭之。《白虎通》云：『嘗者，新穀熟而嘗之。』烝者，眾也。冬之時，物成者眾。孫炎云：『烝，進也。進品物也。』」〔註151〕孔穎達是結合四時的氣候狀況與作物的生長情況來對四時之祭進行了介紹。《月令》篇還記載了天子在各個季節的活動安排，其中與宗廟之祭相關的非常多，如，孟春「天子乃鮮羔開冰，先薦寢廟」；講到季夏之月，天子的活動便有「以祠宗廟社稷之靈，以爲民祈福」；仲秋之月，則有「以犬嘗麻，先薦寢廟」；孟冬之月，則有「蠟先祖、五祀，勞農以休息之」等等。爲什麼

〔註148〕孫詒讓：《周禮正義》第 6 冊，北京，中華書局，1987 年，第 1620 頁。

〔註149〕孫詒讓：《周禮正義》第 6 冊，北京，中華書局，1987 年，第 2366～2368 頁。

〔註150〕林素英：《古代祭禮中之政教觀——以〈禮記〉成書前爲論》，臺北，文津出版社，1997 年，第 175～196 頁。

〔註151〕朱彬：《禮記訓纂》，北京，中華書局，1996 年，第 185 頁。

要行四時祭呢？林素英先生從契於人情的角度進行了闡發：稱：「睹新物而懷親祖，嘗美味而思先人，是故文云『未嘗，不食新』，此追養繼孝之親情思慕，乃人情之常，無分貴賤，不論窮達，古今皆同。然而若是有新則薦，則祭無常制，疏密無規，實難持恒以克盡追養之孝道。且若除薦新之外，其餘諸事多簡，亦難以藉祭祀而感先祖之德澤，亦無以凸顯祭禮之深義。故而聖人因革夏、殷以來未有定制之祭享而作時享祭禮，法乎天之四時，順乎自然之變化，依時制舉，不疏不密，或薄或豐，隨時制宜，應乎人情之所須。故薦新之事即附於時享禮之內推行。」〔註152〕

就祭祀儀節來看，不同階層的四時祭很多儀節是相同的，但天子諸侯四時祭需先行祼獻之禮，而後薦熟薦黍稷。士大夫則沒有祼獻之禮，直接薦熟開始。所以在《儀禮・特牲饋食禮》和《儀禮・少牢饋食禮》中，士大夫四時祭稱為「饋食」。〔註153〕

天子諸侯為何要先行祼體？祼禮有多重要呢？《論語・八佾》中曾記載孔子語：「禘自既灌而往者，吾不欲觀之矣。」《禮記・祭統》便有：「夫祭有三重焉：獻之屬莫重於祼。」《周易・觀卦》卦辭便有：「觀盥而不薦，有孚顒若。」此處也是指的祼禮。那麼祼禮究竟是什麼呢？據曹建墩先生考證，祼禮在殷商時是一種獨立的祀典，主要用於祭祀先祖和先妣，西周早期，則用於先祖祭祀。兩周的宗廟之祼，一為降神之祼，以鬱鬯澆灑於束茅之上，鬱鬯灌注於地下，芬芳通達於上，用於感格神靈，一為祼尸之禮，以鬯酒獻尸。〔註154〕那麼祼禮為什麼這麼重要？首先，是祼禮所用之鬯酒非尋常可得之物，是高級貴族的身份地位和財富的象徵。鬯酒，以一種名為「秬」的黑黍釀造而成，《白虎通・考黜》有：「秬者，黑黍，一稃二米。鬯者，以百草之香鬱金合而釀之，稱為鬯。」可見，所用之鬯，不僅原料稀有，且製作工藝較為複雜，也增加了其價值。其二，也是最重要的，是行祼禮傳達的是對神靈的至誠至敬。《禮記・郊特牲》言「至敬不饗味，而貴氣臭也。」又，「周人尚臭，灌用鬯臭，鬱合鬯，臭陰達於淵泉。灌以圭璋，用玉氣也。既灌然後迎牲，致陰氣也。」祼用鬱鬯，取其芳香以降神，鬱鬯香氣在宗廟中飄揚，

〔註152〕林素英：《古代祭禮中之政教觀——以〈禮記〉成書前為論》，臺北，文津出版社，1997年，第189～190頁。
〔註153〕錢玄：《三禮通論》，南京，南京師範大學出版社，1996年，第617頁。
〔註154〕曹建墩：《先秦祼禮考》，見於《先秦古禮探研》一書，北京，社會科學文獻出版社，2018年，第64頁。

祭祀者誠心可通於神靈。正因秉持了這樣的獻祭理念，所以裸禮的地位不僅是天子諸侯有別於士卿大夫的地位象徵，同時也是祭祀中感格神靈的誠意的傳達。其三，鬱鬯和瓚有德性的寓意，有教化之功。《白虎通義・考黜》有：「玉以象德，金以配情，芬香條鬯，以通神靈。玉飾其本，君子之性，金飾其中，君子之道，君子有黃中通理之道美素德。」正因裸祭中灌注了德性的內涵，也可以培育民眾的敬、信之心，故裸禮有了教化的意義。

下面我們談一談天子宗廟九獻之禮的大致儀程。〔註155〕

第一、預備。祭禮由大宗伯主持，小宗伯負責具體規章制度，肆師負責安排陳列。清晨百官就位，宗伯取出高祖以下神主，守祧取出先公先王祧主，陳列完畢。王身著袞冕入場，立於東序，王后立於西序，尸入於西房。

第二、降神。先灌鬯，後演奏降神樂舞。裸祭於奏樂中進行。王用圭瓚取鬱鬯授尸，尸將一部分酒灌灑地上，接著代表神呷一口，剩下鬯酒陳列在供桌上，稱「奠」，此即「一獻」。隨後王后用璋瓚盛鬯授尸，尸如前，此為「二獻」。每獻都從太祖尸開始依次而獻。二獻畢，演奏降神樂舞，凡九遍，示祖先神全部到齊。

第三、正祭。

第一階段為朝踐禮，包括殺牲薦血腥和朝踐之獻。王脫下禮服，至廟門迎牲並牽牲入廟，公卿大夫持玉帛隨後。到庭中，向神報告祭品肥美，然後王手持鸞刀，將犧牲耳旁準備刺血的部位毛拔掉，刺牲放血。祝官將血與毛分別盛於豆，薦於大室告神。庭中，王在太僕協助下親自屠牲，將牲體分為七塊，一塊陳於俎，薦於尸主前，其餘交給廚官烹飪，以備饋食。腸間脂調和香蒿黍稷置於香爐燒燎，王將肝臟用鬱鬯洗過，放香爐焚燒，稱爇香禮。以上為薦血腥之禮。此時尸被領至室門外，太祖及其餘各尸按昭穆排列。薦血腥畢，王重新著袞服，開始獻禮。王從東階上，以玉爵酌酒，依次獻尸，禮節如前，為「三獻」，王后亦隨王依次獻尸，為「四獻」。這次獻禮稱「朝踐之獻」。

接著進入第二階段饋獻禮，主要有薦熟，饋食，饋獻。牲肉粢盛此時已烹飪完畢，盛於鼎簋於供桌上。祝官酌酒告神，奠置於饌食右方，此即為「薦

〔註155〕以下九獻之禮的具體儀式參考詹鄞鑫先生《神靈與祭祀──中國傳統宗教綜論》中編第五章《宗教儀式》整理而成，具體參見301～307頁。南京，江蘇古籍出版社，1992年。

熟」。祝官告神畢，室戶內西邊設尸席，祝官領尸坐於尸席上，面東。將饌食置於尸前，爲「饋食」禮。接著祝官詔王向尸主行拜禮，取奠於饌右的斝爵交給尸主，尸主將大半酒澆在束茅上，以示敬神，隨即呷一口剩酒，其餘酒奠於几筵上。王和王后隨即依次向尸獻酒，尸如前法，此爲「五獻」、「六獻」。這一環節因在饋食時進行，故稱「饋食之獻」。饋獻畢，尸開始在樂聲中進食所陳熟饌，稱「侑尸」。

　　正祭第三階段爲加事禮，尸進食到一定程度，王、王后、賓長先後酌酒依次供尸漱口，稱「酳尸」，王用玉爵酌所獻泛齊獻尸稱「七獻」，王后用瑤爵酌醴齊獻尸，稱「八獻」，賓長用玉爵酌盎齊獻尸，稱「九獻」。尸漱口飲下。後祝官替尸酌清酒，由尸分別酬報給王、王后和賓長，稱「酢」，並代表神靈分別向他們致祝福詞，以示神靈賜予福祿，王、王后、賓長飲酒。王可由量人或鬱人職代飲。

　　正祭最後一個階段爲加爵禮。九獻畢，王率群臣持干戚舞《大武》，兼及六代之舞，以顯示武功。舞畢，宰夫爲尸、祝、王、王後設羞籩豆。太子、三公長一人、六卿長一人依次向尸獻酒，尸爲三人酬酒。此稱「加爵」。隨後大酬眾賓群臣，酬爵不計其數，稱「旅酬」。酬畢，尸離席，太子將所剩饌食吃光，稱「餕餘」。正祭結束，有司撤筵席籩豆。廟門兩旁舉行索祭，舊說爲求索走遠的神靈，詹鄞鑫先生認爲是送神的措辭，類似於「再會」、「走好」。祭祀結束，所餘祭肉酒食賜予眾臣，稱「歸胙」，低級奴隸如廚官、舞者、守門者均可得到賞賜。至此，正祭完全結束。

　　第四、繹祭。正祭次日，重新舉行祭禮，以表示敬意，周人稱「繹」祭。繹祭堂上設饌，另殺一牢設饌於廟門旁西室，表示索神，不讓神走遠。賓客獻尸禮仍在堂舉行，整個禮節較正祭簡要，卿大夫繹祭與正祭同日，稱「賓尸」。

　　通過對宗廟祭祀的討論，我們可以對宗廟祭祀有這樣一些粗略認識。即：宗廟祭祀是祖先崇拜的具體表現，宗廟之設，有很強的宗法意味，幾乎一切大事，如冠禮、婚禮、喪禮、祭禮都與宗廟有關，因此宗廟構成了特定的禮儀場域。天子宗廟之祭的祭祀對象既有去世祖先，又有功勳卓著的功臣，其祭祀活動既有常祭又有因祭，通過祭器、用牲、儀節、用樂等體現尊卑長幼、血緣親疏的區別。天子宗廟祭祀，以大量的人力、物力、財力投入，營造了直觀而神聖肅穆的祭祀氛圍，傳遞出了祭祀活動背後的多元社會功能：既可

以傳達思親之情，又可以祈求祖先福祐；既可以鞏固君臣關係，又可以合聚宗族；既可以確立王權的合法性，又可以施惠於諸侯；既可以展示天子的地位，又可以教化百姓。但是儒家對宗廟祭祀的解讀並未執著於對鬼神世界的想像，而是以理性的態度，將對祖先的崇祀轉入了對人間倫理的關注。下面，我們就探討一下儒家對宗廟祭祀的理解。

（三）儒家論宗廟之祭

1. 祭祖先以追養繼孝

《禮記・坊記》曰：「修宗廟，敬祀事，教民追孝也。」儒家對祭祀祖考的關注，落腳點在人倫孝道上。在祭祀祖考中，主祭之人皆以孝稱，《禮記・郊特牲》曰：「祭稱孝孫孝子，以其義稱也」，《禮記・曲禮下》言及王侯的祭祀，亦皆稱孝，如「臨祭祀，內事曰孝王某」，「臨祭祀、內事，曰孝子某侯某」，孔穎達疏曰：「宗廟，是事親，事親宜言孝。」宗廟之祭，是對去世祖考的祭祀，屬於事親的行為，因此，當以「孝」稱，這與儒家對孝道的理解是一致的。

為什麼祭祀要和孝道聯繫起來呢？在孔子看來，孝道是貫通生死的，盡孝既包括在世之時事之以禮，也包括死後葬之以禮和祭之以禮，《論語・為政》記載：

> 孟懿子問孝。子曰：「無違。」
>
> 樊遲御，子告之曰：「孟孫問孝於我，我對曰，無違。」樊遲
> 曰：「何謂也？」子曰：「生，事之以禮；死，葬之以禮，祭之以禮。」

生死是生命的兩端，盡孝也需貫通生死兩端，生時以禮事養、死時以禮送葬和以禮崇祀。《禮記・祭統》吸收了孔子的觀點，並做了更加明確的表述：「是故孝子之事親也有三道焉：生則養，沒則喪，喪畢則祭。養則觀其順也，喪則觀其哀也，祭則觀其敬而時也。盡此三道者，孝子之行也。」不僅沿用了孔子的思路，而且重視情感的傳達，事親則重其順，臨喪則重其哀，喪祭則重其敬。

儒家論祭，尤重情感的真實。《禮記》當中，言及文王宗廟之祭，便稱其情感誠慤。

《禮記・祭義》曰：

> 文王之祭也，事死者如事生，思死者如不欲生。忌日必哀，稱
> 諱如見親，祀之忠也。如見親之所愛，如欲色然，其文王與？詩云：
> 「明發不寐，有懷二人。」文王之詩也。祭之明日，明發不寐，饗

而致之，又從而思之。祭之日，樂與哀半。饗之必樂，已至必哀。

此處以文王之祭爲例，指出，文王在進行祭祀之時，思念去世親人，情意至深，如不欲生，鄭玄注曰：「思死者如不欲生，言思親之深也。」〔註156〕文王祭祀之時用情至深，故而表現出「事死者如事生，思死者如不欲生」的誠慤之情。第二天臨祭，甚至天都快亮了，還沒能入睡，皆因懷念死去的親人。祭祀之日，則哀樂參半，所樂者，念及鬼神得饗，所哀者，乃饗祭之後鬼神又復歸而去。《禮記·中庸》將這種對親人的至切深情轉化爲孝道，稱「事死如事生，事亡如事存，孝之至也」。雖然沈文倬先生在《宗周禮樂文明考論》中認爲「事死如事生」是周禮的重要原則。〔註157〕但不得不說，儒家對「事死如事生，事亡如事存」的理解更側重情感義。《禮記·祭義》則將情感之實做了細緻的描摹：

> 致齊於內，散齊於外。齊之日：思其居處，思其笑語，思其志意，思其所樂，思其所嗜。齊三日，乃見其所爲齊者。祭之日：入室，僾然必有見乎其位，周還出戶，肅然必有聞乎其容聲，出戶而聽，愾必有聞乎其歎息之聲。是故，先王之孝也，色不忘乎目，聲不絕乎耳，心志嗜欲不忘乎心。致愛則存，致慤則著。著存不忘乎心，夫安得不敬乎？

祭祀之前需行齋戒之禮。儒家認爲齋戒之意，重在傳情。祭祀之前進行齋戒的日子裏，思念死者生前的起居、談笑、志意、喜樂、愛好，彷彿就像見到了死者本人一樣。這樣，到了祭祀的當日，進入廟室，彷彿就像見到了親人的容貌，彷彿能夠聽到親人的歎息之聲。先王對先祖的孝，便是先祖的音容笑貌總不會忘記，先祖的志意愛好也不會忘記，因懷有這種至深之愛，所以去世的先祖永遠留存於心中，這樣又怎麼會對他們不恭敬呢？情，是人最本始的眞實情感，孝道恰是這種眞實情感的最直觀的傳達。《禮記·祭義》曰：

> 霜露旣降，君子履之必有悽愴之心，非其寒之謂也。春雨露旣濡，君子履之必有怵惕之心，如將見之。

〔註156〕朱彬：《禮記訓纂》，北京，中華書局，1996年，第704頁。

〔註157〕沈文倬先生認爲《祭義》和《中庸》不見得同時所作，當中均有類似語句，而《左傳·哀公十五年》也有「且臣聞之曰：『事死如事生，禮也』」在外交場合使用，因此推定這是當時通用的原則。詳見於沈文倬：《宗周禮樂文明考論》，杭州，杭州大學出版社，1999年，第81頁。

鄭玄注曰：「非其寒之謂，謂悽愴及怵惕皆爲感時念親也。」〔註158〕天子奉歲時之祭以祀祖考，至其時，則感念於親祖之恩情，由內衷自然生發出怵惕悽愴的情感，感念思慕亡親，這種情感恰是孝子的眞實情志所至。《祭義》又言：

> 孝子之有深愛者必有和氣，有和氣者必有愉色，有愉色者必有
> 婉容。孝子如執玉，如奉盈，洞洞屬屬然如弗勝，如將失之。

陳可大曰：「和氣、愉色、婉容，皆愛心之所發。如執玉，如奉盈，如弗勝，如將失之，皆敬心之所存。愛敬兼至，乃孝子之道。」〔註159〕正是因爲孝子對祖考有著深沉眞摯的思慕之情，因此，祭祀之中皆抒發出愛敬之情，奉祭必恭必愼，故《祭義》又云：

> 孝子將祭祀，必有齊莊之心以慮事，以具服物，以修宮室，以
> 治百事。及祭之日，顏色必溫，行必恐，如懼不及愛然。其奠之也，
> 容貌必溫，身必詘，如語焉而未之然。宿者皆出，其立卑靜以正，
> 如將弗見然。及祭之後，陶陶遂遂，如將復入然。是故慤善不違身，
> 耳目不違心，思慮不違親，結諸心形諸色而術省之，孝子之志也。

這也恰是《祭義》所說的「是故先王之孝也，色不忘乎目，聲不絕乎耳，心志嗜欲不忘乎心。致愛則存，致慤則著。」

為什麼儒家如此重視事親的誠慤之情呢？實因儒家試圖追問禮樂得以生發的根源。

春秋末期，禮崩樂壞，僭越的現象無處不在。孔子痛切地意識到，要想重建禮樂文明，就需從禮樂文明的根本出發，所以其在《論語・陽貨》中稱：「禮云禮云，玉帛云乎哉？樂云樂云，鐘鼓云乎哉？」開啓了儒家對禮樂本原的探索。《論語・八佾》記載林放問禮之本，孔子答曰：「大哉問！禮，與其奢也，寧儉；喪，與其易也，寧戚。」在《禮記》中，這一觀點再度被強調，《禮記・檀弓上》記載子路的話：「子路曰：『吾聞諸夫子：喪禮，與其哀不足而禮有餘也，不若禮不足而哀有餘也。祭禮，與其敬不足而禮有餘也，不若禮不足而敬有餘也。』」孔子對禮樂本原的探索也引發了後儒對這一話題的再度拓展。孟子稱：「仁之實，事親是也；義之實，從兄是也。智之實，知斯二者弗去是也；禮之實，節文斯二者是也；樂之實，樂斯二者，樂則生矣；生則惡可已也？惡可已，則不知足之蹈之、手之舞之。」（《孟子・離婁上》）

〔註158〕沈文倬：《宗周禮樂文明考論》，杭州，杭州大學出版社，1999年，第701頁。
〔註159〕沈文倬：《宗周禮樂文明考論》，杭州，杭州大學出版社，1999年，第706頁。

孟子將四端之心視爲仁義禮智四種道德的發顯開端，實是沿襲了孔子的思路。四端，實是情感之發端。荀子雖採用了不同路徑，認爲人性確實有趨向於惡的可能性，如《荀子・性惡》言：「今人之性，生而有好利焉，順是，故爭奪生而辭讓亡焉……然則從人之性，順人之情，必出於爭奪，合於犯分亂理而歸於暴。」但正因如此，才需要化性起僞，《荀子・禮論》所謂「先王惡其亂也，故制禮義以分之，以養人之欲，給人之求。」荀子借助禮義的外在規約使人關注德性的追求，但這並不妨礙在荀子處，情也是禮樂所起的源頭。儒家認爲最理想的狀態便是實現情與文的融貫與統一，孔子所謂「文質彬彬，然後君子」，荀子所謂「故至備，情文俱盡」（《荀子・禮論》）。

《禮記》中，不僅對孝親之情倍加肯定，對舜和武王等的「大孝」「達孝」也極盡嘉譽。《禮記・中庸》有：

> 子曰：舜其大孝也與！德爲聖人，尊爲天子，富有四海之內，宗廟饗之，子孫保之。故大德必得其位，必得其祿，必得其名，必得其壽。

> 子曰：無憂者其唯文王乎！以王季爲父，以武王爲子，父作之，子述之。武王纘大王、王季、文王之緒，壹戎衣而有天下，身不失天下之顯名，尊爲天子，富有四海之內，宗廟饗之，子孫保之。

> 子曰：武王、周公其達孝矣乎！夫孝者，善繼人之志，善述人之事者也。春秋修其祖廟，陳其宗器，設其裳衣，薦其時食。宗廟之禮，所以序昭穆也。序爵，所以辨貴賤也。序事，所以辨賢也。旅酬下爲上，所以逮賤也。燕毛，所以序齒也。踐其位，行其禮，奏其樂，敬其所尊，愛其所親，事死如事生，事亡如事存，孝之至也。

儒家之所以稱揚聖王的孝道，恰是因爲，在儒家看來，聖王躬行祭祀，是孝德的最高成就。恰如李景林師所說：「在儒家看來，天子之孝不僅在祭祀上得到充分的完成，同時，它也表現了孝德的最高成就。」〔註160〕所以，如果不躬行祭祀，則是不孝的行爲，會招致指責，《禮記・王制》曰：「宗廟有不順者爲不孝，不孝者君絀以爵。」祭祀之中昭穆順序有誤，或者不依循當祭的時節而祭，均被歸於不孝的範圍之內。《國語・魯語上》記載了夏父弗忌和有

〔註160〕李景林：《儒家喪祭理論與終極關懷》，《中國社會科學》，2004 年第 2 期，第 112 頁。

司的一段對話：

> 夏父弗忌爲宗，蒸將躋僖公。宗有司曰：「非昭穆也。」曰：「我爲宗伯，明者爲昭，其次爲穆，何常之有！」有司曰：「夫宗廟之有昭穆也，以次世之長幼，而等胄之親疏也。夫祀，昭孝也。各致齊敬於其皇祖，昭孝之至也。故工、史書世，宗、祝書昭穆，猶恐其逾也。今將先明而後祖，自玄王以及主癸莫如湯，自稷以及王季莫如文、武，商、周之蒸也，未嘗躋湯與文、武，爲不逾也。魯未若商、周而改其常，無乃不可乎？」弗聽，遂躋之。

> 展禽曰：「夏父弗忌必有殃。夫宗有司之言順矣，僖又未有明焉。犯順不祥，以逆訓民亦不祥，易神之班亦不祥，不明而躋之亦不祥，犯鬼道二，犯人道二，能無殃乎？」曰：「未可知也。若血氣強固，將壽寵得沒，雖壽而沒，不爲無殃。」既其葬也，焚，煙徹於上。

夏父弗忌爲宗伯，冬祭時要把魯僖公的位次提升到魯閔公之前，僖公按照昭穆順次應在閔公之後，這是對昭穆順序的顛倒，因此遭到了有司的批評，有司強調昭穆之次是要分別出親屬關係和世系的親疏，這樣才能突出和體現孝道的精神原則，所謂「夫祀，昭孝也。各致齊敬於其皇祖，昭孝之至也。」同樣，展禽也對夏父弗忌的做法表示出批評，可見，時人對於祭祀以昭孝的觀點是普遍認可的。在這裡，祭祀的意義已經由親祖的血族性轉入倫理視角，《禮記》當中也有類似觀點：《禮記・祭統》曰：「祭者，所以追養繼孝也。孝者，畜也。順於道、不逆於倫，是之謂畜。」鄭玄注曰：「畜，謂順於德教。」孔穎達曰：「畜，謂畜養。」〔註161〕此處將孝解讀爲「順於道，不逆於倫之畜養」所畜養的，恰是德。

前文我們已經討論過商周時期由尊神到重禮的轉變，春秋時期的思想文化不僅繼承了商周之際這種文化轉變，而且更多的轉向了政治和道德思考。

如《左傳・襄公九年》：

> 穆姜薨於東宮，始往而筮之，遇艮之八，史曰：「是謂艮之隨。隨，其出也，君必速出。」姜曰：「亡。是於《周易》曰：隨，元亨利貞，無咎。元，體之長也，亨，嘉之會也，利，義之和也，貞，事之幹也。體仁足以長人，嘉德足以合禮，利物足以合義，貞固足以幹事。然，故不可誣也，是以雖隨無咎。今我婦人，而與於亂，

〔註161〕朱彬：《禮記訓纂》，北京，中華書局，1996年，第 723 頁。

固在下位，而有不仁，不可謂元；不靖國家，不可謂亨；作而害身，

不可謂利；棄位而姣，不可謂貞。有四德者，隨而無咎；我皆無之，

豈隨也哉，我則取惡，能無咎乎！必死於此，弗得出矣！」

　　穆姜筮得艮卦，之卦則爲隨卦，參考隨卦卦辭「元亨利貞，無咎」理解，則此卦爲吉。但穆姜認爲這個解讀不適合她，她認爲福禍不取決於卜筮，而是依賴於德行，自己的行爲缺乏四德，無德者不能得福，故不以吉論。

　　又如《左傳・襄公二十四年》。

　　　　二十四年春，穆叔如晉。范宣子逆之，問焉，曰：「古人有言

曰，『死而不朽』，何謂也？」穆叔未對。宣子曰：「昔匄之祖，自虞

以上，爲陶唐氏，在夏爲御龍氏，在商爲豕韋氏，在周爲唐杜氏，

晉主夏盟爲范氏，其是之謂乎！」穆叔曰：「以豹所聞，此之謂世祿，

非不朽也。魯有先大夫曰臧文仲，既沒，其言立。其是之謂乎！豹

聞之，『太上有立德，其次有立功，其次有立言。』雖久不廢，此之

謂不朽。若夫保姓受氏，以守宗祊，世不絕祀，無國無之。祿之大

者，不可謂不朽。

范宣子認爲「死而不朽」就是一個氏族世祿的延續，叔孫豹則用立德、立功、立言來解讀不朽，指出一個人在道德、事功、言論方面有所建樹且能傳之久遠才是眞正意義上的「死而不朽」，這裡對不朽的理解是理性的，能讓我們看到倫理因素在祭祀中的生長。

　　儒家對德的理解則更向前推進了一步，將道德與內心聯繫起來，如孔子言「克己復禮爲仁」（《論語・顏淵》），孟子講「學問之道無他，求其放心而已矣」（《孟子・告子上》），《禮記・中庸》講：「仁者，人也，親親爲大。……故君子不可以不修身。」儒家將禮樂文明轉入內在德性追求，也爲儒家的內在超越之路提供了可能性，關於這個話題我們在第四章還會展開討論。

2. 奉祭祀以教民相愛

　　聖王躬行祭祀，不僅是孝德的彰顯，同時也具有教化意義。《禮記・祭義》託曾子語曰：「夫孝，置之而塞乎天地，溥之而橫乎四海，施諸後世而無朝夕，推而放諸東海而準，推而放諸西海而準，推而放諸南海而準，推而放諸北海而準。詩云：『自西自東，自南自北，無思不服。』此之謂也。」孝道實爲眾行之根本，是一普遍性的德性原則，因此由聖王推行，便具有了普泛的教化義。

　　《禮記・祭義》曰：

　　　　因物之精，制爲之極，明命鬼神以爲黔首則，百衆以畏，萬民
　　以服。聖人以是爲未足也，築爲宮室，設爲宗祧以別親疏遠邇。教
　　民反古復始，不忘其所由生也。衆之服自此，故聽且速也。二端既
　　立，報以二禮，建設朝事，燔燎羶薌，見以蕭光，以報氣也，此教
　　衆反始也。薦黍稷，羞肝肺首心，見間以俠甒，加以鬱鬯，以報魄
　　也。教民相愛，上下用情，禮之至也。君子反古復始，不忘其所由
　　生也。是以致其敬、發其情，竭力從事以報其親，不敢弗盡也。

鄭玄注曰：「明命，猶尊名也。尊極於鬼神，不可復加也。黔首，謂民也。則，
法也。爲民做法，使民亦事其祖禰。」孔穎達疏曰：「鬼神本是人與物在魂魄，
尊而名之爲鬼神，以爲萬民之法則也。」〔註162〕鬼神本是對去世親人的一種
尊稱，對其進行崇祀是一種報恩行爲，同時也是一種教化的手段。祖先轉化
爲神靈，成爲一種幽隱的存在，爲古人提供了很大的設想空間，聖人便藉此
神道設教，「築爲宮室，設爲宗祧以別親疏遠邇」，也就是築造宗廟作爲祭祀
人鬼的場所，最終的目的則在於「教民相愛，上下用情」。順由此情感之眞實，
便可合聚宗族，教化天下百姓。《禮記‧大傳》曰：

　　　　自仁率親，等而上之至於祖。自義率祖，順而下之至於禰。是
　　故人道親親也，親親故尊祖，尊祖故敬宗，敬宗故收族，收族故宗
　　廟嚴，宗廟嚴故重社稷，重社稷故愛百姓，愛百姓故刑罰中，刑罰
　　中故庶民安，庶民安故財用足，財用足故百志成，百志成故禮俗刑，
　　禮俗刑然後樂。詩云：「不顯不承，無斁於人斯。」此之謂也。

中國固有文化當中，對於家族觀念非常重視，於周代又形成了宗法之制，
講究親疏嫡庶的差別，以維護貴賤之等。所以，尊祖敬宗，旨在由親疏的差
別等次之中尋求合族之道，實體現了親親與尊尊兩大原則，而又以親親爲統
攝原則。《禮記‧喪服小記》曰：「尊祖故敬宗，敬宗所以尊祖禰也」，「庶子
不祭祖者，明其宗也」，又曰：「庶子不爲長子斬，不繼祖與禰故也」，「庶子
不祭禰者，明其宗也」。之所以強調庶子不能繼祖，主要是爲了明其宗，因爲
宗是祖禰的正體，庶子在周禮之中不屬於正統的繼承人，因此，庶子不能祭
祖禰。尊祖敬宗，其目的是合聚宗族。《禮記》中古人祭祀去世先祖和親人，
實爲報本反始理念在血緣親情上的一種傳達。孝道所彰顯的恰是仁德，《禮
記‧禮運》曰：「命降於社之謂殽地，降於祖廟之謂仁義……」又說，「祖廟，

〔註162〕朱彬：《禮記訓纂》，北京，中華書局，1996年，第710頁。

所以本仁也」，通過具體的祭祀祖考的儀式，使得與祭者對於祭祖所傳遞的孝道精神有著切實的體會，孝道便是仁德的顯現，順由人道之親親，便知曉尊祖敬宗，並由此起到合聚宗族、教化百姓的作用。《禮記·禮運》：「禮行於祖廟，而孝慈服焉」所強調的也是祭禮的教化義，天子奉行祭祀祖先可實現上下相親、合聚宗族，教化百姓的效果。

祭祀祖考的行為，一方面滿足了主祭者個人孝道親親之情的抒放，另一方面起到了合聚宗族的作用，同時也具有教化百姓的重要意義，可以說，孝道不僅僅是一種血緣上的親親之情，更經由這種親親之情，推擴出人倫大義，成爲教化百姓的一種手段和方式。

通過以上天子祭天、祭地、祭祖的活動，可以看出，天子之祭圍繞報本反始的原則順次展開：祭祀天帝是報本反始意義最充分、最完滿的展現；祭祀地祇則出於報懷物質生養之功；祭祀祖考則是對人類血緣親祖的緬懷，藉以昭孝教化，引入對社會倫理的關注。值得關注的是，祭祀天帝往往是與祖考相配的，這一做法，並非偶然，實際上是古人資藉敬天法祖來傳達對生命的終極關懷，爲人的生命價值尋求本原處的支撐，由此，此世的生命也變得有意義起來。下面我們重點探討一下儒家是如何在祭祀活動中將超越性的信仰構建起來的。

第三節　敬天法祖以構建信仰世界

信仰是人類特有的精神現象，它總是在一定的社會文化氛圍中發生發展、壯大成長起來，它給予人們某種信念，以此實現人類對有限性的超越，因此，我們可以說，「信仰是終極關切的存在狀態。」〔註163〕對信仰的認識往往和宗教交織在一起。宗教本身頗具複雜性。德國社會學家、哲學家格奧爾格·西美爾曾這樣描述宗教：「宗教既沒有與純粹形而上學思辨徹底劃清界限，也沒有同鬼怪迷信完全對立起來，甚至連最純粹、最明確的宗教現象也從未拒絕過檢查它們身上所雜糅著的形而上學和鬼怪迷信因素。」〔註164〕由是，宗教的界定五花八門，但其對超越性的追求卻是確定無疑的。英國著名

〔註163〕保羅·蒂利希：《信仰之動力》，1957年英文版，第1頁。轉引自黃盛華《信仰缺失：世紀之交無法揮去的一種迷茫》，《求是學刊》，1993年第2期。

〔註164〕【德】格奧爾格·西美爾著，曹衛東譯《宗教社會學》，北京，北京師範大學出版社，2017年，第1～2頁。

宗教哲學家約翰・希克認為宗教是我們人類對超越的實在或諸實在——諸神、上帝、梵、法身、道等的不同回應。〔註165〕現代宗教學之父麥克斯・繆勒則說「所謂宗教就是領悟無限的主觀才能，是屬於有限形域之內的人所具有的並且展現出來的那種對於無限的企向。」〔註166〕如果從這樣的視角去考察商周之際的祭祀活動，無疑具有宗教的特質。著名宗教學者牟鍾鑒先生便將其稱為「中國宗法性傳統宗教」，他說：「中國宗法性傳統宗教以天神崇拜和祖先崇拜為核心，以社稷、日月、山川等自然神崇拜為翼羽，以其他多種鬼神崇拜為補充，形成相對穩固的郊祀制度、宗廟制度以及其他祭祀制度，成為中國宗法等級社會禮俗的重要組成部分，是維繫社會秩序和家族體系的精神力量，是慰藉中國人心靈的精神源泉。」〔註167〕

儒家對喪祭活動的理解，不僅孕育著對超越性的追求，理性和人文精神也在其中醞釀。儒家理性精神的顯現是從對自我的認識開始的。凱西爾說，「認識自我乃是哲學探究的最高目標——這看來是眾所公認的。在各種不同哲學流派之間的一切爭論中，這個目標始終未被改變和動搖過：它已被證明是阿基米德點，是一切思潮的牢固而不可動搖的中心。」〔註168〕對自我的認識遠在古希臘時期便成為不同思想家探究和試圖解答的重要問題。在中國哲學領域當中，人的自我認識是和對外在世界的認識聯繫在一起的，確切地講，是在天人關係中展開的。

一、《禮記》對人的定位彰顯出貫通天人的可能

《禮記》之中，天、地、人並不是孤立的存在，「萬物本乎天，人本乎祖」（《禮記・郊特牲》），世間萬物的本原均可上溯至天道，人的本原上溯至先祖。但人和萬物是有差別的，所謂「人者，天地之心也」（《禮記・禮運》），正是基於這樣的認識，人才有自我認識的可能性。

祭祀天地始祖的行為，並不是偶然發生的，面對宇宙的博大、日月星辰的流轉、山川河流的磅礴，人類自然會對生活的環境充滿好奇與感歎，在古

〔註165〕【英】約翰・希克著，王志成譯：《宗教之解釋——人類對超越者的回應》，成都，四川人民出版社，1998年，第1頁。

〔註166〕【英】麥克斯・繆勒著，金澤譯，《宗教的起源與發展》，上海，上海人民出版社，1989年，第15頁。

〔註167〕牟鍾鑒：《中國宗法性傳統宗教試探》，《世界宗教研究》，1990年第1期。

〔註168〕【德】恩森特・凱西爾：《人論》，甘陽譯，北京，西苑出版社，2003年，第1頁。

人看來，這都是天地造化的產物。《禮記・中庸》便對天地之道發出了由衷的稱頌：「天地之道，博也，厚也，高也，明也，悠也，久也。今夫天，斯昭昭之多，及其無窮也，日月星辰繫焉，萬物覆焉。今夫地，一撮土之多，及其廣厚，載華嶽而不重，振河海而不泄，萬物載焉。」儒家對於天地的覆載之德和生生之德非常崇敬，天地之道博大、深厚、高明、悠遠。既然天地生成了萬物，那麼，作爲萬物之一的人類也與萬物有著相同的起點，要確立人類自身的價值，就要找到人類的獨特性。

那麼，人的獨特性在哪裏呢？按照《禮記・禮運》對人的理解：

故人者，其天地之德、陰陽之交、鬼神之會、五行之秀氣也。

對人的界定是通過「天地之德」、「陰陽之交」、「鬼神之會」和「五行之秀氣」幾個概念共同完成的。孔穎達對此句做了如下的解釋：「天以覆爲德，地以載爲德，人感覆載而生，是天地之德也。陰陽則天地也，據其氣謂之陰陽，據其形謂之天地。獨陽不生，獨陰不成，二氣相交乃生。鬼謂形體，神謂精靈，相會然後物生。秀，謂秀異，言人感五行秀異之氣，故有仁義禮知信，是五行之秀氣也。」〔註169〕那麼，這種種界定都表明，人具有獨特性。

首先，關於天地之德，孔穎達指出的「天以覆爲德，地以載爲德」只是就天地而言天地之德，實際上，從人道而言，人道源於天，那麼，天地之德則不限於覆載，也含蘊人道的各種德性。所以，《禮記・樂記》曰「德者，性之端也」，《禮記・祭統》曰「夫義者所以濟志也，諸德之發也」，又《禮記・禮器》云「天道至教，聖人至德」。可見，就人道而言，德是一個整合的概念，可包賅仁義禮智信等具體細目。

其次，就陰陽之交而言。陰陽是古人對宇宙萬物的一種認識方式，天地便可以理解成陰陽形式的一種。「故天秉陽，垂日星；地秉陰，竅於山川。」〔註170〕天秉持陽氣而生，地秉持陰氣而成，那麼，陰陽二氣相交，則生成了萬事萬物。這也正是《禮記・樂記》中所描述的景象：「天地欣合，陰陽相得，煦嫗覆育萬物，然後草木茂，區萌達，羽翼奮，角觡生，蟄蟲昭蘇，……」天地之氣欣然相交，陰陽相得，化育萬物，於是草木茂盛，蜷曲的萌芽破土而出，飛禽展翅飛翔，走獸長出觸角，冬眠的蟄蟲蘇醒，……萬事萬物皆散發出生命的活力。那麼，人類自身也是陰陽相交而生成的一種產物。

〔註169〕朱彬：《禮記訓纂》，北京，中華書局，1996年，第345～346頁。
〔註170〕《禮記・禮運》。

再次，鬼神之會。按照孔穎達的說法，便是「鬼謂形體，神謂精靈，相會然後物生。」人是形體與精神的融合體，這就決定了人不僅有寒暖饑渴的生理需求，也有思慮、智識，有追求德性可能。

最後，五行之秀氣。五行，是古人將宇宙萬物歸爲金、木、水、火、土五種抽象的物質形態，五行之間具有生克制化的關係，而人則是秉承五行的秀異之氣所生，所以孔穎達說「故仁義禮知信，是五行之秀氣也。」將對德性的追求歸於人對五行秀異之氣的稟受，主要也是爲了突出人與萬物的差異性。

通過以上種種界定可以看出，儒家試圖證明，人雖是萬物之一，但是作爲人卻有不同於萬物的獨特性。即：人秉承了天地造化中最優秀的部分。所以，《禮運》後文又說，「故人者，天地之心也，五行之端也，食味、別聲、被色而生也。」天地高遠，天上地下，人居其中央，動靜應天地。天地有人，如人腹內有心，動靜應人也。所以說，萬物悉由五行流轉而生，人則最得其妙氣。人不僅秉持了天地的靈氣，從身份上則爲天地之心。這種獨特性使得人區別於萬物，這就爲人實現超越的可能性提供了空間。這種以人爲貴的思想也被後世很多思想家吸收融合，如宋周敦頤作《太極圖說》便稱「二氣交感，化生萬物。萬物生生，而變化無窮焉。惟人也得其秀而最靈。」人對自身的認識指向對現實的超越。在儒家看來，天子在祭祀天地、祖先活動之中，是以祭祀形式實現向天地本原、族類本原的追思，由此將個人的生命價值挺立起來。

二、敬天法祖是構建信仰世界的方式

天子作爲人間政權的最高代表，德性也與天地相配，《禮記·經解》曰：

> 天子者，與天地參，故德配天地，兼利萬物，與日月並明，明照四海而不遺微小。其在朝廷則道仁聖禮義之序，燕處則聽雅頌之音，行步則有環佩之聲，升車則有鸞和之音。居處有禮，進退有度，百官得其宜，萬事得其序。詩云：「淑人君子，其儀不忒。其儀不忒，正是四國。」此之謂也。

天覆地載，生養萬物。天子之德可與天地相配，因此，無論身居朝廷、燕處、行步亦或升車，其居行之間皆有豐沛的德性流露出來。儒家賦予了天子最高的德性，不僅《禮記·經解》言天子「與天地參」，《禮記·中庸》也說「參天地之化育」，《禮記·孔子閒居》亦說「三王之德，參於天地」，唯有天子之德才可與天地相配，因此也唯有天子才可祭祀天地，《禮記·王制》曰：「天

子祭天地，諸侯祭社稷，大夫祭五祀」，不同等級所祭祀的對象有其規定，實在突出天子處於至尊的地位，因此，天子所祭祀的對象是最全面的，可以代表社會各階層與天道進行溝通，所謂「有天下者祭百神」便是其義也。換句話說，儒家對王者之祭的重視源於將其視爲祭祀最高意義的傳達。

王者之祭，在祭禮之中器物、犧牲等均要傳遞象徵意味。《禮記・郊特牲》曰：「王被袞以象天，戴冕璪十有二旒，則天數也。乘素車，貴其質也。旗十有二旒，龍章而設日月，以象天也。」《禮記》所記載的祭祀神譜之中，天是至上神，《月令》篇稱之爲「皇天上帝」，《郊特牲》稱之爲「上帝」，天子的穿著象徵天體運行、時序之次，便說明自然界的秩序和人類社會的祭禮是相互對應的，所謂「天垂象，聖人則之，郊所以明天道也」（《禮記・郊特牲》）。同樣，「社，所以神地之道也」（《禮記・郊特牲》），「君子合諸天道，春禘秋嘗」（《禮記・祭義》），所體現的也是這種對應關係。在祭祀活動中，祭祀參與者能深切地感知與天地之間的這種密切關聯。所以，王者之祭以象天，以神地，恰是王者代表國人與天地之道進行溝通。

天子祭祀的對象分布在天神，地祇和祖考三大類，儒家的解讀則意在天道和人道的貫通。

《禮記・王制》曰：「天子將出征，類乎上帝，宜乎社，造乎禰。」鄭玄注曰：「類、宜、造皆祭名。」孔穎達正義曰：「此論天子巡守之禮。類乎上帝，謂祭告天也。社主於地，又爲陰，誅殺亦陰，故於社也。造，至也。謂至父祖之廟也。」〔註171〕天子的活動與天地祖廟之間關係密切，以巡守爲例，則須祭祀天、地和祖考，雖貴爲天子，亦不敢自專，必然先崇祀天地和祖先，恰是報懷生命本原的體現。天子之祭當中，常祭天和祭祖同時進行，即以祖考配天，唐君毅先生便指出以祖考配享上帝或天，是中國古代宗教思想的一個特殊之處〔註172〕。這一祭法，實際上是將事天和事親關聯起來，將人道和天道貫通起來，《禮記・哀公問》說：

仁人事親如事天，事天如事親，是故孝子成身。

事天和事親之間是相通的，這一相通性本於孝道。《孝經・聖治章》託孔子語曰：「孝莫大於嚴父，嚴父莫大於配天，則周公其人也！昔者周公郊祀后稷以配天，宗祀文王於明堂以配上帝。……」，孝道最切近的施行對象便是父親，

〔註171〕孫希旦：《禮記集解》，北京，中華書局，1989年，第329頁。
〔註172〕唐君毅：《中國文化之精神價值》，南京，江蘇教育出版社，2006年，第24頁。

循此孝道而向上通貫，便可實現與天道的溝通，所以周公郊祀祭天之時，以后稷配天，后稷爲周始祖，恰是以祖配天，同樣，祭祀文王以配上帝，文王爲周公之父，以文王配上帝，便是以考配天的表現〔註173〕，這種將祖考與天相配的祭祀方式，不僅拉近了人祖之間的距離，也拉近了天人之間的距離，有效地打通了天人、人祖之間的界限。

這種對天人關係的處理，意在強調個體生存不是懸空的，有其存在價值。「經由對天地的禮敬與對先祖的感懷，體會個人的生命，在歷史的洪流中，是聯繫過去與未來的環節。環節雖小，但是與前後環節卻是緊緊相扣，因此每一環節都是重要的。每一個小環節都有責任使它發出耀眼的光芒，才能盡到薪盡火傳的歷史責任，完成生命的使命感，達到祭禮旨求報本反始的意義。」〔註174〕敬天地，則萬物的始源得到了報懷；祀先祖，則族類的始源得到了思慕。關懷近親、敬事先祖，則能夠感受到親情聯繫的力量，使現實生命找到真實的著力之處，由此也將人類視角推向族類的始源，並繼續追溯至天地這一更廣遠的生命本原，因此，祭先祖，而不以家族爲限，更在於將這種觀照推向種族、國家、乃至萬物，這樣生命的境界便愈發開闊，愈發深遠。這樣一來，現實的生命也找到了最高的生命價值的根基。

儒家將天道和人道貫通起來，其意在教化。侯外廬先生說：「在宗教觀念上的敬天，在倫理觀念上就延長而爲敬德。同樣地，在宗教的觀念上的敬祖，在倫理觀念上也就延長而爲宗孝。」〔註175〕《禮記·禮運》云：

> 故玄酒在室，醴醆在戶，粢醍在堂，澄酒在下。陳其犧牲，備其鼎俎，列其琴瑟管磬鐘鼓，修其祝嘏，以降上神與其先祖，以正君臣，以篤父子，以睦兄弟，以齊上下，夫婦有所，是謂承天之祜。

何謂「承天之祜」？君臣、父子、兄弟、夫婦，各得其所，各安其位，這樣便是「承天之祜」，這談論的是祭祀帶來的社會教化意義，也是「聖人參於天

〔註173〕此處雖稱「上帝」，實也是天神的異名。前文說「嚴父莫大於配天」，後文以周公的祭祀爲例證，「郊祀后稷以配天。宗祀文王以事上帝」皆是以祖考配天的表現，可見，上帝也是天神的稱謂。張一兵在其《明堂制度研究》一書中，通過詳細考證也發現，「周代的人王只稱王，而不稱帝，天神則可以稱『上帝』。」也可作爲佐證。詳見於張一兵：《明堂制度研究》，北京，中華書局，2005年，第214頁。

〔註174〕林素英：《從古代的生命禮儀透視其生死觀：以〈禮記〉爲主的現代詮釋》，《中國學術思想研究輯刊》，四編，臺灣：花木蘭文化出版社，2009年，137頁。

〔註175〕侯外廬：《中國思想通史》，第一卷，北京，人民出版社，1957年，第94頁。

地、並於鬼神，以治政也。」說明天子可將自己的威權向上追溯至天道，向下推擴至於百姓，這樣一來，祭祀便成爲了一種承續信仰、教化萬民的方式。

所以，我們可以得出這樣的理解：《禮記》中確立精神信仰的方式，實是敬天法祖。敬天，將人類的生命本原追溯至天道，在世之人與天地鬼神之間的進行溝通，產生了感格鬼神過程中帶來的神聖的精神性體驗，爲生命找到了終極依託；法祖，則產生一種向內的力量，所謂「自天子至於庶人，一是皆以修身爲本」、「修身在正其心」（《禮記・大學》），則將視線引入心性修養領域，走上了內在超越之路。這樣，則個體生命便不是孤獨無依的，而有其歷史存在感，人我之間、物我之間，也有了相通的可能。

錢穆先生以深入淺出的方式對這個話題進行了闡發，他說：

> 蓋小己之生命有限，大群之生命無限。小己有限之生命謂之人，大群無限之生命謂之天。使人解脫小己之有限生命之纏縛而融入此大群無限之生命者，莫如即以生命爲證，而使之先有所曉悟。我之生命何自來，曰自父母。父母之生命何自來，曰自祖父母。循此而上，當知我之生命雖短促，而我生命之來源則甚悠久。然則我父我母之生命雖若短促，苟知我之生命即爲我父我母之延續，則我父我母之生命並不短促，循此而下，我之生命雖若短促，而我之生命亦有其延續，則我之生命亦不短促。如是則小我有限之生命，即大群無限生命之一環。抑且生命不僅有其延續，而復有其展擴焉。我父我母之生命，不僅由我延續之，我之兄弟姊妹，莫不延續我父我母生命之一脈。循是上推下推，子孫百世，宗族衍昌，皆大群體無限生命之延續與展擴也。再尋究此大群體無限生命之延續與展擴之源頭及其終極，則感其乃非小我有限生命之所能相信，於是而尊之爲天行，神之爲帝力。故中國古代之以祖配天，以宗廟祭祀爲人事最大之典禮，爲政治宗教最高精神之所寄託而維繫者，夫亦曰惟此可以解脫小我有限生命之苦惱，而使之得融入大群無限生命之中，泯群己，通天人，使人生得其安慰，亦使人生得其希望。人之所賴於宗教與政治者，主要惟此則已。〔註176〕

個體的生命是有限的，但並不是孤立的，可上溯至父母、先祖，可下推至子

〔註176〕錢穆：《靈魂與心》，桂林，廣西師範大學出版社，2004 年，第 24〜25 頁。

孫、後代，個體生命天然地與父母、親祖、族類的生命聯繫在一起。因此，個體的生命不僅有著深廣的根源，更因其是承上啓下的一個重要環節而具有歷史使命感。個體生命雖有始有終，卻可經由打通物我、人我的界限而具有超越性的存在意義。儒家思想資藉其在精神層面對中國人心靈的影響在隨後的社會生活中起了宗教的作用，成爲了中華民族共同的精神慰藉。那麼，儒家的這條內在超越之路，在《禮記》中是如何建構起來的，那些關鍵的細節又是如何呈現的呢？下面我們進行詳細考辨。

第四章 內盡於己外順於道：儒家論喪祭彰顯內在超越之路

　　現代新儒家代表牟宗三先生說過：「中國哲學，從它那個通孔所發展出來的主要課題都是生命，就是我們所說的生命的學問。它是以生命爲它的對象，主要的用心在於如何來調節我們的生命，來運轉我們的生命，安頓我們的生命。」〔註1〕儒家對生命的關注貫通生死，死亡讓我們意識到，人的生命是短暫而脆弱的，是一種悲哀的斷裂，對人的情感影響最大，但儒家卻說，我們可以通過對生命本原的追思，彌縫這種斷裂感。儒家對喪祭禮的解讀，呈現出重情、尚質、報本的情懷，時刻提醒人們回到生命的起點，從源頭處對自我進行重新的界定和認識，汲取生命的動力。

第一節　儒家論喪祭貫注了人文的自覺

　　如果從人類學「大傳統」和「小傳統」的角度立論，鬼神這種想像出來的意象存在物，在「大傳統」中，則在上層文化中發展出了以孝道宗法爲核心的喪祭禮俗，在「小傳統」中則在下層文化中生出了諸多的想像和禁忌，發展出民間頗有世俗意味的鬼神信仰和習俗。實際上，先秦時期關於人死化爲厲鬼的描述也不少見，《左傳‧莊公》中講到公子彭生含冤而死，死後冤魂不散，變成豬向齊侯報仇；《墨子‧明鬼》則提到大臣杜伯被周宣王殺死，後化爲鬼的杜伯則在宣王會合諸侯之際，著紅色衣帽追逐宣王，並將宣王射死。儒家的態度頗值得玩味，既沒有將超自然的因素從祭祀活動中祛除，也未將

〔註 1〕牟宗三：《中國哲學十九講》，上海：上海古籍出版社，1997 年，第 14 頁。

關注點聚焦在神靈世界。

讓我們重溫喪祭禮中那些和鬼神相關的施設環節。在喪祭禮當中設重、為銘、立尸等皆是為使死者的鬼神有所依附，均可視作鬼神直觀、具體的象徵。錢穆先生認為這些儀節乃出於依附死者神魂的目的而設，他說：「人死魂離，於是而有皋號，於是而有招魂，於喪也有重，於祔也有主以依神，於祭也有尸以象神，凡以使死者之魂得所依附而寧定，勿使飄遊散蕩。」〔註2〕這是在民間鬼神信仰中最具有發揮空間的地方。但是《禮記》對這些和神靈相關的儀節的處理，並未強調其神秘性。

《禮記·喪服小記》云：

> 復與書銘，自天子達於士，其辭一也。男子稱名，婦人書姓與伯仲，如不知姓則書氏。

《禮記·檀弓下》曰：

> 銘，明旌也。以死者為不可別已，故以其旗識之。愛之斯錄之矣；敬之斯盡其道焉耳。奠以素器，以生者有哀素之心也。唯祭祀之禮，主人自盡焉爾，豈知神之所饗，亦以主人有齊敬之心也！

又：

> 重，主道也。

銘，即明旌，儒家認為明旌並沒有什麼特別的，只是作為死者的標識而已，甚至自天子達於士，書寫規則都一樣。再看設重的環節，《禮記》只簡單地說了一句「主道也」。設重乃在死者始死之日，不忍死者的神魂無處憑依而設。主為神主，人死之後，魂氣飄遊，設重以供神魂憑依，同時也是生者思慕哀悼的一個憑藉。至於祭祀，《禮記》甚至說：「主人自盡焉爾」，也就是重在主人有齊敬之心，至於鬼神會不會來饗並不重要。至於祭祀中的立尸環節。《禮記·檀弓下》曰：

> 虞而立尸，有几筵。卒哭而諱，生事畢而鬼事始已。

在這裡需要做點說明，虞祭，又稱安魂祭，為安頓死者的鬼魂所設。《儀禮·士虞禮》對虞祭有詳細記載。按照喪禮程序，未葬之前，以生事之，不必立尸；既葬之後形體不見，立尸以象徵死者。所以，虞祭時立尸是藉以象徵死者的鬼魂接受食饗。《白虎通·宗廟》談到立尸，說：「祭所以有尸者，鬼神

〔註2〕錢穆：《靈魂與心》，桂林，廣西師範大學出版社，2004年，第38頁。

聽之無聲，視之無形，升自阼階，仰視榱桷，俯視几筵，其器存，其人亡；虛無寂寞，思慕哀傷，無所瀉泄，故座尸而食之，毀損其饌，欣然若親之飽；尸醉，若神之醉矣。」所以，祭祀立尸的環節，也充斥著對鬼神的想像。但是儒家仍然延續了對鬼神世界的冷淡態度，只是說這是生事結束而鬼事開始。

其實，儒家對待神靈世界的態度，早在孔子時期就已有端倪。《論語‧雍也》記載：

> 樊遲問知。子曰：「務民之義，敬鬼神而遠之，可謂知矣。」

樊遲就智發問，孔子卻以敬鬼神而遠之作答，可見孔子的態度是明確的：對於鬼神一定要採用敬事的態度，但要遠離對鬼神世界的冥想，因為鬼神有知和無知都會隨之帶來不可控的影響。

《說苑‧辨物》中載錄了孔子對人死之後有知還是無知的分析：

> 子貢問孔子：「人死，有知將無知也？」
>
> 孔子曰：「吾欲言死人有知也，恐孝子妨生以送死也。吾欲言死人之無知也，恐不孝子孫棄親不葬也。賜欲知人死有知將無知也，死徐自知之，猶未晚也。」

孔子並未直接對人死之後是有知還是無知做出判定，而是分析了兩種回答所產生的後果：如果回答說人死之後有知，那麼恐怕有的孝子會追隨親人而去，這樣就妨害了生命本身；如果回答說死人無知，那麼又恐怕不孝的子孫會將親人棄置不葬，同樣不可行。所以，孔子最後說如果子貢要知道人死之後有知還是無知，等到自己死的時候就自然知道了。孔子以務實的態度對人死後有無知覺做出了分析，指出讓子貢自己做出判斷，親身去體悟，所謂「死徐自知之，猶未晚也」。「生」是與我們每個人最相關、最切近的，日用常行皆關乎生，每個個體之人都會在體驗「生」之中形成各自生命的領悟。個體之人好奇並關切死亡問題，恰是基於自覺體證生命價值的直覺意識。孔子以生來釋死，採取的恰是思考視角的轉變，由鬼神轉入對人事和人文思考，所重在人間世界和德性修養。儒家的這種思考是就生活切近處體貼和確證生命價值，這一做法不至懸空，也不會陷入神秘和虛無。朱子對孔子之義體察甚明，他說：「鬼神事自是第二著。那個無形影，是難理會底，未消去理會，且就日用緊切處做工夫。子曰：『未能事人，焉能事鬼！未知生，焉知死！』此說盡了。此便是合理會底理會得，將間鬼神自有見處。若合理會底不理會，只管

去理會沒緊要底，將間都沒理會了。」〔註3〕朱子深入淺出地闡發了孔子由鬼神轉入人事的思考路徑。孔子將對鬼神的理解轉向了理性和人文，對人的生命存在給予了深切的理性觀照，在很多經典當中都能看到儒家的這一傾向。

對鬼神的敬奉在喪禮當中表現為明器的使用，從孔子對明器施設原則的幾處闡發中也可以看出，其看法與其對鬼神的態度也是一致的。《禮記》當中記載的孔子對明器的態度便彰顯出了人文的自覺。《禮記・檀弓上》曰：

孔子曰：「之死而致死之，不仁而不可為也；之死而致生之，不知而不可為也。是故竹不成用，瓦不成味，木不成斷，琴瑟張而不平，竽笙備而不和，有鍾磬而無簨虡，其曰明器，神明之也。」

「之死而致死之」，便是認為死者死了便是死了，自此便毫無認知意識，如草木枯萎，生命就此終結、消失，如果以這樣的觀念來看待死者，便是對死者缺少親愛之情，容易使人流於淡漠薄情，便是不仁的表現；然而，換另外一種角度，視死如生，「之死而致生之」，則是將死人看作如生人一樣有知覺有意識，這種情況，則又顯得不夠理性，便是冥頑無知的表現。所以，明器的施設，便應該在理性和情感之間，擇一適當之道。孔子並未對死後存在形態做出回答，而是採取了理性的態度，認為陪葬的器物應該介於可用和不可用之間，這也恰是視死者為神明的理性取捨。陳澔注曰：「先王為明器以送死者，竹器則無滕緣而不成其用；瓦器則粗質而不稱其黑光之沫；木器則樸而不成其雕琢之文；琴瑟雖張弦而不平，不可彈也；竽笙雖備具而不和，不可吹也；雖有鍾磬而無懸掛之簨虡，不可擊也。……備物則不致死，不可用則不致生，其謂之明器者，蓋以神明之道待之也。」〔註4〕也就是說，陪葬器物的形質要具備，形態上可以是粗略的，樸質的，但是卻不必具備實用的功能，這才是對待神明的理性態度。所以《禮記・檀弓上》另外一處曾子對宋襄公的批評也是因為違背了這一理性的考量：

宋襄公葬其夫人，醯醢百甕，曾子曰：「既曰明器矣，而又實之。」

宋襄公在其夫人的葬事之中，以醯醢百甕作為隨葬，既為明器，又以實物填充陪葬，便是違背了明器「備物而不可用」的施設原則。

《禮記・檀弓下》指出明器之設當依循事神明之道：

〔註3〕（宋）黎靖德編，王星賢點校：《朱子語類》卷三，北京，中華書局，1994年，第33頁。

〔註4〕孫希旦：《禮記集解》，北京，中華書局，1989年，第216頁。

　　　　孔子謂爲明器者，知喪道矣，備物而不可用也。哀哉，死者而
　　　用生者之器也！不殆於用殉乎哉？其曰明器，神明之也。塗車芻靈，
　　　自古有之，明器之道也。孔子謂爲芻靈者善，謂爲俑者不仁，殆於
　　　用人乎哉。

孫希旦曰：「備物，既以致其事死如事生之意；不可用，又以見送死者之異於
人。」〔註5〕郭德坤、沈維鈞在《中國明器》一書中指出：明器起源極古，明
器的使用，早在仰韶文化時期便表現出了與日常生活用具的差異性，仰韶文
化遺址，殉葬器皿頗多。表明很早就有了明器，而且，就仰韶文化發現的殉
葬器皿來看，異於日常用具，且有不同於日常用具的花紋。所以，作者稱：「以
此可知那時代的陶器製作已頗發達，明器起源極古，不是周禮中的幾段傳說
所能解決的。」〔註6〕明器基於事神明而設，所重卻在人道，所以孔子認爲喪
禮之中用俑，不亞於用人殉，是非常不仁的表現，《孟子‧梁惠王上》記載了
孔子對用俑做了批判，說：「始作俑者，其無後乎！」這些記載都反映出儒家
重人文、重人道的思考路向。

　　這裡涉及這樣一個問題，就是：既然要重人文，爲何不直接就人道而立
論，又何必敬事鬼神呢？親祖之鬼神漂遊於天地之間，化身爲溝通天人的意
象存在物，如果僅僅作爲一種幽隱神秘的存在狀態，敬事之情又緣何而生呢？

第二節　感格鬼神乃通於神明之德

　　正如恩斯特‧凱西爾所說的，獻祭行爲一方面要表現神祇，另一方面也
要表現自我和宗教主體，祭祀的意義立刻形成了二者的統一，通過這種統一，
自我成爲神的意識和神成爲自我的意識〔註7〕。在儒家看來，這種人神互動在
祭祀活動開始前的齋戒中已經開始了。《禮記》中，將祭前的準備活動視作感
通於鬼神之德的自心調整。

　　《禮記‧祭統》曰：

　　　　是故君子之齊也，專致其精明之德也。故散齊七日以定之，致

〔註5〕孫希旦：《禮記集解》，北京，中華書局，1989年，第265頁。
〔註6〕郭德坤、沈維鈞：《中國明器》，上海，上海文藝出版社，1992年影印本，第
　　　　13～15頁。
〔註7〕〔德〕恩斯特‧凱西爾：《神話思維》，北京，中國社會科學出版社，1992年，
　　　　第242頁。

齊三日以齊之。定之之謂齊，齊者精明之至也，然後可以交於神明
也。

精明，神明，此處可視爲鬼神的異名，祭祀之前齋戒，便是爲了與鬼神
之德進行感通，與鬼神之德實現交接。那麼，儒家眼中的鬼神之德具體指的
是什麼呢？從《禮記》的記載中可以看出，鬼神被賦予了德性和權威，鬼神
的德性與權威便是去世祖先的德性與權威，《禮記·祭統》所述鼎銘撰寫的原
則便是其證：

夫鼎有銘。銘者自名也，自名以稱揚其先祖之美，而明著之後
世者也。爲先祖者莫不有美焉，莫不有惡焉，銘之義，稱美而不稱
惡，此孝子孝孫之心也，唯賢者能之。銘者論譔其先祖之有德善、
功烈、勳勞、慶賞、聲名，列於天下而酌之祭器，自成其名焉，以
祀其先祖者也。顯揚先祖，所以崇孝也。身比焉，順也。明示後世，
教也。夫銘者，壹稱而上下皆得焉耳矣。是故君子之觀於銘也，既
美其所稱，又美其所爲。爲之者，明足以見之，仁足以與之，知足
以利之，可謂賢矣。賢而勿伐，可謂恭矣。

從這段話中，我們可以看出以下三個層面的義涵，即：稱揚先祖的美德，
尊崇孝道和教化後世子孫。

鼎銘之撰乃爲稱揚先祖之美德。商周時人都喜歡稱揚自己的先祖，特別是
周代，常常強調先祖的德性，從出土的大量銘文來看，當中既有對先祖德性的
稱揚也包括對文治武功等業績的肯定，所以德善、功烈、勳勞、慶賞、聲名皆
含備其中。《詩經》、《尚書》當中很多篇章都可以看出時人的這一特點，而出土
的青銅器銘文當中也有很多這類代表。比如，出土於陝西扶風的西周史牆盤便
是典型的例子，其銘文前半段歷舉周文王、武王、成王、康王、昭王、穆王的
文治武功，並強調文王受上帝所降懿德。銘文說：「曰古文王，初戾和於政，上
帝降懿德，大屏，敷有上下，會受萬邦。……」善夫克用來祭祀他的祖先師華
父的大克鼎也是一個例作，銘文中善夫克對他的祖上師華父的功德頌揚備至。
銘文云：「穆穆朕文且（祖）師華父，沖襄厥心，盅靜于猷，淑哲厥德，肆克
恭保厥辟恭王，敕父王家，惠于萬民，柔遠能邇，……克其萬年無疆，子子孫
孫永寶用。」大意是說：尊敬的文祖師華父，謙遜、寧靜有美好的德性，能夠
兢兢業業地輔佐其君周恭王，輔佐王室，施恩澤於萬民，使邊遠地區安寧，內
地人民和睦融洽；又能虔敬皇天后土，心地純正無雜念，賜福無疆，並能垂蔭

後世子孫。番生簋的銘文則完全是頌揚先祖大德的，銘文云：「丕顯皇祖考穆穆克哲厥德，嚴在上，廣啓厥孫子於下，和於大服。……」後文又表明了自己一定要繼承發揚先祖的傳統和美德並勤於王命的心跡。師望鼎的銘文是專門稱頌皇考宄公功德的。銘文如下：「太師小子師望曰：『丕顯皇考宄公，穆穆克盟厥心，淑哲厥德，用辟於先王，得純亡愍。望肇帥型皇考，虔夙夜出納王命，不敢不墜不又。王用弗忘聖人之後，多蔑歷賜休。』」此外，禹鼎、虢叔鍾、叔向父簋、邢人鍾等銘文也都是頌揚做器人祖先功德的。〔註8〕這種稱頌實際上是為了凸顯出自己先祖的榮耀和美德，以顯揚於後世，儒家認為，稱先祖之美而不稱惡，是孝子孝孫的理智地取捨，也是孝道的一種體現。顯揚先祖之德，乃為崇孝。以帶有銘的鼎作為祭器，祭祀先祖，便是對先祖盡孝道的體現，所謂「顯揚先祖，所以崇孝也」。君子觀看銘文，既會歡美其中讚揚的話語，又會歡美這製銘的舉動。因為，製作銘文的人，既有眼光能看出先祖的美德，又有愛心能夠參與這樣的善舉，更有智慧能夠利用這種善舉來教導後人。〔註9〕能夠以這樣的智慧領悟鼎銘的意味，便是對祖先盡了孝道，崇孝乃為教化後世子孫。

　　銘所鐫錄的「德」的內容實為祖先之德。恰如《禮記・文王世子》所說：「宗廟之中，以爵為位，崇德也。」宗廟之中，爵位所處次第便是崇德的象徵，從文獻記載來看，「德」是在周代的禮制當中被多次強調的一個概念，常普泛而言，如：《尚書・蔡仲之命》曰：「皇天無親，唯德是輔」，《詩經・大雅・皇矣六》曰：「帝謂文王，予懷明德」，《禮記・仲尼燕居》也有「薄於德，於禮虛」的論述，類似的記載還有很多，這些文字皆顯示出，「德」在某種程度上是禮制關涉的主體。王國維先生說：「周之制度典禮者，道德之器也」〔註10〕，可謂對周代禮制有本質的把握。《左傳・僖公五年》記錄虞之宮之奇語：「鬼神非人實親，唯德是依」，也凸顯出時人對德的重視。實際上，《左傳》當中重德的例證很多。《左傳・宣公十二年》記錄了周定王使王孫滿勞楚子，楚子向王孫滿問鼎的大小輕重。王孫滿回答如下：

　　　　「在德不在鼎。昔夏之方有德也，遠方圖物，貢金九牧，鑄鼎
　　象物，百物而為之備，使民知神奸。故民入川澤山林，不逢不若，

〔註8〕葉正渤、李永延編著：《商周青銅器銘文簡論》，中國礦業大學出版社，1998
　　　年，第74頁。
〔註9〕王夢鷗：《禮記今注今譯》，天津，天津古籍出版社，1987年，第642頁。
〔註10〕王國維：《殷周制度論》，《觀堂集林》卷十，《王國維遺書》（一），上海，上
　　　海書店出版社，1983年，第489頁。

魑魅魍魎，莫能逢之。用能協於上下，以承天休。」

《左傳‧莊公三十二年》：

「秋七月，有神降於莘。惠王問諸內史過曰：『是何故也？』

對曰：『國之將興，明神降之，監其德也。將亡，神又降之，觀其惡

也。』」

儒家論喪祭之時也表現出了對德的重視，尤重在喪祭禮儀當中與祖先之德的

感格相交，鬼神之德就切近而言可指祖先之德，推而廣之則爲天地之德。所

以，《禮記‧中庸》之中孔子對鬼神之德極爲稱頌：

鬼神之爲德，其盛矣乎：視之而弗見，聽之而弗聞，體物而不

可遺，使天下之人齊明盛服以承祭祀，洋洋乎如在其上，如在其左

右。詩曰：『神之格思，不可度思，矧可射思』。夫微之顯，誠之不

可揜如此夫。

朱熹將此解讀爲：「鬼神無形與聲，然物之終始，莫非陰陽合散之所爲，是其

爲物之體，而物無所不能遺也。……明，猶潔也。洋洋，流動充滿之意。能使

人畏敬奉承，而發見昭著如此，乃其體物不可遺之驗也。」〔註11〕鬼神之德視

之不見，聽之不聞，卻能夠具有「體物不可遺」的功能。也正是經由「德」的

相通，天人之間、人祖之間才可實現貫通。

《禮記‧禮器》才說：

禮器是故大備，大備，盛德也。禮釋回，增美質，措則正，施

則行。其在人也，如竹箭之有筠也，如松柏之有心也。二者居天下

之大端矣，故貫四時而不改柯易葉。故君子有禮，則外諧而內無怨。

故物無不懷仁，鬼神饗德。

孫希旦曰：

禮經緯萬端，人能以禮爲治身之器，則於百行無所不備，而其

德盛矣。禮之爲用，能消人之回邪之心，增人質性之美，而盛德充實

於內矣。措諸身則無不正，施諸事則無不達；而盛德發見於外矣。……

竹箭有筠，以貞固於其外；松柏有心，以和澤於其內。二物於天下，

有此大節，故能貫乎四時，而枝葉無改。其在人身，則禮之釋回、增

美，以充其德於內者，猶松柏之心；禮之措正、施行，以達其德於外

〔註11〕 （宋）趙順孫纂疏，黃珅整理《大學纂疏中庸纂疏》，《中庸纂疏》，上海，華
東師範大學出版社，1992 年，第 191～192 頁。

者，猶竹箭之筠。故君子有禮，則外而鄉國，無不和諧，內而家庭，

無所怨悔，人歸其仁，神歆其德，遠近幽明，無不感通。〔註12〕

　　孫希旦認為，禮的作用便在於充盛人的德性，消弭人的回邪之心，增加人的質性之美，這樣一來，人的內在德性才會充實增聚起來，便會在與外在世界的交接、處置當中無不浸潤著德性的光輝，竹箭之筠，松柏之心，皆為有所本有所主之喻，在人則以盛德為主，德性顯揚發揮於外，則可與鬼神實現交接感通，鬼神也自然樂於接受有德者的奉祀。正如恩斯特・凱西爾所說「祭祀是人們與神祇的主動關係。在祭祀中，不是間接地表現和描繪神性；相反，是對神性施加直接的影響。」〔註13〕獻祭活動本身便是神人之間的溝通媒介，喪祭禮之中，對祖先的敬事，便是主動的建立人與神祇的關係，只是神祇在儒家眼中乃是德性的化身，所以，敬事神祇被儒家解讀為與神明之德的感通和交融。這種感格給參與者帶來的超越性的體驗是生命自心內在的、敞開的、動態的涵泳擴充的過程。龔建平將這一感通體驗描摹得更為細微，他說：「『感』者，心之動也。它所表達的是物我、人己、神明、天地之間的相觸與感通。觀其所感，則可制天地萬物之情。天地感而生萬物，謂感而生生；聖人能感人心，而能生人生的意義。這說明『感』是人心之間或者人心與天地之間相生共存、榮辱與共的關聯。……一個『通』字，說明它是立體甚也可說無體的心靈之間，真實的、永恆的相遇與共生。在『感通』活動中，個我不是被動的，而是能動的，能感與所感的交織，使之聯結為一個意義整體。」〔註14〕感格是人對神明之德的主動交付，這種交付具有主動性，人在這種交付之中其主體性越發挺立起來，在交付的過程中，人的內心德性獲得充盛，人的本然情感得到引導而獲得轉化和重生。所以，《禮記・郊特牲》說：「腥、肆、爓、腍祭，豈知神之所饗也？主人自盡其敬而已矣！」祭祀鬼神所重並非在其是否具備祭品，而在於主祭者內心能夠做到自盡其敬，這也是儒家對祭祀精神的轉化。徐復觀先生和牟宗三先生均體察到了在此「敬」之中個人主體性的凸顯。徐復觀說：「周初所強調的敬的觀念，與宗教的虔敬，近似而實不同。宗教的虔敬，是人把自己的主體性消解掉，將自己投擲於神

〔註12〕孫希旦：《禮記集解》，北京，中華書局，1989 年，第 625 頁。

〔註13〕【德】恩斯特・凱西爾《神話思維》，北京，中國社會科學出版社，1992 年，第 240 頁。

〔註14〕龔建平：《意義的生成與實現——〈禮記〉哲學思想》，北京，商務印書館，2005 年，第 262 頁。

的面前而徹底皈依於神的心理狀態。周初所強調的敬，是人的精神，由散漫而集中，並消解自己的官能欲望於自己所負的責任之前，凸顯出自己主體的積極性與理性作用。」牟宗三說：「在敬之中，我們的主體並未投注到上帝那裡去，我們所作的不是自我否定，而是自我肯定。彷彿在敬的過程中，天命、天道愈往下貫，我們主體愈得肯定。」〔註 15〕這種「敬」的體驗將人的感受集中並內向化，由此而樹立起個人的主體性。

陳贇針對朱熹「鬼神之理，即此心之理」一語將儒家對鬼神的理解歸入自我認知的表現，他說：「儒家把對鬼神的理解轉換爲一種自我理解，鬼神在俗文化中的彼岸性與神秘色彩在這裡得到了徹底的、理性的消解。」〔註 16〕這種認識非常深刻，從儒家的種種思考至少也可以看出，儒家雖重視敬事鬼神，但所關注的仍是從生的層面對生命進行體證，著力點在於如何安頓、調節和運轉生命。饗祭鬼神，在儒家處，已由一種幽隱的對象性崇祀，轉化爲對自我認識和自我實現的理解，是對生命本體的回歸和確認。與鬼神之德交接，實是與內在自我的溝通，是對自我的反觀和自我價值的重塑。藉由祭祀，自我精神由散亂轉向凝聚，生命意識由淡薄轉入濃厚，自我價值由恍惚虛無轉入實有諸己。既然感格鬼神的目的在於和神明之德的交接，那麼怎樣做才能達到這種交接呢？

第三節　喪祭之感格本於誠敬之情

我們先從鬼神和人的關係談起，何謂鬼神？前文我們已經做過探討。按照《禮記》中對人的認識，人和萬物一樣本原於天，是陰陽之交的產物，人生時，魂魄合二爲一，魂爲陽，魄爲陰，人死後，則魂魄分離，魂氣上陞於天，爲神；魄則歸於大地，爲鬼。這樣一來，魂魄歸於天地，實是向始原處回歸。鬼神和人同屬一氣，鬼神雖幽隱無形，但可感通。朱子說：「所謂鬼神者，只是自家氣，自家心下思慮才動，這氣即敷於外，自然有所感通。」〔註17〕但是怎樣才能感通呢？儒家認爲祭祀本身就是「內盡於己，外順於道」（《禮記·祭統》）的，就內而言，專心凝聚其誠敬之情，就外則自然達於祭祀之禮。

〔註15〕轉引自李澤厚：《新版中國古代思想史論》，天津，天津社會科學院出版社，2008 年，第 295 頁。
〔註16〕陳贇：《與鬼神結心：儒教祭祀精神》，《孔子研究》，1998 年第 3 期，第 111 頁。
〔註17〕《朱子語類》，北京，中華書局，1994 年，第 2511 頁。

《禮記‧檀弓上》記載了子路轉述孔子的話：

> 子路曰：「吾聞諸夫子：喪禮，與其哀不足而禮有餘也，不若禮不足而哀有餘也；祭禮，與其敬不足而禮有餘也，不若禮不足而敬有餘也。」

哀與敬，恰是喪祭禮當中的主導情感。論及喪祭，則必稱哀敬，如「喪致乎哀而止」（《論語‧子張》），「忌日必哀」（《禮記‧祭義》），「喪則觀其哀也，祭則觀其敬而時也」（《禮記‧祭統》），「喪紀得其哀」（《禮記‧仲尼燕居》），「弁絰葛而葬，與神交之道也，有敬心焉。」（《禮記‧檀弓下》），「山川神祇有不舉者為不敬」（《禮記‧王制》），「太廟之內敬矣」（《禮記‧禮器》）等等，哀敬之情在喪祭禮之中隨處顯現。不僅如此，對哀敬之情的描摹也細緻入微。茲舉幾例。

《禮記‧問喪》將送葬的悲傷之情描寫的極富感染力：

> 其往送也，望望然，汲汲然，如有追而弗及也。其反哭也，皇皇然，若有求而弗得也。故其往送也如慕，其反也如疑。求而無所得之也，入門而弗見也，上堂又弗見也，入室又弗見也，亡矣喪矣！不可復見已矣！故哭泣辟踊，盡哀而止矣。心悵焉愴焉，惚焉愾焉，心絕志悲而已矣。

親人去世，孝子悲哀思慕，送葬歸來，不復見親人的音容笑貌，悲哀之情油然而生，哭踊之中皆為內衷哀情的揮放。

《禮記‧祭義》則將臨祭的怵惕悲傷做了描述：

> 霜露既降，君子履之必有悽愴之心，非其寒之謂也。春雨露既濡，君子履之必有怵惕之心，如將見之。樂以迎來，哀以送往，故禘有樂而嘗無樂。

鄭玄注曰：「非其寒之謂，謂悽愴及怵惕皆為感時念親也。」〔註18〕霜露降落、春雨浸潤本為自然氣候天象的變化，但是儒家卻由此而怵惕傷懷，思念故去的親祖，皆因親親之情有所感念而發於形外。

又《禮記‧祭義》另一處則記載了祭祀中「敬」的發生：

> 是故先王之孝也，色不忘乎目，聲不絕乎耳，心志嗜欲不忘乎心。致愛則存，致愨則著。著存不忘乎心，夫安得不敬乎？

〔註18〕朱彬：《禮記訓纂》，北京，中華書局，1996 年，第 701 頁。

方性夫曰：「愛，言追念之思，愨，言想見之誠。致其愛矣，親雖亡而猶存。致其愨矣，神雖微而猶著。」〔註19〕。喪祭禮中這種情感發露到極致稱為「盡」，《禮記・祭義》曰：「孝子之祭也，盡其愨而愨焉，盡其信而信焉，盡其敬而敬焉，盡其禮而不過失焉。」指出孝子之祭真情盡顯，愨、信、忠皆為內心真情實感的外在表現。輔廣曰：「愨與信，皆誠也」〔註20〕，孫希旦曰：「盡其愨，盡其信，盡其禮，存於內者無不盡也。愨焉，信焉，敬焉，而不過失焉，謂著於外者無不盡也」〔註21〕。

為何要用這麼濃重的筆墨來描摹情感呢？因為情在儒家思想體系中是一個非常重要的概念。儒家常即情言心言性。《禮記》中的「情」大致有這樣三種含義：一為情感義，如《禮記・禮運》：「何謂人情？喜、怒、哀、懼、愛、惡、欲。七者弗學而能，謂之人情」，即為現實的情感。一為情實義，如《禮記・表記》：「君子不自大其事，不自尚其功，以求處情。」此處之「情」，便為「實」之意。一為情慾義，如《禮記・樂記》：「君子反情以和其志，比類以成其行。」具體到經典當中，則需聯繫上下文意來判斷。

儒家如此重情，首先是因為情為禮本。《論語・陽貨》當中孔子發出「禮云禮云，玉帛云乎哉！樂云樂云，鐘鼓云乎哉！」的感歎，皇侃《論語義疏》引繆播語，云：「玉帛者禮之用，非禮之本；鐘鼓者樂之器，非樂之主。假玉帛以達禮，禮達則玉帛可忘；借鐘鼓以顯樂，樂顯則鐘鼓可遺。」〔註22〕《論語・八佾》記載：

> 林放問禮之本。子曰：「大哉問。禮，與其奢也寧儉，喪，與其易也，寧戚。」

錢穆先生對此段問答的做了一些深入的分析，指出：禮本於人心之仁，而求所以表達，故始有禮。奢則過於文飾，容易流為浮華。儉則不及於程節。奢則外有餘而內不足，儉則內有餘而外不足。外不足，其本尚在；內不足，則其本將失，所以稱「與其奢也，寧儉」。〔註23〕也可以看出孔子眼中的禮樂是有其內在的依託的，這個內在的依託，或者說內容，便是人情。《禮記・坊記》有：「禮者，因人之情而為之節文」。《禮記・三年問》有：「三年之喪何也？

〔註19〕 朱彬：《禮記訓纂》，北京，中華書局，1996年，第703頁。
〔註20〕 孫希旦：《禮記集解》，北京，中華書局，1989年，第1213頁。
〔註21〕 孫希旦：《禮記集解》，北京，中華書局，1989年，第1213頁。
〔註22〕 程樹德：《論語集釋》（四），北京，中華書局，1990年，第1217頁。
〔註23〕 錢穆：《論語新解》，北京，三聯書店，2002年，第54頁。

曰：稱情而立文，因以飾群，別親疏貴賤之節，而不可損益也。故曰：無易之道也。」「稱情而立文」，即禮乃稱情斷制。鄭樵《禮經奧旨‧禮以情爲本》云：「大抵禮有本有文。情者，其本也。享食之文，揖讓拜跪，其本則敬而已。喪祭之文，辟踊哭泣，其本則哀而已。祭禮之文，保獻酬酢，其本則誠而已。……有其本而無其文，尚可以義起；有其文而無其本，則並與文俱廢。何謂之禮本？本情而已。」〔註24〕鄭樵以享食、喪祭、祭祀三禮爲例，指出禮以情爲本：享食之禮中，揖讓跪拜是文，其本則爲敬；喪祭之禮中，辟踊哭泣是文，其本則爲哀；祭祀之禮中，獻和酬酢皆是文，誠則爲其本。

　　禮，雖以外在文飾爲載體，但情才是其本。《論語‧八佾》提到「繪事後素」的典故：

　　　　子夏問曰：「『巧笑倩兮，美目盼兮。』何謂也？」子曰：「繪

　　事後素。」曰：「禮後乎？」子曰：「起予者商也，始可以言詩已矣。」

「繪事後素」，本是講繪畫之事，子夏則因此悟禮。此處之素，也是指禮有其本。儒家論喪祭，強調「反本復始」，「報本反始」。所反所報皆直指本原。這本和始均起於內心本真的自然情感，本，謂心，反本，謂還其孝性之本心也。《大戴禮記‧朝事》曰：「率而祀天於南郊，配以先祖，所以教民報德，不忘本也。率而享祀於太廟，所以教孝也。」祭祀之禮，彰顯出報本、報德、教孝之義。祭天因「萬物本乎天」，祭地因其繁育萬物之功，祭祖，則因感格於祖先之德。祖先之德超越了時空的界限，聯結了一代又一代人的過去、現在和未來。因此，儒家尤其重視孝道，因盡孝意味著祖先之德的綿延不絕，意味著和祖先之氣的一脈相通，由此族類的生命方見其悠久深遠。故喪祭禮中，親親之情起了統合作用。李景林老師也說：「這個返本修古尚質（情）的內容，包括兩個方面，一是古制，一是人本真的自然情感。就喪祭而言，這個『本』，即指人的親親孝思之情」〔註25〕。陳來先生在研究春秋時期的祭祀之時也發現，在春秋時代的祭祀文化中新的因素愈發顯現，祭祀的目的也越來越不是媚神，而是紀念、昭孝和合族〔註26〕，《國語‧魯語上》便說：「夫祀，昭孝也，各致齊敬於其皇祖，昭孝之至也」，這與儒家論喪祭之時強調報本、反始、

〔註24〕 【宋】眞德秀、鄭樵、魏了翁著：《三禮考》叢書集成初編，北京，中華書局，1936年，第8頁。

〔註25〕 李景林：《儒家的喪祭理論與終極關懷》，《中國社會科學》，2004年第2期，第116頁。

〔註26〕 陳來：《古代思想文化的世界》，北京，三聯書店，2002年，第126～127頁。

重情、重質的特點是相合的。

其次，儒家重情，是爲了即情言心性修養。但此情來不得任何人爲造作，《論語‧子路》記：

> 葉公語孔子曰：「吾黨有直躬者，其父攘羊，而子證之。」孔子曰：「吾黨之直者異於是，父爲子隱，子爲父隱，直在其中矣。」

葉公認爲「直」就是兒子尊重事實，敢於揭發父親偷羊的行爲，孔子則認爲「直」則應該是基於父子親情，爲父親隱瞞。《論語‧公冶長》則有：

> 子曰：「孰謂微生高直？或乞醯焉，乞諸其鄰而與之。」

微生高素以「直」著稱，孔子則認爲他並不是眞的「直」，有人向他借醋，他沒有卻從鄰居處借來再轉借出去，算不得眞正的「直」。很明顯，此處之「直」，皆有眞實不虛僞之意。到孟子處，則強調一念發動處情感的眞實：《孟子‧公孫丑上》有：

> 所以謂人皆有不忍人之心者，今人乍見孺子將入於井，皆有怵惕惻隱之心。非所以內交於孺子之父母也，非所以要譽於鄉黨朋友也，非惡其聲而然也。

看到一個孩子快要掉到井裏去了，我們必然會產生惻隱之心，這種一念發動處情感的眞實在孟子看來便是「仁之端」。《孟子‧盡心上》又說：「盡其心者，知其性也，知其性則知天矣。」如何做到「盡心」？孟子認爲需要將惻隱之心推擴開去，由盡心而知性知天，可見孟子言心性修養，也是基於情感之實。

《禮記》中繼續沿用了儒家的心性修養思路。如《禮記‧中庸》：

> 唯天下至誠，爲能盡其性；能盡其性，則能盡人之性；能盡人之性，則能盡物之性；能盡物之性，則可以贊天地之化育；可贊天地之化育，則可以於天地參矣。

又如《中庸》另一處：

> 仁者人也，親親爲大……故君子不可以不修身；思修身，不可以不事親；思事親，不可以不知人；思知人，不可以不知天。

何謂「誠」？我們可以聯繫祭禮去理解，《禮記‧祭統》有：「身致其誠信，誠信之謂盡，盡之謂敬，敬盡然後可以事神明，此祭之道也。」誠信，是臨祭之時內心的眞情實感，「致」乃極盡凝聚之義，「盡」則是情感凝聚到了極致之後的抒放。臨祭時對祖先的專志和思慕凝聚到了極致，這種狀態便是「誠」，「誠」方能感格神明之德。《論語‧八佾》曰：「祭如在，祭神如神在」，

一個「如」字便表現出了面對鬼神臨在的心情，孔子又說「吾不與祭，如不祭」（《論語・八佾》），指出一定要親自參與到祭祀中去，因祭祀之中可以專心致誠。錢穆先生便說這是孔子強調祭盡其誠的表現，他說：「孔子雖極重祭禮，然尤所重者，在致祭者臨祭之心情。故言苟非親自臨祭，縱儻祭者亦能極其誠敬，而於我心終是闕然，故云祭如不祭。蓋我心思慕敬畏之誠，既不能親切表達，則雖有牲牢酒醴，香花管樂，與乎攝祭之人，而終是失卻祭之真意。」〔註27〕《禮記・中庸》對「誠」做了這樣的解讀：「誠者，非自成己而已也，所以成物也。成己，仁也；成物，知也。性之德也，合外內之道也，故時措之宜也。」可見，儒家之「誠」，既可以是情感的真實無偽狀態，又可以是心靈完全敞開的狀態，心靈敞開，方可由成己而成物，達到同物我、合外內、一天人的形上境界〔註28〕，即孟子說的「萬物皆備於我」，《中庸》說的「贊天地之化育，與天地參」的境界。這樣一來，儒家便將喪祭活動中對幽隱的鬼神世界的關注轉入心性修養領域，由此走上了一條內在超越之路。

第四節　儒家論喪祭彰顯內在超越之路

中西哲學，由於民族氣質，地理環境和社會形態的不同，自始即已採取不同的方向。〔註29〕如果說西方將人視作客觀的認識對象，因此走上了外在超越之路的話，那麼儒家則從內在的角度來發掘「自我」的本質。儒家的內在超越之路在喪祭禮中又是如何達成的呢？我們先從祭祀前的齋戒開始。

《禮記・祭義》曰：

> 致齊於內，散齊於外。齊之日，思其居處，思其笑語，思其志意，思其所樂，思其所嗜。齊三日，乃見其所為齊者。祭之日，入室，僾然必有見乎其位；周旋出戶，肅然必有聞乎其容聲；出戶而聽，愾然必有聞乎其歎息之聲。

祭祀之前有齋戒的準備，主祭者要在齋戒的過程中，集中精神專正志意思念去世的親人，「居處」、「笑語」、「志意」、「所樂」、「所嗜」，皆為所思的內容，為的是要在思慕之中「專其內之所思，防其外之所感」〔註30〕，也就是專心

〔註27〕錢穆：《論語新解》，北京，三聯書店，2002年，第65頁。
〔註28〕李景林：《教化的哲學》，黑龍江出版社，2005年，第128頁。
〔註29〕牟宗三著，羅義俊編：《中國哲學的特質》，上海古籍出版社，2007年，第1頁。
〔註30〕孫希旦：《禮記集解》，北京，中華書局，1989年，第1209頁。

致思，使內心進入澄明的狀態，在莊嚴肅穆的氛圍中將對所祭者的情感充分凝聚在精神世界，經由自我意識的專注，使得祭祀對象的音容形貌皆昭然如在眼前。孔子說：「祭如在，祭神如神在」(《論語·八佾》)，「如」字也是指主祭者內心當中能夠感受到親祖鬼神的臨在，是內心與親祖精神達緻密契相合的感通狀態。雖在齋戒祭祀之中所祭之對象爲虛擬鬼神，主祭者的情感卻並未因此墜入虛無，皆緣於血緣之親親而凝聚擢升。正如林素英先生說的：「所祭之對象，雖非如一般可把握之現實存在，卻如流風雖擒之不得，而不害其實有。故而能投注此一念之眞情，則能自盡其心，而成祭祀之敬」。〔註31〕眞情是源自內心的，所以，《禮記·祭統》日：

> 夫祭者，非物自外至者也，自中出生於心也。心怵而奉之以禮。

個人在祭祀之中與鬼神的交接是出自內心的需求，在這種需求下，產生「心怵」的感通，實際上是通過自心一念的發動處與鬼神實現了交接，這種感通不是外在的，而如陳澔所說「謂心有感動也」，孫希旦說這種感通起於思念親人的情感，「若無思親之實心，則不足以盡乎祭之義也。」〔註32〕那麼，儒家是如何將這種情感引向了對內心德性的培養，將事神的行爲轉化成德性的涵泳的呢？

《禮記·祭統》日：

> 是故唯賢者能盡祭之義。賢者之祭也，必受其福，非世所謂福也。福者備也，備者，百順之名也。無所不順者謂之備，言內盡於己，而外順於道也。忠臣以事其君，孝子以事其親，其本一也。上則順於鬼神，外則順於君長，內則以孝於親，如此之謂備。唯賢者能備，能備然後能祭。是故賢者之祭也，致其誠信，與其忠敬，奉之以物，道之以禮，安之以樂，參之以時，明薦之而已矣！不求其爲，此孝子之心也。

古人行祭祀是爲了獲得福祐，如《禮記·月令》「以祠宗廟社稷之靈，以爲民祈福」便指的世俗所謂福與德，這種福祐本是出於自己私心的，是功利主義的。但是儒家卻說只有賢者才能盡體祭祀的意味，在儒家處，祭祀的初衷並非世俗意義上的福祐，而是「內盡於己，外順於道」，是在德性型塑涵泳的過

〔註31〕 林素英：《從古代的生命禮儀透視其生死觀：以〈禮記〉爲主的現代詮釋》，《中國學術思想研究輯刊》(四編)，臺北，花木蘭文化出版社，2009年，第120頁。

〔註32〕 孫希旦：《禮記集解》，北京，中華書局，1989年，第1236頁。

程中對人生境界的一種提升，儒家借助備、順等概念對福做了創造性的解釋，我們可以借助對上段文字的分析，更好地把握儒家眼中「福」的概念。

首先，以備來釋福。「福者，備也」是以備來釋福，下文「備者，百順之名也。無所不順者謂之備，言內盡於己，而外順於道也」，則是對「備」做出了界定。什麼是「備」呢？「備」是「百順之名」，也是「無所不順」，總之，「備」就是處處皆順，時時見順。可見，要理解「備」這個概念，我們不得不牽涉到「順」這一新的概念，實際上，儒家也是以「順」來釋「備」的，那麼，「順」具體又指什麼呢？

其次，以順來釋備。下文言「內盡於己，外順於道」，則是以順來釋福，指出「順」包含內外兩個層面：就內而言，則指賢者內要盡於己，是德性的內求，返歸自心之真實情感；就外而言，外則要順於道，是賢者將德性由內向外推擴的過程，外推之中德性的光澤隨處顯現，與他人、與外在世界便可實現一體相通，程顥說「仁者渾然與物同體」，同體便是貫通之義，也就是順於道。後文所謂「上則順於鬼神，外則順於君長，內則以孝於親」皆是「備」在隨處顯現。

再次，達備順則內外一體相通，福報自至。輔廣說：「內盡於己、外順於道，則仰不愧天，俯不怍人，心安體胖，是賢者之所謂福也」，對賢者而言，福便是內盡己而外順道，也就是說，在儒家眼中，福包含內外兩個向度，既包含反身內求的自心德性不斷獲得充盛的過程，又含括向外推擴與他人、與外在世界、與天道之間的相通無礙，內外向度之間是一體連續的，也是貫通的，誠如李景林先生所說的：「這個『備』和『順』，即己與人、內與外、人與天道的一體相通」〔註33〕。儒家雖未從世俗所謂福報的意義上進行祭祀，但是福報自在祭祀活動之中，孫希旦說「蓋賢者之祭，有得福之理，而無求福之心也」，可謂甚合儒家論祭祀的意味。也是為強調賢者行祭禮並未有求福之心，未將世俗的福祐作為自己的追求目標，但是其在自心德性的培育之中卻有獲得福祐的可能，也正是孔穎達疏所謂「孝子之心無所求也，但神自致福」。〔註34〕

最後，無論是向內盡己還是向外推擴，都需要有所主，有所本，這個本便

〔註33〕李景林：《儒家的喪祭理論與終極關懷》，《中國社會科學》，2004 年第 2 期，第 118 頁。

〔註34〕孫希旦：《禮記集解》，北京，中華書局，1989 年，第 1237 頁。

是情感眞實無僞的狀態，「賢者之祭，致其誠信，與其忠敬」，祭祀之中賢者所表現出的誠信忠敬皆言此情之實。「忠臣以事其君，孝子以事其親，其本一也」，事君與事親雖爲二事，兩者卻有通性，這個通性便是情感的眞實無妄，這也是德性成就的起點。《馬王堆帛書・要》記孔子語曰：「君子德行焉求福，故祭祀而寡也；仁義焉求吉，故卜筮而稀也。」祭祀、卜筮雖爲事神之事，儒家所重卻在德性與仁義等道德義涵，這也凸顯出儒家將事神行爲轉入了對道德的追求。

通過以上分析，我們可以看出，儒家通過引入「備」、「順」等概念對「福」進行了新的闡釋，使其世俗意味逐漸淡薄，從而將視角轉入對德性的追求和實現之中。在儒家看來，德性的涵泳是沿著「內盡於己，外順於道」兩個向度拓展開來的，「內盡於己」，是一個反身內求的過程，是在人的自然生命情感中尋求著力之處，內求的根基在於儒家所強調的情感之眞實，此情是本也是主；「外順於道」則是外推，這外推是在己與人、內與外、人與天各個視域之間表現出一體的、動態的、連續的貫通性。所以，李景林先生所說的：「這個內外一體，不是認識論的講法，而是一種實現論的講法」。〔註35〕孔子嘗言「吾道一以貫之」（《論語・里仁》），曾子說孔子一以貫之之道便是忠恕之道，朱熹注曰：「盡己之謂忠，推己之謂恕」，也是從內外兩個向度而言的，實際上，這也是儒家在討論成德問題時的慣用思路。於是祭祀活動經過儒家創造性的解讀，便包含了「內盡於己」、「外順於道」兩個向度的體證，既有向內的基於德性涵泳的自我完善和自我實現，又有向外的天人之間、人我之間的超越相通，這即是儒家的內在超越之路。

就向內的路徑而言，儒家要求孝子「內自盡」，也就是內求，內求始於親親，親親即涵泳德性的起點。「親親」何以和德聯繫在一起？《禮記・祭義》謂「立愛自親始」，在血緣親情的一體聯結之中，個體之人自然會對自己的親人心存愛敬之情，《孟子・盡心上》曰：

> 孩提之童，無不知愛其親者，及其長也，無不知敬其兄也。親親，仁也，敬長，義也。無他，達之天下也。

《禮記・中庸》曰：

> 故爲政在人，取人以身，修身以道，修道以仁。仁者人也，親親爲大。

〔註35〕李景林：《儒家的喪祭理論與終極關懷》，《中國社會科學》，2004 年第 2 期，第 118 頁。

「親親，仁也」，「仁者人也，親親為大」，《孟子》和《中庸》均指出親親與仁德之間的關聯。孟子將親親的行為歸於仁，與其「仁之實，事親是也」（《孟子・離婁上》）思路是一致的，《中庸》則將親親作為成仁的重要途徑。有子之說也類似，他說：「君子務本，本立而道生。孝悌也者，其為仁之本與」（《論語・學而》），指出人能有孝悌之心，自然能有仁心仁道，也就是經由孝悌之情則可通向仁德。《孝經》謂「孝者，德之本也」，也指出盡孝是德性得以生發的根本。在以上說法中，我們可以看出儒家的思路，即：孝是可以藉由親親情感之誠愨而向仁提升的。《管子・戒篇》曰：「孝悌者，仁之祖也」，《呂氏春秋・孝行覽》曰：「凡為天下，治國家，必務本而後末，務本莫貴於孝」，親親孝思被儒家轉入德性的陶鑄之中。肖群忠先生對孝在中華文化和倫理中的重要地位做了這樣的概括，他說：「孝是貫穿天、地、人，祖、父、己、子、孫之縱向鏈條，孝是中國文化向人際與社會歷史橫向延伸的根據和出發點，因此成為中國文化邏輯之網的紐結和核心。又由於在孝中已全部包含了儒家親親、尊尊、長長的宗旨，因而成為儒家文化甚或中國文化的基本精神。」[註36]中國人之所以重視家庭倫理，乃是因為可由這一親親原則向外進行推擴，從更深遠、更廣大處尋求個體生命的價值、探求人生的意義。

　　梁漱溟先生在談到儒家的倫理觀念之時便說：

　　　　蓋人生意味最忌淺薄，淺薄了，便牢攏不住人類生命，而使其甘心送他的一生。飲食男女，名位權利，固為人所貪求，然而太淺近了。事事為自己打算，固亦人之恒情，然而太狹小了。在淺近狹小中混來混去，有時要感到乏味的。特別是生命力強的人，要求亦高；他很容易看不上這些，而偏對於相反一面——如貞潔禁慾、慷慨犧牲——感覺有味。權力慾所以不如義務感之意味深厚，可能引發更強生命力出來，表見更大成就者，亦正為此。這種情形，是源於人的生命本具有相反之兩面：一面是從軀殼起念的傾向；又一面是傾向於超軀殼或反軀殼。兩面中間，則更有複雜無盡之變化。宗教正是代表後一傾向。其所以具有穩定人生之偉大作用者，就為它超越現實，超越軀殼，不使人生局於淺近狹小而止。生命力強的人，得其陶養而穩定，庸眾亦隨之而各安其生。中國之家庭倫理，所以

――――――――――――――――

〔註36〕肖群忠：《孝與中國文化》，北京，人民出版社，2001年，第148頁。

成一宗教替代品者，亦即爲它融合人我泯忘軀殼，雖不離現實而拓
遠一步，使人從較深較大處尋取人生意義。〔註37〕

人生的意味就切近處而言，就是將親親之情轉化爲德性，如此，人生的意味
方可深厚起來、廣遠起來。《禮記・儒行》曰：「禮節者，仁之貌也。歌樂者，
仁之和也」也是強調，禮樂的內在精神是仁，也就是儒家所強調的成德。《禮
記・祭義》曰：「嚴威儼恪，非所以事親也，成人之道也」，儒家在此處便將
宗教祭祀轉化爲基於孝親之愛的成德之路，進一步抽離了祭祀的宗教情緒，
從而轉入了成人之道，成人之道也就是道德修爲之路。

孟子說「君子所性，仁義禮智根於心，其生色也，睟然見於面，盎於背，
施於四體，四體不言而喻」（《孟子・盡心上》），也是說情感的展露是連續性
的，聚諸內方見諸外，仁義禮智乃「性」的內容，接諸外物便有所彰顯，所
以見孺子將入於井便起惻隱之心，有救助之舉，所重仍在對眞實情感的擢升。
儒家正是通過這樣的方式，將親親孝思的情感進行了提升，從而轉入了道德
修養的視域。孝子的事親行爲是孝道的彰顯，但卻未止於孝道，而是成身之
道，是德性成就之道，孔穎達疏曰：「言成身之道，萬事得中，則諸行並善，
是所以成身也」，將事親之孝歸入道德性命的成就之中。《禮記・祭統》則明
確將孝子之誠敬釋爲德性的充盛，其曰：「是故其德盛者其志厚，其志厚者其
義章，其義章者其祭也敬。祭敬則境內之子孫莫敢不敬矣」，盛德充於內方外
顯爲祭祀之敬。

儒家講求內外一體，因此並未止於「內盡於己」，《中庸》謂：「誠者，非
自成己而已也，所以成物也。成己，仁也；成物，知也。性之德也，合外內
之道也」，盡己才能於物無隔，實現「外順於道」。孝道雖就事親而言，卻可
經由事親而成就仁德，實現內外的貫通。《孟子・盡心上》曰：「親親而仁民，
仁民而愛物」，也是由親親之情向外推擴，這也是儒家對個人與外在世界關係
的處理方式。皮亞傑說：「主體把自己的身體看作是處於一種時空關係和因果
關係的宇宙之中的一個，他在什麼程度上學會了怎樣有效地作用於這個宇
宙，他也就在什麼程度上成爲這個宇宙的一個不可分割的組成部分。」〔註38〕
在社會化條件下，人並非孤立的存在，每個個體之人都與周圍世界發生著關

〔註37〕 梁漱溟：《中國文化要義》，上海，上海世紀出版集團，2005 年，第 78～79 頁。
〔註38〕 【瑞士】讓・皮亞傑：《發生認識論原理》，王憲鈿等譯，北京，商務印書館，
　　　　1995 年，第 24 頁。

係，每個個體之人也都與歷史存在著關聯，人類對自身的定位和思考，極大地豐富了人類的思想空間，也為人類帶來了精神上的支持。這些思考，在人類早期歷史中以神話的形式表現出來，「在印度的吠陀神話中，創世就是自我獻祭的結果，宇宙『元我』將自己奉獻給諸神，整個宇宙和構成人類社會的各階層就從他的身體中被創造出來」〔註 39〕，在中國，創世神話則以盤古、女媧為代表，盤古開天闢地，用自己的身軀造出日月星辰、山川草木，女媧則依照自己形象創造了人類。這是神話對人與世界關係的處理方式，在儒家思想體系中，其慣用的則是由內而外，由近而遠的推擴方式，孔子所謂「為仁由己」，孟子所謂「盡心知性知天」，《大學》所謂「修身、齊家、治國、平天下」，《中庸》所謂「唯天下至誠，為能盡其性；能盡其性，則能盡人之性；能盡人之性，則能盡物之性；能盡物之性，則可以贊天地之化育；可以贊天地之化育，則可以與天地參矣」，其理皆一也，都是將個人的德性修養與對外在世界的觀照視為一體感通的過程，這種處理方式是即在世而超越的。

《禮記・哀公問》曰：

> 仁人不過乎物，孝子不過乎物。是故仁人之事親也如事天，事天如事親，是故孝子成身。

《禮記・中庸》曰：

> 故君子不可以不修身，思修身，不可以不事親；思事親，不可以不知人；思知人，不可以不知天。

仁人、孝子、君子，皆是儒家所設定的理想人格，其德性的涵泳是經由事親而達致事天的，事天，也就是與天道之間的溝通，這種溝通方式便是由親親孝思溯及天道。《禮記・昏義》曰：「天地合，而後萬物興焉」〔註 40〕，認為先有天地後有萬物，《禮記・郊特牲》提出了「萬物本乎天，人本乎祖」〔註 41〕的觀點，分別為萬物和人設定了各自的本原。對此，孔穎達疏云，「天為物本，祖為王本。」〔註 42〕孔氏之所以將此處的祖作為王之祖先，蓋與《郊特牲》一篇主要記載帝王郊祀祭天有關。在《大戴禮記・禮三本》中也有類似記載：「禮有三本：天地者，性之本也；先祖者，類之本也；君師者，治之

〔註 39〕　【英】凱倫・阿姆斯壯：《神話簡史》，重慶，重慶出版社，2005 年，第 78〜79 頁。

〔註 40〕　《禮記・昏義》。

〔註 41〕　《禮記・郊特牲》。

〔註 42〕　朱彬：《禮記訓纂》，北京，中華書局，1996 年，第 397 頁。

本也。無天地焉生，無先祖焉出，無君師焉治。」「天地者，性之本也」與後文「無天地焉生」相對應，可見，「性之本」之「性」，是就其創生義而言的，先祖是宗族的起源，君師則是天下得以治理的本始。綜合可見，「萬物本乎天，人本乎祖」其實要表達的就是人類對自己所從來的一種認識，萬事萬物起源於天，而人類起源於自己的祖先。作爲萬事萬物的一種，人類的本原最終也落實在了「天」上，「天」既爲生物的本體，萬物的本原，那麼，人與天之間關係的確立，正是人爲自身的生命價值找到了最終的依託。人死之後魂魄相離，化爲鬼神，回歸天地之間飄遊，這種靈魂觀念恰是基於人類對自我生命要求無限、追求拓展的傾向。肉體的腐朽顯而易見，靈魂在古人看來則幽隱無形，鬼神作爲人死之後的遊魂，分別昇天入地便是完成了對本原的回歸。正因爲鬼神完成了向本原的回歸，使得現世之人有了與天地溝通的可能，因此，與鬼神的溝通在某種意義上就是與天道的溝通。由此可見，《禮記》中的天人與鬼神之間並不是彼此獨立的個體，而是呈現在天人關係視域的兩組概念，儒家對其思考路徑也採用了一種整體貫通的把握方式，經歷了一個由天而人、由人而鬼的過程，由此而傳遞出對生命整體性和連續性的把握，構建出生活世界與信仰世界的關聯。儒家將這種把握融攝在對喪祭禮的論述之中，顯現出即內在而超越的思路。《中庸》謂：「事死如事生，事亡如事存」，將對去世親祖的情感化爲對鬼神的情感，奉行喪祭則是與鬼神之間的感格溝通，鬼神通於天地，所以與鬼神的溝通也是與天道的溝通。又曰：「仁人之事親也如事天，事天如事親」，也是將人世與天道貫通起來，強調事親的行爲暗含了一種與天道的溝通，這是古人在天人合一背景下對人祖關係、天人關係的一種處理方式。這樣看來，由事親而事天，最終所獲得的則是超越性的體驗，所以，王陽明說：「孝親之心，真切處才是天理」，恰是出於對儒家這一超越方式的神會之語。

如果說西方基督——猶太視域下原罪和救贖是生命意義得以確證的前提，那麼，中國人對生命意義的追尋則是基於天人合一的宏大背景。儒家在喪祭禮中傳遞出的也是其對生命的理解。儒家將「人」視作有理性、有情感，也有欲望和意志的生命整體，這個生命整體一方面可以在心性修養中涵泳德性，實現自我；另一方面則可以誠明無礙，與天地萬物一體相通。《易傳·乾·文言》曰：「夫大人者，與天地合其德，與日月合其明，與四時合其序，與鬼神合其吉凶。先天而天弗違，後天而奉天時。」茲錄之，以作本章的結束。

結　語

　　喪祭之禮，本是與死亡和信仰相關的宗教性禮儀，儒家在論述喪祭禮儀時卻有一種祛除巫魅的人文轉變，將落腳點放在親親孝道上，引導人由親親之情轉入心性修養，從而達到「盡心知性知天」的境界，實現了內在超越。「愼終追遠，民德歸厚矣」〔註1〕，儒家通過對親親之情的提升和轉化，顯現了教化意味，這也是儒家教化之道中的「本虛而實」。李景林老師說：

　　　　作爲文化精神之核心的教化之道，有兩個重要的特點：「虛」和「實」。這教化的理念或教化之道，本質上是一種理想性的存在，它理應與現實的世界尤其是政治的、政權的運作相互保持間距，從這個意義上講，它必須是「虛」的；同時，這教化的理念又不僅僅是一種觀念性的存在，必須要有一個「以身體道」的階層或群體作爲它實存性的人格體現和傳承的載體，從這個意義上講，它又必須是「實」的。教化理念或教化之道這「虛」與「實」兩面，「虛」是其本，而「實」是其用，本「虛」才能用「實」，二者乃一體之兩面，既相反而又相成。〔註2〕

於虛實之間，自我得以不斷完善，既可體驗到個體生命融匯於族類生命之中的價值感，又可以體驗到親親之情向德性擢升的道德感，還可以體驗到人我、物我、天人之間消除壁壘的貫通感，杜維明先生將其稱爲「一種終極的

〔註 1〕《論語‧學而》。
〔註 2〕李景林：《本虛而實──儒家教化理念的立身之所》，吉林大學社會科學學報，2004 年，第 4 期，第 12 頁。

自我轉化」〔註3〕。這種生命體驗是一個長期的、永無止境的過程。體貼之中，其樂無窮。孔子盛讚顏回，稱其：「賢哉，回也！一簞食，一瓢飲，在陋巷，人不堪其憂，回也不改其樂。賢哉，回也！」〔註4〕顏回何以能在貧瘠的物質條件之下不改其樂？實因顏回之樂早已超脫出了物質層面，因其有所本，「君子務本，本立而道生」〔註5〕。宋儒嘗教「尋孔顏樂處」，其實也是在追本溯源，探尋儒學的內在本質。儒家論禮，講報本反始，重情尚質，其實也是在向禮樂本原處復歸，教人回到源頭處汲取動力。孟子深諳於此，《孟子・離婁下》記云：

> 徐子曰：「仲尼亟稱於水，曰：水哉水哉。何取於水也？」孟
> 子曰：「原泉混混，不捨晝夜，盈科而後進，放乎四海，有本者如是，
> 是之取爾。……」

徐子問孟子孔子緣何屢稱於水，孟子回答說，因水之有本，可充溢而放乎四海。朱熹注曰：「言水有原本，不已而漸進以至於海」〔註6〕，孟子以水作喻，指出，水有所本則不枯竭，可推而廣之，放諸四海。孔子說「知者不惑，仁者不憂，勇者不懼」〔註7〕，這種不惑、不憂和不懼，是內在的坦然和淡定，也是內在精神有所本的表現。2000多年前，子畏於匡時說出了這樣一番話：「文王既沒，文不在茲乎？天之將喪斯文也，後死者不得與於斯文也；天之未喪斯文也，匡人其如予何？」〔註8〕這不僅是在亂世中對禮樂文明的堅守，也是儒者內心有所本的體現。

儒學自誕生之日起面臨的挑戰從未停止過，孔子之後楊、墨對儒家的批判，魏晉時期越名教薄周孔，隋唐佛學勃興帶來的挑戰……及至近代，西方文化強勢入侵，在使中國人的精神生活失去了方向感、出現了空前的迷惘和無助的同時，也使儒學面臨著全新的困境。余英時先生甚至說：「現代儒學的

〔註3〕 杜維明先生說：「在儒家心目中，成為宗教的人意味著一個人投身於充分地成為一個人（或做人）的學習過程。我們可以把成為宗教的人的儒家取向界定為一種終極的自我轉化，這種轉化既是一種群體行為，又是對超越者的一種誠敬的對話性的回應」。〔美〕杜維明：《論儒學的宗教性——對中庸的現代詮釋》，武漢，武漢大學出版社，1999年，第105頁。

〔註4〕 《論語・雍也》。

〔註5〕 《論語・學而》。

〔註6〕 朱熹：《四書章句集注》，北京，中華書局，2001年，第293頁。

〔註7〕 《論語・子罕》。

〔註8〕 《論語・子罕》。

困境則遠非以往的情況可比，自 19 世紀中葉以來，中國社會在西方勢力的衝擊之下開始了一個長期而全面的解體過程，這個過程事實上到今天還沒有走到終點。」〔註9〕中國文化在遭遇了全面退卻之後，如何重建便顯得尤為急迫。為此，很多學者孜孜矻矻，試圖找到中國文化在傳統和現代之間的轉換之路，梁漱溟、錢穆、牟宗三、唐君毅、徐復觀、余英時、杜維明、許倬雲……等一批有識之士都在致力於探索中西文明的本質差別，也在試圖找到儒學和現代社會銜接的方式。

需要澄清的是，儒學本身和制度中呈現出的儒學是兩碼事。在兩千多年的發展中，儒學進駐到政治、社會、經濟、教育等各個領域並以一種制度化的方式呈現出來，但這和真正的儒學精神還是有差異的。西方文明衝擊之下，「儒學和制度之間的聯繫中斷了，制度化的儒學已死亡了。但從另一方面看，這當然也是儒學新生命的開始。」〔註10〕這樣看來，儒學從制度化中退卻，反而有助於我們回到真正的儒學精神。如果我們能夠將視線放得更廣遠一些，能夠從世界文化的包羅萬象和中華文明的源遠流長出發，不再將自身文化傳統視為現代化的阻礙，或許我們更有可能夠摒棄諸多偏見。

按照德國著名思想家雅思貝爾斯「軸心時代」的觀點〔註11〕：「人類一直靠軸心時代所產生的思考和創造的一切而生存，每一次新的飛躍都回顧這一時期，並被它重新燃起火焰。自那以後，情況就是這樣。軸心期潛力的蘇醒和對軸心期潛力的回憶，或曰復興，總是提供了精神動力。對這一開端的復歸是中國、印度和西方不斷發生的事情。」〔註12〕討論禮樂文化當下的意義，還原儒家真正的禮學思想，也需要回歸到禮樂文明的源頭，破除累積起來的誤讀和錮蔽。本文正是基於這樣的考慮，試圖借助儒家對喪祭禮的分析還原儒家禮學思想的原貌，找到禮學融於現實社會的可能性。現代人的生活方式

〔註 9〕余英時：《中國傳統思想及其現代變遷》，桂林，廣西師範大學出版社，第 262 頁。

〔註10〕余英時：《中國傳統思想及其現代變遷》，桂林，廣西師範大學出版社，第 263 頁。

〔註11〕前文已經對雅思貝爾斯「軸心時代」的觀點做過介紹，在此不再贅述。可參見第一章。具體內容可參見【德】卡爾‧雅思貝爾斯著，魏楚雄、俞新天譯：《歷史的起源與目標》，北京，華夏出版社，1989 年，參見該書第一章的內容，第 7 頁～第 30 頁。

〔註12〕【德】卡爾‧雅思貝爾斯：《歷史的起源與目標》，魏楚雄譯，北京，華夏出版社，1989 年，第 14 頁。

與生活環境雖早已與軸心時代相去甚遠，但人與家庭的血脈相聯、與社會的相互依存以及對個體生命價值的反思和追求卻仍存在一致性，因此，重溫儒家的禮樂文化精神，從中尋求安頓生命、涵泳道德、重建社會秩序的精神支撐，藉以重塑中國人的心性和信仰，則顯得尤爲必要。當然，道阻且長，需要有識之士共赴努力。

主要參考文獻

一、著作類

1. （戰國）呂不韋，呂氏春秋〔M〕，北京：中華書局，2007 年。

2. （漢）班固，漢書（顏師古注）〔M〕，北京：中華書局，1988 年。

3. （漢）董仲舒，春秋繁露〔M〕，北京：中華書局，1991 年。

4. （漢）孔安國，尚書正義〔M〕，上海：上海古籍出版社，2007 年。

5. （漢）劉熙撰，（清）畢沅疏證，釋名疏證〔M〕，臺北：廣文書局，1979 年。

6. （漢）司馬遷，史記（三家注）〔M〕，北京：中華書局，1959 年。

7. （漢）許慎，說文解字〔M〕，北京：中華書局，1985 年。

8. （宋）黎靖德編，王星賢點校，朱子語類〔M〕，北京：中華書局，1994 年。

9. （宋）聶崇義纂輯，丁鼎點校解說，新定三禮圖〔M〕，北京：清華大學出版社，2006 年。

10. （宋）趙順孫，大學纂疏中庸纂疏〔M〕，上海：華東師範大學出版社，1992 年。

11. （宋）眞德秀、鄭樵、魏了翁，《三禮考》叢書集成初編〔M〕，北京：中華書局，1936 年。

12. （宋）朱熹，四書章句集注〔M〕，北京：中華書局，1998 年。

13. （宋）朱熹，儀禮經傳通解（《朱子全書》本）〔M〕，上海：上海古籍出版社，1998 年。

14. （明）李賢等，明一統制〔M〕，卷一，漢籍善本全文影像資料庫。

15. （明）王夫之，禮記章句（《船山全書》本）〔M〕，長沙：嶽麓書社，1988 年。

16. （清）陳立，白虎通疏證，吳則虞點校〔M〕，北京：中華書局，1994 年。

17. （清）郭慶藩，莊子集釋〔M〕，北京：中華書局，2004 年。

18. （清）孫詒讓，周禮正義〔M〕，北京：中華書局，1987 年。

19. （清）胡培翬，儀禮正義〔M〕，上海：商務印書館，1934 年。

20. （清）黃以周，禮書通故〔M〕，北京：中華書局，2007 年。

21. （清）焦循，孟子正義〔M〕，北京：中華書局，1987 年。

22. （清）皮錫瑞，經學通論〔M〕，北京：中華書局，2003 年。

23. （清）康有爲，禮運注・孟子微・中庸注〔M〕，北京：中華書局，1983 年。

24. （清）凌廷堪，校禮堂文集〔M〕，北京：中華書局，1998 年。

25. （清）皮錫瑞，經學通論・三禮〔M〕，北京：中華書局，1954 年。

26. （清）蘇輿，春秋繁露義證〔M〕，北京：中華書局，1992 年。

27. （清）孫希旦，禮記集解〔M〕，北京：中華書局，1989 年。

28. （清）王聘珍，大戴禮記解詁〔M〕，北京：中華書局，1983 年。

29. （清）王先謙，荀子集解〔M〕，北京：中華書局，1988 年。

30. （清）翁方綱，禮記附記（叢書集成初編本）〔M〕，北京：中華書局，1983 年。

31. （清）朱彬，禮記訓篡〔M〕，北京：中華書局，1996 年。

32. 楊伯峻，春秋左傳注〔M〕，北京：中華書局，1990 年。

33. 楊天宇，儀禮譯注〔M〕，上海：上海古籍出版社，2004 年。

34. 楊天宇，周禮譯注〔M〕，上海：上海古籍出版社，2004 年。

35. 周振甫，詩經譯注〔M〕，北京：中華書局，2002 年。

36. 〔德〕恩森特・凱西爾，人論〔M〕，北京：西苑出版社，2003 年。

37. 〔德〕恩斯特・凱西爾，神話思維〔M〕，北京：中國社會科學出版社，1992 年。

38. 〔德〕格奧爾格・西美爾著，曹衛東譯，宗教社會學〔M〕，北京：北京師範大學出版社，2017 年。

39. 〔德〕卡爾・雅思貝爾斯，歷史的起源與目標〔M〕，北京：華夏出版社，1989 年。

40. 〔法〕列維・布留爾，原始思維〔M〕，北京：商務印書館，1981 年。

41. 〔美〕杜維明，論儒學的宗教性——對中庸的現代詮釋〔M〕，武漢：武漢大學出版社，1999 年。

42. 〔美〕撒母耳・亨廷頓，文明的衝突與世界秩序的重建〔M〕，北京：新華出版社，1999 年。

43. 〔瑞〕讓・皮亞傑，發生認識論原理〔M〕，北京：商務印書館，1995年。

44. 〔英〕愛德華・泰勒，原始文化〔M〕，桂林：廣西師範大學出版社，2005年。

45. 〔英〕弗雷澤著，徐育新、汪培基、張澤石譯，劉魁立審校《金枝》〔M〕，北京：新世界出版社，2006年。

46. 〔英〕凱倫・阿姆斯壯（著）葉舒憲（譯），敘事的神聖發生：爲神話正名，中國神話學研究前沿，西安，陝西師範大學出版社，2018年。

47. 〔英〕凱倫・阿姆斯壯，神話簡史〔M〕，重慶：重慶出版社，2005年。

48. 〔英〕麥克斯・繆勒著，金澤譯，宗教的起源與發展〔M〕，上海：上海人民出版社，1989年。

49. 〔英〕湯因比〔日〕池田大作，展望二十一世紀〔M〕，北京：國際文化出版社，1985年。

50. 〔英〕約翰・希克，宗教之解釋——人類對超越者的回應〔M〕，成都：四川人民出版社，1998年。

51. 《長沙馬王堆一號漢墓》上集〔M〕，北京：文物出版社，1973年。

52. 《中國各民族宗教與神話大詞典》〔M〕，北京，學苑出版社，1993年。

53. 白壽彝，中國史學史〔M〕，上海：上海人民出版社，2006年。

54. 蔡家麒，論原始宗教〔M〕，昆明：雲南民族出版社出版，1988年。

55. 蔡尚思，中國禮教思想史〔M〕，上海，上海古籍出版社，2006年。

56. 曹建墩：先秦古禮探研〔M〕，北京：社會科學文獻出版社，2018年。

57. 常玉芝，商代祭祀研究〔M〕，北京：中國社會科學出版社，2010年。

58. 常玉芝，商代周祭制度〔M〕，北京：中國社會科學出版社，1983年。

59. 晁福林，先秦社會形態研究〔M〕，北京：北京師範大學出版社，2003年。

60. 陳來，古代思想文化的世界〔M〕，北京：三聯出版社，2009年。

61. 陳來，古代宗教與倫理〔M〕，北京：三聯書店，1996年。

62. 陳夢家，殷虛卜辭綜述〔M〕，北京：中華書局，2004年。

63. 陳其泰等，二十世紀中國禮學研究論集〔C〕，上海：學苑出版社，1998年。

64. 陳榮富，宗教禮儀與古代藝術〔M〕，南昌：江西高校出版社，1994年。

65. 陳戍國，禮記校注〔M〕，長沙：嶽麓書社，2004年。

66. 陳詠明，儒學與宗教傳統〔M〕，北京：宗教文化出版社，2003年。

67. 程樹德，論語集釋〔M〕，北京：中華書局，1990年。

68. 崔大華，儒學引論〔M〕，北京：人民出版社，2001 年。

69. 丁鼎，《儀禮·喪服》考論〔M〕，北京：社會科學文獻出版社，1990 年。

70. 丁凌華，中國喪服制度史〔M〕，上海：上海人民出版社，2001 年。

71. 方俊吉，禮記之天地鬼神觀探究〔M〕，臺北：文史哲出版社，1985 年。

72. 馮時，中國古代的天文與人文〔M〕，北京：中國社會科學出版社，2006 年。

73. 馮友蘭，中國哲學史〔M〕，北京：中華書局，1984 年。

74. 傅亞庶，中國上古祭祀文化〔M〕，北京：高等教育出版社，2005 年。

75. 高志英、宋翠薇，雲南原始宗教史綱〔M〕，昆明：雲南大學出版社，2016 年。

76. 葛兆光，古代中國社會與文化十講〔M〕，北京：清華大學出版社，2002 年。

77. 葛兆光，中國思想史〔M〕，上海：復旦大學出版社，1998 年。

78. 龔建平，意義的生成與實現——《禮記》哲學思想〔M〕，北京：商務印書館，2005 年。

79. 勾承益，先秦禮學〔M〕，成都：巴蜀書社，2002 年。

80. 顧洪（編），顧頡剛學術文化隨筆〔M〕，北京：中國青年出版社，1998 年。

81. 顧頡剛，古史辨〔M〕，上海：上海人民出版社，1982 年。

82. 郭寶鈞，中國青銅器時代〔M〕，北京：三聯出版社，1978 年。

83. 《儒家文化研究》第一輯〔C〕，北京：三聯書店，2007 年。

84. 林素英，「禮學」思想與應用〔M〕，臺北：萬卷樓圖書股份有限公司，2003 年。

85. 林素英，從古代的生命禮儀透視其生死觀：以〈禮記〉為主的現代詮釋〔M〕，臺北：花木蘭文化出版社，1997 年。

86. 林素英，古代祭禮中之政教觀〔M〕，臺灣：文津出版社，1997 年。

87. 劉豐，先秦禮學思想與社會的整合〔M〕，北京：中國人民大學出版社，2003 年。

88. 劉師培，劉師培全集〔M〕，北京：中共中央黨校出版社，1997 年。

89. 劉興均，「三禮」名物詞研究〔M〕，北京：商務印書館，2016 年。

90. 劉緒義，天人視界——先秦諸子發生學研究〔M〕，北京：人民出版社，2009 年。

91. 劉源，商周祭祖禮研究〔M〕，北京：商務印書館，2004 年。

92. 劉志琴，禮——中國文化傳統模式探析〔A〕，北京：學苑出版社，1998 年。

93. 柳詒徵，中國禮俗史發凡，載於《柳詒徵史學論文續集》〔A〕，上海：上海古籍出版社，1991 年。

94. 呂文郁，春秋戰國文化史〔M〕，上海：東方出版中心，2007 年。

95. 馬昌儀，中國靈魂信仰〔M〕，上海：上海文藝出版社，1998 年。

96. 孟慧英，尋找神秘的薩滿世界〔M〕，北京：西苑出版社，2004 年。

97. 孟慧英，中國原始信仰研究〔M〕，北京：中國社會科學出版社，2010 年。

98. 苗力田，古希臘哲學〔M〕，北京：中國人民大學出版社，1989 年。

99. 牟宗三，中國哲學的特質〔M〕，上海：上海古籍出版社，2007 年。

100. 牟宗三，中國哲學十九講〔M〕，上海：上海古籍出版社，1997 年。

101. 歐陽禎人，先秦儒家性情思想研究〔M〕，武漢：武漢大學出版社，2005 年。

102. 龐樸，公孫龍子研究〔M〕，北京：中華書局，1979 年。

103. 彭林，《周禮》主體思想與成書年代研究〔M〕，北京：中國人民大學出版社，2009 年。

104. 彭林，儒家禮樂文明講演錄〔M〕，桂林：廣西師範大學出版社，2008 年。

105. 彭林，中國古代禮儀文明〔M〕，北京：中華書局，2004 年。

106. 錢杭，周代宗法制度史研究〔M〕，北京：學林出版社，1991 年。

107. 錢穆，靈魂與心〔M〕，桂林：廣西師範大學出版社，2004 年。

108. 錢穆，論語新解〔M〕，北京：三聯書店，2002 年。

109. 錢穆，人生十論〔M〕，桂林：廣西師範大學出版社，2004 年。

110. 錢玄、錢興奇，三禮辭典〔M〕，南京，江蘇古籍出版社，1998 年。

111. 錢玄，三禮名物通釋〔M〕，南京：江蘇古籍出版社，1987 年。

112. 錢玄，三禮通論〔M〕，南京：南京師範大學出版社，1996 年。

113. 錢宗範，周代宗法制度研究〔M〕，桂林，廣西師範大學出版社，1989 年。

114. 瞿同祖，中國封建社會〔M〕，上海：上海世紀出版集團，2005 年。

115. 任銘善，禮記目錄後案〔M〕，濟南：齊魯書社，1982 年。

116. 尚秉和，歷代社會風俗事物考〔M〕，北京：中國書店，2001 年。

117. 沈敏華、程棟，圖騰──奇異的原始文化〔M〕，上海：上海辭書出版社，2003 年。

118. 沈文倬，宗周禮樂文明考論〔M〕，杭州：杭州大學出版社，1999 年。

119. 唐君毅，中國文化之精神價值〔M〕，南京：江蘇教育出版社，2006 年。

120. 唐賢秋，道德的基石——先秦儒家誠信思想論〔M〕，北京：中國社會科學出版社，2004 年。

121. 童書業，春秋史〔M〕，濟南：山東大學出版社，1987 年。

122. 王鍔，〈禮記〉成書考〔M〕，北京：中華書局，2007 年。

123. 王鍔，三禮研究論著提要〔M〕，蘭州，甘肅教育出版社，2001 年。

124. 王國維，觀堂集林〔M〕，北京：中華書局，1959 年。

125. 王暉，商周文化比較研究〔M〕，北京：人民出版社，2000 年。

126. 王夢鷗，禮記今注今譯〔M〕，天津：天津古籍出版社，1987 年。

127. 王啓發，禮學思想體系探源〔M〕，鄭州：中州古籍出版社，2005 年。

128. 王文錦，禮記譯解〔M〕，北京：中華書局，2001 年。

129. 吳十洲，兩周禮器制度研究〔M〕，臺北：五南圖書出版公司，2004 年。

130. 肖群忠，孝與中國文化〔M〕，北京：人民出版社，2001 年。

131. 謝維揚，周代家庭形態〔M〕，北京：中國社會科學出版社，1990 年。

132. 邢義田，林麗月，社會變遷〔C〕，北京：中國大百科全書出版社，2005 年。

133. 徐復觀，中國人性論史（先秦編）〔M〕，上海：華東師範大學出版社，2005 年。

134. 許兆昌，先秦史官的制度與文化〔M〕，哈爾濱：黑龍江人民出版社，2006 年。

135. 許倬雲，西周史〔M〕，北京：三聯書店，2018 年。

136. 許倬雲，現代文明的成壞〔M〕，杭州：浙江人民出版社，2016 年。

137. 楊寬，古史新探〔M〕，北京：中華書局，1965 年。

138. 楊慶堃著，范麗珠譯，中國社會中的宗教——宗教的現代社會功能與其歷史因素之研究〔M〕，成都：四川人民出版社，2016 年。

139. 楊向奎，宗周社會與禮樂文明〔M〕，北京：人民出版社，1997 年。

140. 楊志剛，中國禮儀制度研究〔M〕，上海：華東師範大學出版社，2001 年。

141. 葉正渤，李永延，商周青銅器銘文簡論〔M〕，中國礦業大學出版社，1998 年。

142. 詹鄞鑫，神靈與祭祀——中國傳統宗教綜論〔M〕，南京：江蘇古籍出版社，1982 年。

143. 張崇琛，中國古代文化史〔M〕，蘭州：甘肅人民出版社，2005 年。

144. 張岱年，中國哲學大綱〔M〕，北京：中國社會科學出版社，1982 年。

145. 張東蓀，理性與民主〔M〕，北京：商務印書館，1946 年。

146. 張光直，美術‧神話與祭祀〔M〕，瀋陽：遼寧教育出版社，1988年。

147. 張光直，中國青銅時代〔M〕，北京：三聯出版社，1999年。

148. 張鶴泉，周代祭祀研究〔M〕，臺北：文津出版社，1993年。

149. 張壽安，十八世紀禮學考證的思想活力—禮教論爭與禮秩重省〔M〕，北京：北京大學出版社，2005年。

150. 張舜徽，鄭學叢著〔M〕，武漢：華中師範大學出版社，2004年。

151. 張亞初、劉雨，西周金文官制研究〔M〕，北京：中華書局，1986年。

152. 張岩，從部落文明到禮樂制度〔M〕，上海：上海三聯出版社，2004年。

153. 張之恒、黃建秋、吳建民，中國舊石器時代考古（第二版）〔M〕，南京：南京大學出版社，2003年。

154. 趙伯雄，周代國家形態研究〔M〕，長沙：湖南教育出版社，1990年。

155. 浙江大學古籍研究所，禮學與中國傳統文化〔C〕，北京：中華書局，2006年。

156. 中國社會科學院考古研究所，殷周金文集成〔M〕，北京：中華書局，1994年。

157. 中南民族學院民族研究所、民族學系，南方民族研究論叢〔M〕，北京：民族出版社，1996年。

158. 朱鳳瀚，商周家族形態研究〔M〕，天津：天津古籍出版社，2004年。

159. 鄒昌林，中國禮文化〔M〕，社會科學文獻出版社，2000年。

二、論文類

1. 陳夢家，商代的神話和巫術〔J〕，燕京學報，1936年（20）。

2. 金景芳，論宗法制度〔J〕，東北大學人文科學學報，1956年（2）。

3. 陳公柔，〈士喪禮〉〈既夕禮〉中所記載的喪葬制度〔J〕，考古學報，1956年（4）。

4. 甘肅省博物館，甘肅武威皇娘娘臺遺址發掘報告〔J〕，考古學報，1960年（2）。

5. 俞偉超、高明，周代用鼎制度研究上中下三篇〔J〕，北京大學學報（哲學社會科學版）1978年（1）（2），1979年（1）。

6. 俞偉超、高明，周代用鼎制度研究〔J〕，北京大學學報（哲學社會科學版），1978年（1）。

7. 陝西周原考古隊，陝西岐山鳳雛村西周建築基址發掘簡報〔J〕，文物，1979年（10）。

8. 杜迺松，西周銅器銘文中的「德」字〔J〕，故宮博物院院刊，1981年（2）。

9. 龐樸，陰陽五行探源〔J〕，中國社會科學，1984 年（3）。

10. 韓偉，馬家莊秦宗廟建築制度研究〔J〕，文物，1985 年（2）。

11. 李向平，西周春秋時期士階層宗法制度研究〔J〕，歷史研究，1986 年（5）。

12. 遼寧省文物考古研究所，遼寧牛河梁紅山文化「女神廟」與積石冢群發掘簡報〔J〕，文物，1986 年（8）。

13. 卜工，磁山祭祀遺址及相關問題〔J〕，文物，1987 年（11）。

14. 鄭韶，〈禮記〉與中國封建正統經濟思想〔J〕，上海經濟研究，1988 年（2）。

15. 錢杭，論喪服制度〔J〕，史林，1989 年（1）。

16. 劉雨，西周金文中的祭禮〔J〕，考古學報，1989 年（4）。

17. 牟鍾鑒，中國宗法性傳統宗教試探〔J〕，世界宗教研究，1990 年（1）。

18. 張鶴泉，周代郊天之祭初探〔J〕，史學集刊，1990 年（1）。

19. 蔡仲德，〈禮記〉中的音樂美學思想〔J〕，黃鍾（武漢音樂學院學報），1992 年（4）。

20. 朱正義、林開甲，關於〈禮記〉的成書時代和編撰人〔J〕，渭南師專學報，1991 年（3～4）。

21. 羅通秀，論禮的意義及緣起〔J〕，江漢論壇，1994 年（2）。

22. 董蓮池，殷周禘祭探真〔J〕，人文雜誌，1994 年（5）。

23. 傅壽宗，從〈禮記〉談中華民族的凝聚力——兼論孫中山的理想社會模式，華南師範大學學報（社會科學版），1994 年（1）。

24. 姜楠，從〈詩經〉看周代祭天禮儀〔J〕，天津師大學報，1995 年（2）。

25. 肖群忠，《禮記》的孝道思想及其泛化〔J〕，西北師大學報（社會科學版），1995 年（3）。

26. 辛岩，阜新查海新石器時代遺址，中國考古學年鑒 1995 年〔J〕，北京：文物出版社，1997 年。

27. 李建國，周禮文化與儒學傳統〔J〕，傳統文化與現代化，1995 年（1）。

28. 伊世同，北斗祭——對濮陽西水坡 45 號墓貝塑天文圖的再思考〔J〕，中原文物，1996 年（2）。

29. 崔大華，論〈禮記〉的思想〔J〕，中國哲學史，1996 年（4）。

30. 陳贇，與鬼神結心：儒教祭祀精神〔J〕，孔子研究，1998 年（3）。

31. 李學勤，從簡帛佚集《五行》談到《大學》〔J〕，孔子研究，1998 年（3）。

32. 李學勤，郭店楚簡與《禮記》〔J〕，中國哲學史，1998 年（4）。

33. 李學勤，郭店簡「君子貴誠之」試解〔J〕，中國歷史文物，2002 年（1）。

34. 李學勤，試說郭店簡《成之聞之》兩章〔J〕，煙台大學學報，2000 年（10）。

35. 李學勤，中國古代文明及其研究〔J〕，齊魯學刊，2002 年（4）。

36. 朱明忠，論印度教的特點及在印度社會發展中的作用〔J〕，當代亞太，2000 年（7）。

37. 晁福林，論殷代神權〔J〕，中國社會科學，1990 年（1）。

38. 晁福林，先秦時期「德」觀念的起源及其發展〔J〕，中國社會科學，2005 年（4）。

39. 晁福林，〈禮記·禮運〉篇「殽地」解——附論「地」觀念的起源〔J〕，人文雜誌，2019 年（1）。

40. 龔建平，郭店簡與〈禮記〉二題〔J〕，武漢大學學報（哲學社會科學版），1999 年（5）。

41. 張二國，商周時期社神崇拜的宗教學考察〔J〕，海南師範學院學報（人文社會科學版），2000 年（3）。

42. 陳恩林、孫曉春，關於周代宗法制度的兩個問題〔J〕，社會科學戰線，2002 年（6）。

43. 袁靖，從動物考古學研究看商代的祭祀〔J〕，中國文物報，2002.08.16。

44. 高新民，試論〈禮記〉對古代易學發展的貢獻〔J〕，西北民族學院學報（哲學社會科學版），2003 年（2）。

45. 張方玉、王林，〈禮記〉的家庭倫理思想研究〔J〕，連雲港師範高等專科學校學報，2004 年（9）。

46. 李翔德，儒家「和諧社會系統論」——〈禮記〉的倫理美思想體系〔J〕，山西大學學報（哲學社會科學版），2005 年（4）。

47. 林中堅，〈禮記〉中的禮樂赫爾禮制〔J〕，中山大學學報論叢，2004 年（4）。

48. 李申，儒教的鬼神觀念和祭祀原則〔J〕，復旦學報（社會科學版），2007 年（4）。

49. 龔敏，〈禮記·禮運〉篇的作者問題〔J〕，古籍整理研究學刊，2005 年（1）。

50. 曹建墩，論儒家祭祀觀念的內向化〔J〕，史學月刊，2009 年（5）。

51. 陳來，郭店簡《性自命出》篇初探〔J〕，孔子研究，1998 年（3）。

52. 陳來，古代德行倫理與早期儒家倫理學的特點——兼論孔子與亞里斯多德倫理學的異同〔J〕，河北學刊，2002 年（11）。

53. 陳來，周文化與儒家思想的根源〔J〕，現代哲學，2019 年（3）。

54. 陳義烈，〈禮記〉的文學價值〔J〕，九江師專學報》（哲學社會科學版），1999 年（4）。

55. 丁鼎，「服術有六」：試論〈禮記·大傳〉中的制服原則〔J〕，齊魯學刊，2001 年（5）。

56. 丁鼎，〈儀禮·喪服〉所體現的周代宗法制度〔J〕，史學集刊，2002 年（4）。

57. 丁鼎，試論〈儀禮〉的作者與撰作時代〔J〕，孔子研究，2002 年（6）。

58. 丁鼎,〈禮〉經附庸,蔚成大國——〈禮記〉的思想價值及其在儒家經典體系中的重要地位〔J〕,廣西大學學報（哲學社會科學版）,2017 年（1）。

59. 韓玉勝、楊明,從〈禮記〉喪祭之禮看儒家的「追養繼孝」〔J〕,湖湘論壇,2017 年（5）。

60. 賀更粹,成德:〈禮記〉禮樂教化的意義生成〔J〕,西北師大學報（社會科學版）,2017 年（3）。

61. 李景林,本虛而實——儒家教化理念的立身之所〔J〕,吉林大學社會科學學報,2004 年（4）。

62. 李景林,儒家喪祭理論與終極關懷〔J〕,中國社會科學,2004 年（2）。

63. 李文武、戴海陵,〈禮記〉中虞夏商周禮、禮例及分類考〔J〕,湖南第一師範學院學報,2014 年（10）。

64. 李醒民,科學與宗教關係的未來前景〔J〕,學術界,2014 年（3）。

65. 李存山,儒家傳統教育的宗旨和方法——〈禮記・學記〉述評〔J〕,齊魯學刊,2017 年（3）。

66. 劉一婷,商周祭祀動物遺存研究綜述〔J〕,南方文物,2014 年（1）。

67. 陸學凱,〈禮記・樂記〉與先秦禮樂思想〔J〕,北方論叢,2003 年（2）。

68. 彭林,怎樣讀儀禮〔N〕,中華讀書報 2016.02.03。

69. 彭林,侍奉逝者的魂魄——士喪禮〔J〕,文史知識,2003 年（6）。

70. 李志剛,以神爲實:商周喪祭禮制中人神關係的新考察〔J〕,史學月刊,2014 年（4）。

71. 錢宗範,中國古代原始宗法制度的起源和特點——兼論宗族奴隸制和宗法封建制〔J〕,北京社會科學,1987 年（2）。

72. 沈宏格,〈禮記〉——喪禮孝道教化的建構〔J〕,社科縱橫,2014 年（3）。

73. 石磊,禮以順天:〈禮記〉中的天道思想述論〔J〕,暨南學報（哲學社會科學版）,2012 年（1）。

74. 史應勇,兩部儒家禮典的不同命運——論大、小戴〈禮記〉的關係及〈大戴禮記〉的被冷落〔J〕,學術月刊,2000 年（4）。

75. 宋恩常,景頗族的原始宗教習俗〔J〕,社會科學戰線,1982 年（4）。

76. 譚思健,招魂考——古代喪葬文化研究之三〔J〕,江西教育學院學報,1992 年（3）。

77. 王鍔,戴聖生平和〈禮記〉的編選〔J〕,中國文化研究,2006 年春之卷。

78. 王鍔,東漢以來〈禮記〉的流傳》（上）〔J〕,井岡山大學學報,2010 年（9）。

79. 王褘,〈禮記・樂記〉「報本反始」觀念論析〔J〕,信陽師範學院學報,2018 年（1）。

80. 王雲飛，〈禮記〉的生態環保意識和可持續發展意識〔J〕，社科縱橫，2013年（4）。

81. 王震中，東山嘴原始祭壇與中國古代的社崇拜〔J〕，世界宗教研究，1988年（4）。

82. 文術發，從古文字看商周祭祀制度的演變〔J〕，西南師範大學學報》（人文社會科學版），2000年（3）。

83. 吳秋林，中國土地信仰的文化人類學研究〔J〕，宗教學研究，2013年（3）。

84. 吳亞文，〈禮記〉有關篇章作者及成文年代〔J〕，吉林師範大學學報（人文社會科學版），2005年（4）。

85. 吳予敏，巫教、酋邦與禮樂淵藪〔J〕，北京大學學報（哲學社會科學版），1998年（4）。

86. 吳蘊慧，〈禮記〉之祭禮研究〔J〕，語文學刊，2015年（2）。

87. 吳蘊慧，二十年來中國大陸〈禮記〉研究述評〔J〕，社科縱橫，2013年（7）。

88. 夏高發，〈禮記〉服飾制度的倫理意蘊〔J〕，孔子研究，2010年（6）。

89. 蕭漢明，〈太一生水〉的宇宙論與學派屬性〔J〕，學術月刊，2001年（12）。

90. 謝東莉，黎族祖先崇拜略論〔J〕，青海民族研究，2014年（4）。

91. 徐寶鋒，〈禮記〉儒家的身份與情感焦慮〔J〕，黑龍江社會科學，2010年（2）。

92. 徐喜辰，〈禮記〉的成書年代及其史料價值，史學史研究，1984年（4）。

93. 楊天宇，略論中國古代的〈禮記〉學〔J〕，河南大學學報（社會科學版），2009年（5）。

94. 楊雅麗，論〈禮記〉喪祭之禮的人文意蘊〔J〕，寶雞文理學院學報（社會科學版），2002年（3）。

95. 楊雅麗，〈禮記〉祭禮命名解讀〔J〕，成都大學學報（社科版），2013年（4）。

96. 楊英傑，周代宗法制度辨說〔J〕，遼寧師院學報，1982年（6）。

97. 葉舒憲，禮記·月令的比較神話學解讀——以仲春物候為例〔J〕，陝西師範大學學報（哲學社會科學版），2006年（2）。

98. 于永玉，論《喪服》中的血親關係〔J〕，史學集刊，1986年（2）。

99. 張踐，從〈易傳〉、〈禮記〉看儒家的人文精神〔C〕，國際儒學研究第十七輯。

100. 張壽安，儒家喪禮「飾死者」析義〔J〕，學海，2016年（2）。

101. 張樹國，后稷神話與西周郊祀的起源〔J〕，杭州師範大學學報，2014年（4）。

102. 張聞捷，周代用鼎制度疏證〔J〕，考古學報，2012 年（2）。

103. 朱承，〈禮記〉：挖掘生活政治的哲學範式〔N〕，社會科學報，2018.04.12。

104. 陳望衡，〈禮記〉的環境觀〔J〕，中州學刊，2017 年（7）。

105. 蘇小秋，禮制與人情──從〈禮記‧檀弓〉看禮制的中道原則〔J〕，東方論壇，2018 年（1）。